die **bank**

Neustart Bank

Vertrauen I Fachkompetenz I Fairness
Ein Bauplan für Beratungsqualität

Kai Pfersich
3. Auflage

Copyright 2015 by Bank-Verlag GmbH
Postfach 45 02 09 · 50877 Köln

Das Werk einschließlich aller seiner Teile ist urheberrechtlich geschützt. Jede Verbreitung außerhalb der engen Grenzen des Urheberrechtsgesetzes ist ohne Zustimmung der Bank-Verlag GmbH unzulässig und strafbar. Dies gilt insbesondere für die Vervielfältigung, Übersetzung, Mikroverfilmung sowie die Einspeicherung und Verarbeitung in elektronischen Systemen.

Der Inhalt wurde mit größtmöglicher Sorgfalt erstellt. Für die Richtigkeit, Vollständigkeit und Aktualität des Inhalts übernimmt der Verlag keine Haftung.

Bibliografische Information der Deutschen Nationalbibliothek: Die Deutsche Nationalbibliothek verzeichnet diese Publikation in der Deutschen Nationalbibliografie; detaillierte bibliografische Daten sind im Internet über http://dnb.ddb.de abrufbar.

Der Inhalt dieses Buches wurde auf FSC-zertifiziertem Papier gedruckt.

Druck: ICS Communikations-Service GmbH, Bergisch Gladbach

Art.-Nr. 22.419-1500
ISBN 978-3-86556-402-3

Inhaltsverzeichnis

	Vorwort zur 3. Auflage	9
	Vorwort zur 2. Auflage	13
	Prolog	17
1	Beratung – alter Hut oder wertvolle Dienstleistung?	24
1.1	Einführung „Zurück auf Start"	24
1.2	Wirksame Beratung aus Sicht der Banken	25
1.2.1	Die erhöhte Cross-Selling-Quote	25
1.2.2	Die gestiegene Kundenbindung	26
1.2.3	Die Effizienz (Die Dinge richtig tun) des Beratungsprozesses	27
1.2.4	Beratungshonorar & Marge & Provisionen	28
1.2.5	Die höhere Mitarbeitermotivation	29
1.3	Wirksame Beratung aus Sicht der Vertriebsmitarbeiter	31
1.3.1	Die drei Rollen des Vertriebsmitarbeiters	31
1.4	Wirksame Beratung aus Sicht der Bankkunden	40
1.5	Der Stresstest für die Dienstleistungsinnovation „wirksame Beratung"	41
1.5.1	Der Irrweg der „objektiven" Beratung	42
1.5.2	Die systematische Entwicklung der „wirksamen Beratung"	45
1.5.3	Die Anpassung des Konzeptes der „wirksamen Beratung" auf das einzelne Institut	49
1.6	Qualität und Module der „wirksamen Beratung"	55
1.6.1	Qualität – was ist das?	55
1.6.2	„Wirksame Beratung" – ein Baukastensystem mit hohem Qualitätsanspruch	58
1.6.3	Die drei Felder der „wirksamen Beratung"	58
2	Entwicklung der Beratungsmodule	66
2.1	Jeder bekommt, was er sich leisten will	66

2.2	Die Merkmale der Beratungsmodule und der Kunde als Co-Produzent	68
2.2.1	Mögliche Merkmale in den Beratungsmodulen der Bank	69
2.2.2	Der Kunde als Co-Produzent	82
2.3	Modularer Aufbau des Beratungsangebots für unterschiedliche Anforderungen	82
2.3.1	Wie viele Module braucht eine Bank?	83
2.3.2	Beispiele für Beratungsmodule und deren Design	86
2.3.3	Die Qualität der Module und ihre Weiterentwicklung	90
3	Die Einführung der neuen Beratungsmodule	92
3.1	Relevant ist, was wahrgenommen wird. Von Ihnen, unserem Kunden	93
3.1.1	Vertrauen Sie uns, nicht blind aber vollständig!	94
3.1.2	Schlagen Sie der Psychologie ein Schnippchen!	95
3.1.3	Verwechseln Sie Schuld nicht mit Verantwortung!	96
3.1.4	Lernen Sie dazu!	97
3.1.5	Nehmen Sie sich Zeit für unsere Gespräche!	98
3.1.6	Bezahlen Sie für gute Leistung!	99
3.1.7	Verlassen Sie Ihre Bank, aber bleiben Sie, wenn es sich lohnt!	100
3.1.8	Fazit nach sieben Wünschen	100
3.2	Erfolgreiches Marketing für die Markteinführung der Beratungsmodule	101
3.3	Erkenntnisse aus dem Financial Behavior – der Psychologie der Bankkunden	102
3.3.1	Jeder Mensch führt „mentale Konten"	103
3.3.2	Der Mensch empfindet Lust am Optimieren	104
3.3.3	Jeder Mensch braucht einen Bezugspunkt	105
3.3.4	Der Mensch neigt zum Diskontieren	106
3.3.5	Jeder Mensch reagiert auf Oxytocin	107
3.4	Dienstleistungsästhetik als Chance	109
3.4.1	Die drei Chancen der Ästhetik	113
3.4.2	Ästhetik wirkt auch nach innen	115
3.5	Geschmack – Herausforderung und Chance der Ästhetik	117
3.5.1	Geschmäcker entscheiden über den Erfolg	117

4	Menschen und Prozesse machen den Unterschied	123
4.1	Mit Gelassenheit und Kooperation zum Erfolg	123
4.2	Die Begeisterung des Vertriebsmitarbeiters	130
4.2.1	Die Führungskraft als Regisseur für sein Team	132
4.3	Die Bedeutung der Unternehmenskultur für den Vertriebserfolg	134
4.3.1	Ohne Vertriebskultur gibt es keine Vertriebsbank	136
4.3.2	Die Veränderung zur starken Vertriebskultur	138
4.4	Kompetenzen von Mitarbeitern und Führungskräften für erfolgreichen Bankvertrieb	140
4.4.1	Die richtigen Mitarbeiter für den Vertrieb finden	140
4.4.2	Wie setzt sich der Beitrag der Vertriebsmitarbeiter zusammen?	142
4.4.3	Die 7 Naturgesetze positiv wirkender Führung auf dem Weg zur erfolgreichen Vertriebsbank	150
4.5	Die Prozesse der Vertriebsbank aus Kundensicht	154
5	Die Preisgestaltung der Beratungsmodule – entscheidend für die Ertragslage der Banken	156
5.1	Von Schnäppchenjägern zu cleveren Kunden	156
5.2	Die Preise für die Beratungsmodule entwickeln und im Markt einführen	161
5.2.1	Preise sind ein Gewinntreiber für die Bank	161
5.2.2	Preise sind ein Signal für Kunden und Vertriebsmitarbeiter	162
5.2.3	Preise lenken Menschen dahin, wo es sinnvoll ist	163
5.2.4	Wie findet man den „richtigen" Preis pro Modul?	164
5.2.5	Wie führt man neue Preise ein?	167
5.2.6	Kunden benötigen eine klare Aufteilung der Bankleistung	169
5.2.7	Wie setzt man Preise für Beratungsmodule erfolgreich um?	173
5.3	Die Preise für die Beratungsmodule erfolgreich verkaufen – die taktische Ebene	174
5.3.1	Das Bewusstsein des Vertriebsmitarbeiters über die Bedeutung seiner Wertschöpfung für den Kunden	174
5.3.2	Das Wissen um die Wirkung der Rabatte	176

5.3.3	Verständnis für die Skepsis des Kunden	176
5.3.4	Das Preisgespräch	177
6	Gesprächsstruktur und Sprache	182
6.1	Die systematische Individualität entwickeln	182
6.2	Von der Analyse bis zum Abschluss	184
6.2.1	Die Vorbereitung auf das Gespräch	185
6.2.2	Die Gesprächsstruktur für den Vertrieb von Beratungsmodulen	186
6.3	Die Sprache – Ästhetik zum Hören	195
6.3.1	Die beste Botschaft erreicht den Kunden nicht	195
6.3.2	Die Sprache als ästhetisches Element der Kundenberatung	198
6.4	Empfehlungsmanagement – Der Weg zur Weiterempfehlung	201
6.4.1	Zartbitterschokolade – Gemischte Gefühle	201
	Exkurs: Die „Klosterstudie"	207
6.4.2	Der günstigste Zeitpunkt	208
6.4.3	Weitere Formulierungsbeispiele für die Praxis	211
6.4.4	Der zielführende Umgang mit skeptischen Kundenreaktionen	214
6.4.5	Der optimale Zeitpunkt für das „Ansprechen der Weiterempfehlung"	215
7	Fazit: Ein Bauplan für Beratungsqualität	216
7.1	Vertrauen, Fachkompetenz und Fairness	216
7.2	Der Bauplan BeratungsDreieck³ – Drei Bereiche, neun Facetten und 27 Arbeitsgebiete	217
Literaturverzeichnis		222
Stichwortverzeichnis		228

Bankensterben – der Anfang vom endgültigen Ende der guten alten Zeiten

Vorwort zur 3. Auflage

Zu schön um, wahr zu sein?
Abschlussorientierte Vertriebsmitarbeiter beraten ihre Kunden objektiv, schöpfen aus einem breiten Produktportfolio, legen alle Kosten transparent offen und schließen mit dem Kunden eine Kooperationsvereinbarung ab, in der alle Rechte und Pflichten der Beteiligten klar geregelt sind. Diese Vertriebsmitarbeiter werden von Führungskräften und einem externen Coach permanent fachlich und kommunikativ trainiert, gecoacht und beraten. Alle Vertriebsmitarbeiter vertreten sich engagiert im Urlaubs- oder Krankheitsfall nach konkreten Regeln, übernehmen Verantwortung für die Kunden des abwesenden Kollegen. Die Kunden reagieren auf das Erleben vor Ort und am Telefon mit Abschlüssen und Weiterempfehlungen.

Kann das wahr sein?
Bei dieser Beschreibung handelt es sich keinesfalls um eine Utopie. Hier habe ich die Realität beschrieben: die Praxis des jeweils Deutschen und Schweizer Marktführers für Baufinanzierungsberatung und -vermittlung – zwei Non-Banks, die anspruchsvolle und beratungsintensive Bankgeschäfte beraten, abschließen und serviceorientiert abwickeln. Schön und wahr.

Die Bank ist tot, es lebe die Bank
Schlagzeilen wie „Wann schließen die ersten Sparkassen? Die niedrigen Zinsen machen Sparkassen und Volksbanken das Geschäft kaputt. Lange halten sie das nicht mehr durch."[1] und: „Überforderte Berater – Interne Dokumente decken das Ertragsdilemma der selbst ernannten Gutbanker auf."[2] Oder: „Wenn Algorithmen über die Bonität entscheiden."[3] und auch: „Die Banken sind auf Grund der neuen Regulierungsrealität gezwungen, ihre Geschäftsmodelle zu überdenken."[4] beschreiben das aktuelle Szenario der Bankenwelt in Deutschland, der Schweiz und auch in Österreich. Diverse Zwickmühlen etablierter Banken werden sichtbar. Sichtbar wird die missliche Lage auch in Auseinandersetzungen mit bankeigenen Kunden, bei denen es um die Kündigung relativ hochverzinster Sparformen geht.

---

1 Frankfurter Allgemeine Sonntagszeitung, 1. Februar 2015, Seite 23.
2 manager magazin, 12/2014, Seite 20 ff.
3 Der Standard, 6. Februar 2015, Seite 23.
4 finews.ch, 9. Februar 2015, Robert Buess, Berater bei Roland Berger, im Gespräch mit finews.ch.

Betroffen machen Studien, die nachweisen wollen, es gäbe einen Zusammenhang zwischen Bankenkultur und einer Neigung der Mitarbeiter zum Betrug.[5]

„Das Vertrauen Deutscher Kunden in die Banken sinkt weiter. …In Deutschland ist das Vertrauen nur bei sechs Prozent der Bankkunden gestiegen, bei 38 Prozent hingegen gesunken" schreibt die Fachzeitschrift „die bank" in ihrer Ausgabe vom Juni 2014 und zitiert dabei eine Studie der Beratungsgesellschaft Ernst & Young.[6]

Das erklärt den anhaltenden Abwanderungstrend der Kunden. Immer mehr Nicht-Bank-Modelle stehen als Alternative bereit, bieten Serviceleistungen, beraten und bauen Kundenbeziehungen auf und degradieren die Banken selbst zu Herstellern der Produkte, degradieren sie zu austauschbaren Lieferanten.

Gleichzeitig gibt es deutliche Signale für einen Aufbruch der Branche: „Das Experiment. Die HVB setzt alles auf eine Karte, streicht ihr Filialnetz radikal zusammen und motzt zeitgleich die übrigen Standorte mit neuen Möbeln und vor allem mit Technik auf"[7], oder: „Neue Chancen, Finanzinstitute sollten Start-ups beteiligen statt bekämpfen"[8] und auch: „Die BKB mutiert zur Beraterbank. Die Schweizer Bankbranche ist in Bewegung wie noch nie. Doch nicht alle Finanzhäuser beteiligen sich an der großen Konsolidierungswelle. Manche erfinden sich einfach neu – wie die Basler Kantonalbank."[9]

Beratung im Wandel – die neuen Konzepte
Finanzierungsvermittler wie Interhyp in Deutschland oder MoneyPark in der Schweiz zeigen: Kunden honorieren definierte Beratungsleistungen mit Abschlüssen. Interhyp ist Serientestsieger und Marktführer. MoneyPark publiziert die gebotene Beratungsleistung in einer Broschüre, welche ohne ein einziges Produktmerkmal auskommt.

Eine große Bayerische Genossenschaftsbank erreicht mit einem ganzheitlichen Beratungsansatz Spitzenwerte in der Kundenzufriedenheit. Die Mitarbeiter dieser Bank leben den Beratungsansatz, den die Bank auf Ihrer Homepage in einem kurzen Video erklärt. Vertriebskultur wird so für Kunden konkret und erlebbar. Banken können also genauso überzeugend sein wie das neue Start-up Unternehmen auf der grünen Wiese.

Die beiden neuen Beratungspakete „Classic" und „Premium" der Basler Kantonalbank zeigen die Richtung auf, die ich bereits in der ersten Auflage dieses Buches im Jahr 2008 beschrieben habe: Klar voneinander abgegrenzte und dabei möglichst präzise beschriebene Leistungspakete sind notwendig für ein endgültig überzeugendes Angebot verschiedener Beratungspakete.

---
5 finews.ch, 4. Februar 2015, Banken und Betrug: Es gibt doch einen Zusammenhang; Anlehnung an die Studie von Ernst Fehr und Michel Maréchal, Wirtschaftsfakultät Universität Zürich.
6 die bank, Ausgabe 6/2014, Seite 35.
7 WirtschaftsWoche, Nr. 46, 10. November 2014, Seite 58.
8 Süddeutsche Zeitung, 20./21. Dezember 2014, Seite 26.
9 finews.ch, 8. September 2014.

In wenigen Jahren werden einfache Kundenanfragen sowie triviale Beratungen komplett automatisiert sein oder von rudimentär geschulten Mitarbeitern online erledigt werden. Fragen, deren Antworten komplex sind, oder Beratung in wichtigen Lebenssituationen wird dann von gut ausgebildeten Vertriebsmitarbeitern beantwortet oder geleistet werden. Dass in absehbarer Zeit einfache Bankprodukte von Kunden selbst „gemanagt" werden, entspricht dem Trend in vielen Branchen: Die Kunden werden zu „Selbstaufbauern" von Möbeln, „Selbstberatern" bei Urlaubsreisen, „Selbstinstallierern" von Software oder „Selbstkonfigurierern" eines neuen Autos.

Die Welt der Dienstleistungsberufe teilt sich analog zur Industriebranche zunehmend in Mindestlohn-Arbeitsplätze für einfache Arbeiten und gutbezahlte Arbeitsstellen für Spezialisten – mit allen fachlichen und menschlichen Herausforderungen. Davon betroffen sind auch Bankmitarbeiter im Kundenkontakt.

Die Medien begleiten diesen Wandel kritisch und häufig rückwärts gewandt. Gebetsmühlenartig werden Studien zitiert, welche belegen, dass die Deutschen der Honorarberatung skeptisch gegenüberstehen. Dabei wird übersehen, dass es immer noch keine präzise beschriebenen Beratungsleistungen in Banken gibt. Vor der Frage nach dem Honorar jedoch muss die Frage nach der Leistung, den konstituierenden Merkmalen der Beratungs-Dienstleistung, beantwortet werden.

Wenn von den Medien zusätzlich noch Häme über die ganzheitliche Beratung ausgeschüttet wird, werden alle Anstrengungen, Beratungsqualität in Banken voranzubringen, konterkariert. „Mephisto in der Bank. Man ist dann schon auf einem Stand der Offenlegung, dass man mit dem Anlageberater auch ganz gut eine Beziehung beginnen könnte"[10], schreibt ein Gastautor in seiner Kolumne im Handelsblatt.

Auf die Unterstützung der Medien können die Banken kaum zählen. Es ist und bleibt die Aufgabe der Banken selbst, sich neben den Vertriebskanälen und deren Gestaltung ihrer Kerndienstleistung „Beratung" anzunehmen,.

Vor dem Hintergrund verschärfter Regulierungen und tendenziell austauschbarer Produkte wird die Kommunikationsleistung der Mitarbeiter rund um die Kundenberatung zur Schlüsselqualifikation. Basis dieser Kommunikationsleistung sind deren soziale, fachliche und kommunikative Kompetenzen. Mitarbeiter, die diese Aspekte in sich vereinen, sind das wichtigste Produktionsmittel der modernen Vertriebsbank. Die Führung dieser Mitarbeiter wird wiederum zur Schlüsselaufgabe des Bankmanagements. Die Unternehmenskultur, insbesondere die Vertriebskultur, bildet den Humus, auf dem diese Qualifikationen wachsen können.

---

10 Handelsblatt, 17./18./19. Oktober 2014, Seite 35.

Dieses Buch soll auch in seiner dritten Auflage Impulse zur Entwicklung und Implementierung einer neuen Beratungsqualität bieten. Packt eine Bank diese Evolution durchdacht und systematisch an, wird sie ihr Geschäftsmodell erfolgreich weiterentwickeln. Mit mutigen Konzepten und einer qualifizierten Personalentwicklung. Mit einem Bauplan für Beratungsqualität.

Totgesagte leben länger.

Die Bank kann überleben!

Besigheim, im Mai 2015

Die Zeit der Chancen beginnt. Jetzt!

Vorwort zur 2. Auflage

Am 15. September 2008 beantragte die Amerikanische Bank „Lehman Brothers" ein Insolvenzverfahren nach Chapter 11 – Lehmann war pleite! Seit diesem Tag bleibt in der Bankenbranche kein Stein auf dem anderen:

Bankpleiten, Verstaatlichung von Banken, Rückzug der Auslandsbanken, Bürger demonstrieren vor Bankfilialen, geschmähte Landesbanken und Hausdurchsuchungen in den Privathäusern von Bankmanagern. Verschärft wird das Szenario durch De-facto-Pleiten ganzer Staaten und einen bis vor kurzem unvorstellbaren Image- und Reputationsschaden aller Banken und den darin arbeitenden Menschen.

Hinzu kommen neue regulatorische Auflagen, die juristische Unsicherheiten in manches Beratungsgespräch bringen. Zusätzliche Dokumentation und Bürokratie belastet die Arbeit der Vertriebsmitarbeiter. Kunden finden Sparbücher plötzlich wieder erstrebenswert und zeigen durch ihr Interesse an ETFs ihr Kostenbewusstsein. Die Inflationsangst der Deutschen ist zum Standardaufmacher in den Medien geworden. Im Firmenkundengeschäft wird um jeden Basispunkt gerungen, um Kosten beziehungsweise Marge zu optimieren.

Das Wort „Honorarberatung" wird in Medienberichten und Talkshows immer häufiger genannt, und über die ab Juni 2010 geltende Verbraucherkreditrichtlinie ergeben sich ebenfalls Fragen der Kunden nach dem „Warum, wofür und wieso so viel?".

Diese Beschreibung des Strukturwandels ist weder vollständig noch ist der Wandel selbst abgeschlossen. Er hat gerade erst begonnen.

Völlig unabhängig vom Bestand einzelner Regierungen, der Gemeinschaftswährung Euro oder gar des ganzen Gebildes EU: Nur mit der Arbeit von Banken oder ihren Nachfolgern wird ein funktionierendes Gemeinwesen unsere Gesellschaft zusammenhalten. Jede kommende Herausforderung in unserem Gemeinwesen wird über Geld organisiert. Sei es der Umbau der Wirtschaft, der Umgang mit der demographischen Entwicklung in der Bevölkerung oder die Sanierung verschuldeter öffentlicher und privater Haushalte. So ist die logische Schlussfolgerung, dass es Banker braucht, die mit einer überzeugenden Beratungsleistung ans Werk gehen und ihren Kunden helfen, Zukunft zu gestalten.

Die Zeit der Chancen beginnt. Jetzt!

Die Beratungsleistung der Vertriebsmitarbeiter und der Preis dafür werden Dreh- und Angelpunkt jeder ertragreichen Kundenbeziehung.

Im Frühjahr 2008 schrieb ich für die erste Ausgabe dieses Buches: „Wird in Banken nicht radikal umgedacht, wird es diesen Beruf in zehn Jahren nicht mehr geben. Banken in der heutigen Form auch nicht mehr." Meine Arbeit in bankinternen Projekten bei Primärbanken, Landesbanken, Schweizer Privatbanken, Direktbanken oder auch Non-Banks, wie Immobilienfinanzierungsvermittlern, gibt mir Gewissheit: Im Jahr 2018 wird die Welt der Banken eine komplett andere sein. Und Gewinner werden die sein, die die großen Chancen des Wandels für sich zu nutzen wissen!

Fangen Sie heute an, Ihre Chancen anzupacken. Gewinnen Sie Ihre Kunden mit einer überzeugenden Beratungsleistung Ihrer Bank, mit Ihren Vertriebsmitarbeitern. Binden Sie Ihre Kunden an sich, bauen Sie diese Beziehungen aus und akquirieren Sie neue Kunden, überzeugen Sie die Erbengeneration!

Die Idee genau beschriebener Beratungsmodule, verbunden mit dazu passenden transparenten Preismodellen, drängt sich in der aktuellen Situation geradezu auf. Wenn eine der Großbanken einen Kundenbeirat etabliert hat, ist das ein erster richtiger Schritt.

Banken sind erfolgreich, wenn sie ihre Zukunft gestalten. Die Reaktion auf Regulierung, Mediendruck und Verbraucherschutz wird nicht reichen.

Die Automobilbranche hat endlich begonnen, radikal neu über Mobilität nachzudenken, statt die Ikone der Rennreiselimousine endgültig „zu Tode zu optimieren". Konzepte, die ökologische und ökonomische Zwänge mit den Bedürfnissen der Kunden verbinden, nehmen sichtbar Gestalt an. Nötig sind sicher noch viele große Schritte, die alle ihre Zeit brauchen. Wer nicht rechtzeitig mit der Umgestaltung beginnt, holt den Vorsprung nicht mehr auf! Heute wird der Marktanteil von morgen gestaltet!

Erfinden Sie Ihre wichtigste Dienstleistung, die „Beratung", neu. Vermeiden Sie, den Beratungsprozess „zu Tode zu optimieren". Denken Sie radikal neu über die Frage nach: Für was sollen Ihre Kunden bezahlen? Mit den Antworten bauen Sie Ihre kommenden Marktanteile aus.

Sie können Ihren Marktanteil schon heute erweitern, wenn Sie die Kommunikationsfähigkeit Ihres Vertriebs entscheidend verbessern. Kommunikationsfähigkeit ist abhängig von der spürbaren Gelassenheit Ihrer Vertriebsmitarbeiter im täglichen Kundenkontakt. Und von der Kooperationsbereitschaft Ihrer Kunden, den Co-Produzenten Ihrer Dienstleistung „Beratung".

Beides, Gelassenheit und Kooperationsbereitschaft, hat in und durch die Krise gelitten oder war noch nie ausreichend vorhanden!

Erstklassige Kommunikation in der Krise ist eine Managementaufgabe und kann nicht an die Vertriebsmitarbeiter nach unten delegiert, und auch nicht durch ein 08/15-Vertriebstraining gelöst werden.

Im Kapitel 4 dieser zweiten Auflage biete ich Lösungen an, wie das Vertriebsmanagement den beschriebenen Mangel beheben kann.

Ich wünsche Ihnen und Ihrer Bank maximalen Erfolg in Ihrem Marktgebiet, in Ihrem Kundensegment und in jedem einzelnen Kundengespräch!

Besigheim im Herbst 2010
Kai Pfersich

Prolog

Die Zeit ist reif. Reif für ein Buch über die Zukunft meines Berufes. Ich bin Bankkaufmann.

Seit nunmehr 30 Jahren kenne ich diesen Beruf und bin heute sicher: Wird in Banken nicht radikal umgedacht, wird es diesen Beruf in zehn Jahren nicht mehr geben. Banken in der heutigen Form auch nicht mehr.

Die Idee für dieses Buch gewann in den letzten Jahren mehr und mehr Gestalt. Zwei Jahre, in denen ich als Vertriebstrainer, Coach und Berater überwiegend für Banken und deren Kundenberater gearbeitet habe und nach vielen Jahren Vertriebstraining und Coaching in den unterschiedlichsten Branchen, vom Sparten-Fernsehkanal bis zum Ingenieurbüro. Die zu verkaufenden Produkte und Dienstleistungen reichten dabei von der Baumaschine über Unternehmensberatung bis hin zum Geschenkartikel aus Glas.

Die Menschen in diesen Vertriebsorganisationen haben meinen Blick für das Wesentliche geschärft: für den Kunden und den Mehrwert, den die Anbieter ihm versprechen. Damit sind alle diese Menschen an diesem Buch beteiligt, haben sie mich doch gezwungen, genau hinzuschauen. Ihre Fragen und Widerstände in Seminaren, die Feedbackgespräche und Vertriebsmeetings haben mir klar gemacht: Es geht nicht um das Produkt oder die Dienstleistung, es geht einzig und alleine um deren Wirkung – es geht darum, dass der Kunde Nutzen ziehen kann aus dem Produkt oder der Dienstleistung, die er einkauft. Es geht darum, dass der Vertriebsmitarbeiter den Bedarf des Kunden erkennt, die passende Lösung verständlich erklärt und erfolgreich verkauft.

Theoretisch ist das auch in Banken längst bekannt, praktisch umgesetzt wird es viel zu selten. So löst sich die Kunde-Bank-Beziehung langsam, aber sicher auf. Jeden Tag ein wenig mehr.

Dieses Buch ist der konkrete Plan, die Kunde-Bank-Beziehung neu zu definieren. Es ist der Versuch, die Beratung in Banken zur Kernleistung der dort beschäftigten Menschen zu machen.

Girokonten oder Aktienfonds werden erdacht von Produktmanagern und Analysten, produziert werden sie in Rechenzentren. Was wird von den Menschen in Banken erdacht, was in Banken produziert? Ideen, Lösungen und Konzepte: Beratungsleistung für ihre Kunden! Heute denken und produzieren die Banken zu wenig, zu schlecht oder zu teuer. Das klingt hart, wird aber vom Markt so gesehen. Banken brauchen deshalb einen Bauplan, der dafür sorgt, dass Kunden begeistert, Mitarbeiter zufrieden und sie selbst ertragreich werden.

Dieses Buch ist eine Provokation, eine Aufforderung zum Streiten, es ist ein Anfang. Es riskiert bewusst das Köpfeschütteln und den Widerspruch. Nur mit Mut kommen Banken wie Bankkaufleute in ihrer Zukunft an.

Einleitung

Banken haben ein Problem, ihre Kunden auch: Sie verdienen zu wenig Geld!

Banken brechen die Erträge weg und neue Ertragsquellen sind nur mit viel Risiko zu haben. Die Kunden verdienen mit ihren Anlagen nicht genug Rendite, andererseits sind die Risiken mancher renditestarker Produktinnovationen wie komplexe Anlagestrukturen nicht leicht zu verstehen und überfordern den Laien.

Beide Probleme haben ursächlich miteinander zu tun – die Win-Win-Lösung für Banken wie Kunden ist Gegenstand dieses Buches. Wenn Banken den Schulterschluss mit ihren Kunden endlich vollziehen und nicht nur darüber reden, haben beide gewonnen. Dieser Schulterschluss erfordert von beiden Beteiligten ein radikales Umdenken, eine neue Qualität in der Partnerschaft!

Das Szenario der Banken

Seit Jahren sind Bankkunden sehr preissensibel, vergleichen die Angebote und suchen den vermeintlich günstigsten Anbieter. Sie erleben Banken und ihre Leistungen als austauschbar und wenig transparent. Nach ihren Auswahlkriterien gefragt, wollen Kunden die optimale Leistung: Eine vertrauenswürdige Bank, Beratung, günstige Konditionen, Eigeninitiative des Beraters, die Nähe zu einer Filiale und den Onlinezugang.

Von den obigen Aspekten lässt sich aber nur ein einziges Merkmal klar und objektiv quantifizieren: Der Preis, die Konditionen. Dadurch kann sich ein Bankangebot von anderen unterscheiden. Alle anderen Aspekte sind schwammig, ungefähr gleichwertig oder als Entscheidungskriterium fragwürdig. Daraus ergibt sich zwangsläufig, dass eine wachsende Zahl von Kunden zu „Rosinenpickern" wird, die mit sinkender Loyalität dem scheinbar günstigsten Lockvogelangebot folgen. Der Preiskrieg ist längst ausgebrochen.

Mit der Konsequenz, dass die Zinserträge und Provisionserlöse der Banken zurückgehen oder zumindest nicht gesteigert werden können.

Auf der Suche nach alternativen Ertragsquellen kamen einige Banken deshalb unter anderem auf die Idee, mit neuen Finanzmarktinstrumenten in den amerikanischen Immobilienmarkt zu investieren. Die katastrophalen Folgen in Form hoher Abschreibungen und Beinahepleiten erschüttern in den Jahren 2007 und 2008 den europäischen Bankenmarkt.

Diese Krise hat noch dazu das Image aller Banken beschädigt, denn die Kunden lernen: Keine Bank oder Bankengruppe ist über Zweifel erhaben. Ob öffentlich-rechtliche Banken oder bisher solide erscheinende Großbanken aus der Schweiz: Die oft verspäteten Eingeständnisse der Topmanager, Fehler gemacht zu haben, lässt diese inkompetent oder unseriös erscheinen.

Das Internet als wichtige Plattform unter anderem für solcherlei „Lockvogelangebote" hat vor allem für die Jüngeren und die besser verdienenden Kunden an enormer Bedeutung gewonnen. Es finden sich immer mehr intelligente und komfortable Angebote im Internet, Preise zu vergleichen, bzw. Produkt- und Fachinformationen, die eine persönliche Beratung in der Bank vermeintlich ersetzen. Das Beratungsgespräch in der Bank verliert damit für immer mehr Kunden an Gewicht. Bei Kundenumfragen[1] zeigt sich, dass nur noch 48 Prozent aller Kunden das individuelle Beratungsgespräch als wichtigste Informationsquelle für ihre Geldgeschäfte bezeichnen.

Der Trend, beim Kaffeeröster, Automobilclub oder beim Möbelhändler Bankprodukte zu kaufen, nimmt zu. Bereits 36 Prozent[2] aller Kunden können sich vorstellen, ein Girokonto bei der Non-Bank abzuschließen, immerhin 13 Prozent auch ein Tagesgeldkonto. Mit diesen Ankerprodukten wird neues Cross-Selling-Potenzial erschlossen. Je nach Sichtweise bedeutet dies Chance oder Risiko für Banken.

Etablierte Bankengruppen, neue Banken aus dem europäischen und internationalen Raum, Direktbanken, Versicherungen, Non-Banks und unabhängige Finanzdienstleister: Sie alle kämpfen um den immer gleichen Kunden!

Wie kann sich also eine Bank abheben, sich positionieren? Warum sollen Kunden gerade bei einer bestimmten Bank kaufen? Wo liegt ihr Mehrwert? Muss dieser Mehrwert unbedingt im Preis liegen, den die Bankenwerbung[3] inflationär in den Mittelpunkt stellt? Nein!

Die Alternative: Mehrwert durch Beratungsleistung!

Ein abgestuftes, modulares Beratungsangebot für definierte Kundengruppen und Bedarfssituationen ermöglicht es Banken, sich ihre Beratungsleistung, die eigentliche Leistung, bezahlen zu lassen.

Direkt, transparent und damit für den Bankkunden nachvollziehbar muss die Beratung sein. Wie die des Automechanikers, des Rechtsanwalts oder des Steuerberaters. In der Folge verändert sich idealerweise die gesamte strategische Preisgestaltung einer Bank.

---

1 Ernst & Young (2007), Darf es noch etwas mehr sein? Chancen und Herausforderungen im Retail Banking, Juli 2007.
2 ebenda.
3 Wübker (2006), Seite 13 ff.

Warum sollten Kunden bereit sein, die Beratungsleistung ihrer Bankberater zu bezahlen? Weil es sich für sie lohnt!

Die Beratung, von der in diesem Buch ausführlich die Rede sein wird, führt zu einem erheblichen monetären Mehrwert für Bankkunden. Denn so, wie Bankkunden heute Geld anlegen oder aufnehmen, verlieren sie Geld – viel Geld.

Die Situation der Kunden

Kunden haben bei der Vielzahl von Anlage- und Kreditprodukten zwar die notwendige Auswahl, um für ihre speziellen Bedürfnisse passende Lösungen zu finden, haben aber auch die „Qual der Wahl". Das unübersichtliche Angebot überfordert den interessierten Kunden schon rein quantitativ, ganz abgesehen davon, dass der ungeschulte Kunde die Komplexität der Angebote gar nicht verstehen kann. Wie vor dem Kühlregal im Einzelhandel werden Kunden zunehmend aggressiv oder frustriert, wenn ihnen 2000 Fonds angeboten werden oder sie beim Stichwort „Altersvorsorge" 726.000 deutsche Google-Einträge finden. Die Vorauswahl des Händlers, hier der Bank, wird zum entscheidenden Kaufkriterium.

Dazu kommt noch ein hohes Sicherheitsbedürfnis des durchschnittlichen deutschen Bankkunden. Das Ergebnis: Die privaten Haushalte in Deutschland verfügen Ende 2007 über ein Bruttogeldvermögen[4] von etwa 4,76 Billionen Euro, die sie schlecht anlegen: 34 Prozent ruhen in Bankeinlagen (Sicht-, Termin- und Spareinlagen), rund 25 Prozent in Versicherungen und der Rest verteilt sich auf Investmentfonds und festverzinsliche Wertpapiere. Der Aktienanteil liegt bei unter 10 Prozent. Dieses Anlageverhalten gleicht, nach Abzug von Transaktionskosten und Steuern, oft nicht mal den Kaufkraftverlust aus.

Dazu der renommierte Vermögensexperte Rolf Hunck, Deutsche Bank, im manager magazin 10/2007:

„Gerade die älteren Jahrgänge denken immer noch in alten Strukturen. Rohstoffe und Hedgefonds sind da tabu. Und selbst von Aktien lassen viele die Finger – aus Angst vor dem Unbekannten."

Dies ist eine beunruhigende Aussicht vor dem Hintergrund der demographischen Entwicklung und dem Zustand der sozialen Sicherungssysteme. Dies ist umso wichtiger zu wissen, als durch gute oder schlechte Beratung dem Kunden große Vorteile, aber eben auch Nachteile entstehen können, wie folgende Beispiele zeigen.

Eine kompetente Anlage- oder Finanzierungsberatung bringt in den Folgejahren Tausende Euro in die Taschen jedes einzelnen Bankkunden: Legt ein Anleger beispielsweise 10.000 € zu einem durchschnittlichen Zins von 5 Prozent pro Jahr an und legt die Erträge gleich wie-

---

[4] Handelsblatt, 4. Januar 2008.

der an, erhält er nach 15 Jahren 20.800 €. Beträgt der durchschnittliche Zins pro Jahr aber 7 Prozent, erhält er 27.600 €, also 6.800 € oder 33 Prozent mehr.

Der Kreditnehmer eines Annuitätendarlehens für ein Eigenheim, der 100.000 € zu 4,5 Prozent, 2 Prozent Tilgung und zehn Jahre Zinsfestschreibung aufnimmt, bezahlt 120 Monatsraten à 542 € und hat nach zehn Jahren eine Restschuld von 74.800 €.

Wenn bei gleichen Bedingungen der Zinssatz fest 6,5 Prozent beträgt, sind 120 Monatsraten à 708 € fällig und nach zehn Jahren bleibt eine Restschuld von 71.900 €. In Summe kosten die zwei Prozent mehr Zins den Kreditnehmer einen Betrag von 17.020 €.

In beiden Fällen wäre dem Kunden durch eine kundenorientierte Beratung der Nachteil erspart geblieben: Im Anlagefall beispielsweise durch ein gut strukturiertes Depot oder im Kreditfall durch die Inanspruchnahme eines Forward-Darlehens.

Es fehlt an einer wirksamen Beratungsleistung der Banken!

Berater, auf der Suche nach Gewinnen, verkaufen häufig Produkte unter kurzfristigen Ertragsgesichtspunkten und sind dabei längst nicht so kundenorientiert, wie das austauschbare Marketing der Banken suggerieren will.

Die Lösung

Banken beraten wirksam. Nicht nur im herkömmlichen Sinne „gut, kompetent, objektiv oder umfassend", sondern die Leistung geht darüber hinaus. Banken beraten in Kooperation mit dem Kunden, fachlich fundiert und letztlich ergebnisorientiert – mit einem Wort: Wirksam! Und Kunden bezahlen diese Arbeit so, dass Banken motiviert sind, sich auf hohe Qualitätsstandards festzulegen.

Das Paradoxe an der Situation ist, dass oftmals ja „beraten" wird, das heißt, die Banken investieren auch heute schon in Personal und Ausstattung.

Die zwei Hürden für Banken und Kunden auf dem Weg zur wirksamen Beratung müssen überwunden werden:

Erstens:
Die Masse der Bankkunden hat nie gelernt, für die Beratungsleistung der Banken zu bezahlen. Denn der Preis für die Beratung war über Jahrzehnte in den Produkten selbst oder in verwirrenden Gebührenmodellen versteckt.

Kunden sind gewohnt, für Transaktionen, Depots, Konten, Schließfächer oder für Bausparverträge und natürlich die Zinsen für Kredite zu bezahlen, aber…

Prolog

… die Zeit eines Bankberaters bezahlte man bisher nie!

Wenn Banken in der Vergangenheit versucht haben, Preise für Beratung durchzusetzen, stießen sie auf Überraschung und Ablehnung auf Seiten der Kunden. Wenige erfolgreiche Ausnahmen gibt es im Bereich der vermögenden Privatkunden, die teilweise auch schon heute mit ihren Banken über erfolgsabhängige Bezahlung sprechen.

Wieso sollten Bankkunden auch für eine Leistung bezahlen, deren Merkmale nirgends verbindlich beschrieben sind? Was macht denn eine gute Beratung aus?

Mangels Antworten schauen Kunden verständlicherweise auf das Ergebnis der Beratung: Die Rendite des Depots oder der Zinsvorteil einer Zinsfestschreibung. Sind das die Merkmale einer guten Beratung? Nein! Denn das Ergebnis ist nicht alleine von der Beratungsleistung abhängig. Genau wie ein Arzt kann der Bankberater niemals alle Einflussfaktoren beherrschen.

Ein Restrisiko, und hier sind nicht die Fehler der handelnden Akteure gemeint, bleibt immer. Käme ein kranker Mensch auf die Idee, sich nicht behandeln zu lassen, nur weil der Arzt keine Garantie für das gewünschte Ergebnis abgeben kann? Wohl kaum. Das aber tut die überwiegende Mehrzahl der Bankkunden – sie lassen sich nicht beraten, sie lassen sich nicht auf das für sie Neue ein. Die Frage „Können Sie mir das garantieren?" ist Ausdruck der falschen Fokussierung auf ein gewünschtes Ergebnis. Damit handeln sie irrational und zum eigenen Schaden.

Gerade weil kein Mensch die Zukunft, und damit das Ergebnis, vorhersehen kann, muss eine wirksame Beratung erfolgen.

Zweitens:
Das entscheidende Hindernis auf dem Weg zu einer wirksamen Kundenberatung in Banken ist, dass…

… der Begriff „Beratung" bisher nicht definiert ist.

Was ist denn nun eine wirksame, kundenorientierte Beratung? Es gibt keine Standards. Weder für den zeitlichen Umfang noch für die Inhalte. Alles kann und wird auch als Beratung tituliert. Ein simples Informationsgespräch über Produktmerkmale genauso wie das stundenlange Gespräch über Situation und Ziele des Kunden.

„Wirksame Beratung" wird in diesem Buch als Dienstleistung der beratenden Banken definiert, unterschieden und ihre Umsetzung im Kundengespräch beschrieben.

Die charakteristischen Merkmale einer Dienstleistung – die Immaterialität und die Kundenbeteiligung – erfordern ein Produktmanagement in jeder Bank. Nur mit einer systematischen

Produktentwicklung kann es gelingen, verschiedene Beratungsprodukte zu entwickeln, sie erfolgreich in den Markt einzuführen und zu einem gewählten Zeitpunkt auch mit Preisen zu versehen. Erst wenn eine ausreichende Anzahl der Kunden bereit ist, die Dienstleistung angemessen zu bezahlen, ist das Projekt gelungen.

Die Bezahlung kann über verschiedene Preismodelle geschehen. Von der unmittelbar erhobenen Gebühr über Erfolgsbeteiligungen bis hin zu einer mittelbaren Bezahlung über den Produktnutzungsgrad sind alle Varianten denkbar.

Beratung ist, um Missverständnissen vorzubeugen, niemals Selbstzweck für den Berater!

Sie ist dazu da, dass Kunden sich entscheiden, die für sie richtigen Produkte und Dienstleistungen zu kaufen. Jeder Tag, an dem ein Kunde sich nicht entscheidet, ist ein verlorener Tag! Gerade beim Vermögensaufbau benötigt man entweder viel Zeit (Zinseszinseffekt) oder viel Geld, um zum geplanten Zeitpunkt das Zielvermögen zu erreichen. Deshalb ist es besser, schon heute die sinnvolle Lösung zu kaufen. Und an diesen Lösungen darf und muss die Bank auch Geld verdienen. Wie viel sie im Einzelfall verdient, hängt vom Produkt und dem gewählten Preismodell für die Beratung ab. Reden muss die Bank mit dem Kunden darüber auch, nicht nur weil es durch MiFID[5] vorgeschrieben ist, sondern weil es intelligent ist.

Der bis heute an mancher Stelle gepflegte Gegensatz zwischen Berater und Verkäufer ist damit hinfällig. Wie in allen anderen seriösen Vertriebsorganisationen auch, muss eine erfolgreiche Persönlichkeit im Bankvertrieb menschlichen, beratenden und verkäuferischen Ansprüchen gerecht werden. Das heißt, eine erfolgreiche Persönlichkeit lebt bestimmte Wertvorstellungen, Verantwortungsgefühl und Umgangsformen, beweist eine hohe fachliche Kompetenz, Neugier und Kommunikationstalent und zeigt darüber hinaus Sorgfalt, Ausdauer und Mut. Mensch, Berater und Verkäufer sind eins.

Alle diese Seiten mit ihren jeweiligen Facetten sind komplementär und keineswegs konträr zueinander zu sehen. Langfristiger Erfolg, eine langfristige Kundenbeziehung, kann nur entstehen, wenn alle drei Seiten ausgeprägt vorhanden sind.

Das vorliegende Buch will den Orientierungsrahmen für die Konzeption und Umsetzung der neuen Dienstleistung „wirksame Beratung" in Banken sicherstellen. Das Ziel: Eine wirksame Beratungsleistung, die von Kunden als solche wahrgenommen und geschätzt, sprich bezahlt wird.

Beratung – die Zukunft der Banken.

---

5   MiFID, Markets in Financial Instruments Directive, Richtlinien zum Anlegerschutz, gültig seit November 2007.

1 Beratung – alter Hut oder wertvolle Dienstleistung?

1.1 Einführung „Zurück auf Start"

Die Testberichte einschlägiger Magazine in den Printmedien wie im Fernsehen sind sich einig: Die Arbeit von Banken ist in den überwiegenden Fällen für Kunden unbefriedigend! „Das Ergebnis ist enttäuschend" schrieb etwa die Frankfurter Allgemeine Sonntagszeitung in ihrer Ausgabe vom 20.01.2008. Die Politik, und nicht nur das linke Spektrum, wirft den Banken mangelnde Transparenz und Verantwortungslosigkeit vor. Der Bundesfinanzminister sprach in seiner Rede am Bankentag 2007 davon, dass manche Bankprodukte „Wundertüten mit Knallfröschen" entsprächen. Tausende Bankmitarbeiter fühlen sich ausgelaugt, missbraucht und „fürchten sich vor dem Gespräch mit dem Filialleiter". So schreibt die Wirtschaftswoche in ihrer Ausgabe vom 11.01.2008 mit dem Titel „Wie Banken ihre Kunden abzocken".

Karl Matthäus Schmidt schreibt in seiner Kundenpublikation „Die neuen Gesetze des Private Banking", die Grundlage seiner in 2006 neu gegründeten Quirin Bank, schon auf den ersten Seiten: „Vorsicht Bank! Wie sich die Interessen der Banken von den Interessen der Kunden trennten. ... Denn Banken sind in erster Linie Unternehmen – und Unternehmen müssen Gewinne erwirtschaften. Und zwar für ihre Besitzer. Nicht für ihre Kunden."

Trotz aller Übertreibungen und Halbwahrheiten: Wer seine Arbeit derart von so unterschiedlichen Seiten in Frage gestellt sieht, ist gut beraten, sich Gedanken über sein Handeln zu machen! Trotz aller Übertreibungen und Halbwahrheiten ist doch ein Kernchen Wahrheit dabei. Das derzeitige System der Beratung – mal mehr oder weniger ausgeprägt als Produktverkauf oder „ganzheitlicher Beratung" – funktioniert offensichtlich nicht – weder zur Zufriedenheit der Banken noch zur Zufriedenheit der Kunden: dieses Problem muss gelöst werden. Hier setzt das Konzept der „wirksamen Beratung" an.

Dabei hatte alles anders angefangen: Als zum Beispiel die Kaufmannsfamilie Berenberg um 1700 eine Bank in Hamburg gründete, stand die erfolgreiche Unterstützung der Handelsgeschäfte im Vordergrund.

Als um 1850 Herman Schultze in Delitzsch und Friedrich Wilhelm Raiffeisen in Heddesdorf die Vorläufer der heutigen Volks- und Raiffeisenbanken gründeten, stand nur einer im Fokus ihrer Aktivitäten: der Kunde! Hier war der Kunde sogar Mitglied oder Genosse der Bank.

Dem Mitglied sollte geholfen werden, sein Handwerk oder sein Geschäft erfolgreich zu führen. Noch immer steht in § 1 des deutschen Genossenschaftsgesetzes, dass die Bank ihre Mitglieder wirtschaftlich, sozial und kulturell fördern soll.

Die laut neuestem OECD-Bericht steigende Gefahr der Altersarmut in Deutschland macht einmal mehr deutlich, wie modern dieser Förderauftrag der Genossenschaftsbanken ist.

Zurück in die Zukunft: Die „wirksame Beratung" wird wieder zur Kernleistung der Banken. Vergleichbar mit der immateriellen Leistung eines Architekten oder eines Konstrukteurs wird diese konzeptionelle Arbeit des Bankers die eigentliche Wertschöpfung der Banken sein.

1.2 Wirksame Beratung aus Sicht der Banken

Die wirksame Beratung ist der Weg zu einer Steigerung und Stabilisierung der Erträge. Das wird erreicht über:

- die signifikant erhöhte Cross Selling-Quote,

- eine gestiegene Kundenbindung,

- die Effizienz des Beratungsprozesses,

- das Beratungshonorar,

- die Margen/Provisionen selbst und

- über die höhere Mitarbeitermotivation der Vertriebsmitarbeiter[6].

1.2.1 Die erhöhte Cross-Selling-Quote

Die Cross-Selling-Quote steigt bei allen Banken zu langsam! Auch bei Banken, die schon über mehrere Jahre eine vorgegebene Beratungsstruktur wie den VR-Finanzplan, das Sparkassen-Finanzkonzept oder eine ähnliche Beratungshilfe im Vertrieb nutzen. Dieser als „ganzheitlicher Beratungsansatz" beschriebene Weg hat die Banken noch nicht zum gewünschten Ziel des signifikant höheren Produktnutzungsgrades geführt. Warum nicht? Die Literatur, die Praktiker in den Banken und auch die externen Berater der Banken nennen hierfür[7] immer wieder die gleichen Gründe: Den Vertriebsmitarbeitern ist der Nutzen der Vorgehensweise nicht genügend vermittelt worden; es werden die falschen Kunden angesprochen; der Beratungsansatz ist zu abstrakt; es fehlt der produktbezogene Gesprächsaufhänger oder die Komplexität der Vorgehensweise schreckt Vertriebsmitarbeiter und Kunden ab. Dazu kommen noch eine mangelhafte Steuerung und ein als Kontrolle empfundenes Controlling in Verbindung mit einer kontraproduktiven Zielvereinbarung mit den Vertriebsmitarbeitern.

---

6 Im nachfolgenden Buchtext wird vom Vertriebsmitarbeiter gesprochen, gemeint sind damit alle in der Bank arbeitenden Mitarbeiterinnen und Mitarbeiter, deren Tätigkeitsschwerpunkt im Kundenkontakt liegt. Wegen der besseren Lesbarkeit wird auf die jeweils weibliche Form „Vertriebsmitarbeiterinnen" verzichtet. Alle Leserinnen dieses Buches können garantiert davon ausgehen, dass damit keine Wertung verbunden ist. Danke.
7 Effert/Hanreich (2006), Seite 216.

Die genannten Gründe für die unbefriedigenden Ergebnisse kann ich aus meiner Praxis nur bestätigen, sie treten einzeln oder in Kombination immer wieder auf.

Hinzu kommt ein bisher noch nicht angesprochener Grund: die Kooperationsbereitschaft der Kunden, also deren Bereitschaft, sich dem Berater in finanzieller Hinsicht in der Tat zu öffnen und sich auf eine wirkliche „Beratung" einzulassen. Diese Bereitschaft ist im Durchschnitt mangelhaft, dafür sind Banken letztlich selbst verantwortlich. Sie kommunizieren die Notwendigkeit der Kooperation nicht oder zu wenig. Da aber eine Dienstleistung, hier die Beratungsleistung, immer in Kooperation mit dem Kunden erbracht wird, ist die Kooperation Dreh- und Angelpunkt für eine gesteigerte Cross Selling-Quote! Die Kooperation des Kunden ist deshalb eines von drei Schlüsselelementen der wirksamen Beratung, die ausführlich im Kapitel 1.3 beschrieben werden.

1.2.2 Die gestiegene Kundenbindung

Die Loyalität des Kunden, entstanden aus Tradition, wird durch Bindungsbereitschaft aus Eigennutz ersetzt!

Wer sich im Klaren ist, warum er sich bindet, bleibt länger und nutzt die Beziehung zur Bank intensiver!

Manche Studie bestätigt den seit längerem zu beobachtenden Trend hin zum Kunden als Rosinenpicker. Gerade die interessanten Zielgruppen nutzen schon heute mehrheitlich zwischen zwei und fünf Anbieter von Sparbüchern oder Autofinanzierungen. Dieser Trend wird sich fortsetzen. Damit wird die Bank, steuert sie nicht gegen, bei einem unbefriedigenden Produktnutzungsgrad ihrer Kunden stehen bleiben.

Die wirksame Beratung wird dem Kunden deutlich machen, worin sein Mehrwert tatsächlich liegt. Aus Sicht des Kunden verlagert sich der Fokus weg vom Schnäppchenfassen hin zur nachhaltigen Qualität der Kunde-Bank-Beziehung, einer Beziehung, die von Fairness und Vertrauen geprägt ist. Das Potenzial der wirksamen Beratung wird deutlich, liest man aktuelle Studien zum Einkaufsverhalten: Zum einen ist inzwischen unstrittig, dass Kunden letztlich emotional entscheiden, und zum anderen sind die Kriterien „Ehrlichkeit" und „Zuverlässigkeit" immer die meistgenannten, wenn es um die grundsätzliche Entscheidung für einen Anbieter geht. In bankspezifischen Studien ist von „Seriosität" die Rede, die auf Platz eins vor „Konditionen", „Beratung" oder „räumlicher Nähe" steht.

Welche Sichtweise hat die Marketingabteilung, die Schwester des Vertriebes? Jeder Marketingprofi wird sofort sagen und belegen können, dass die Marke einer Bank eine herausragende Stellung im Bemühen um Kundengewinnung, -ausschöpfung und -bindung einnimmt. Über die Marke und die damit verbundene Positionierung in der relevanten Zielgruppe ist es möglich, sich von Wettbewerbern positiv abzuheben. Über die vergleichbaren und sehr ähnlichen Produkte wird die Differenzierung vom Wettbewerb immer schwieriger oder gar unmöglich. Banken benötigen eine starke Marke. Die Marke aber braucht einen glaubwürdigen Inhalt, darf nicht leere Hülle sein. Die wirksame Beratung wird Markenversprechen wie „Wir machen den Weg frei", „Leistung aus Leidenschaft" oder „Die Beraterbank" glaubwürdig machen.

Bindet sich ein Kunde an eine Bank, werden die weiteren Ertragstreiber „Engagement-Höhe", „Laufzeit" und „Risikokosten" neben der Vertragsanzahl positiv beeinflusst.

1.2.3 Die Effizienz (Die Dinge richtig tun) des Beratungsprozesses

Es werden „Perlen vor die Säue" geschmissen! Nehmen Kunden die Arbeit der Vertriebsmitarbeiter überhaupt wahr, erkennen sie die Bedeutung und wertschätzen diese? In zu vielen Fällen: nein!

Vorsichtig gerechnet investiert eine mir bekannte Bank pro „ganzheitlicher Beratung via Finanzplan" zwischen vier und sechs Berater- bzw. Backoffice- Stunden in den ersten Prozessabschnitt.

In diesem ersten Prozessabschnitt sind enthalten: Kundenauswahl, Terminvereinbarung, Erstberatung/Analyse der Kundendaten, interne Konzeption, Strategie-/Umsetzungsgespräch, interne Umsetzung und Dokumentation. Bei einem angenommenen kalkulatorischen Stundensatz von 100 € ergeben sich Kosten von durchschnittlich 500 €. Mit welcher Quote werden nun wie viele Produkte abgeschlossen? Wie ist der Jahresertrag dieses Kunden bisher? Wie hoch wird sein CLV (Customer Lifetime Value) eingeschätzt? Welche Folgekosten entstehen jährlich in der Betreuung dieses Kunden?

Ohne die jeweiligen Beträge für jede Bank und jeden Kunden genau zu kennen: Die Input-Output-Relation stimmt häufig nicht! Und damit stimmt im Mittel auch die Cost-Income-Ratio der Bank nicht!

Die einen Kunden erhalten zu viel Leistung der Bank, ohne es durch ihre Erträge zu rechtfertigen. Die anderen Kunden, in Portfoliobetrachtungen als „Cashcows" beschrieben, zahlen, relativ zu den empfangenen Leistungen, zu hohe Erträge an die Bank. Diese „Cashcows" werden preissensibler und wandern, heftig umworben, zu alternativen Anbietern ab. Stirbt ein solcher „Ertrags"-Kunde, geht das Vermögen an tendenziell preissensible Erben über. Die Erträge der Bank verschlechtern sich schleichend, aber unaufhaltsam.

Die wirksame Beratung wird in diesem Fall dafür sorgen, dass Kunden die intensive Beratungsdienstleistung des Vertriebsmitarbeiters als Nutzen erkennen und wertschätzen. Denn nur, wenn Kunden dies tun, können sie eine umfangreiche Leistung bekommen.

Möchte ein einzelner Kunde hingegen eine weniger intensive Beratungsdienstleistung, bekommt er genau diese: Banken haben Kunden, denen die pure Produktinformation ausreicht, um sich „gut beraten" zu fühlen.

Um das Ziel eines ausgewogenen Leistungs-Preis-Verhältnisses für jeden einzelnen Kunden zu erreichen, kommt der Gesprächsführung der Vertriebsmitarbeiter eine herausragende Bedeutung im Konzept der wirksamen Beratung zu.

Die Bank steigert die Effizienz ihrer Beratungsprozesse, wenn sie ihrem Markt heterogene anstatt homogene Beratungsdienstleistungen anbietet. Schluss mit der Gießkannenmethode!

1.2.4 Beratungshonorar & Marge & Provisionen

MiFID war erst der Anfang! Die Transparenz in der Preisgestaltung wird weiter zunehmen. Der Informationsgrad und das Selbstbewusstsein der Kunden auch.

Die beleidigte Reaktion mancher Banker hilft auch nicht weiter: „Vom Lebensmittelhändler oder vom Reisebüro wird ja auch nicht verlangt, dass sie über Provisionen und Kalkulationsspannen Auskunft geben, wieso gerade von uns Banken?" Das stimmt. Die Tragweite der jeweiligen Kaufentscheidungen und ihre monetären Auswirkungen machen die Vergleiche jedoch schnell absurd. Wenn Banken über viele Jahre Provisionen in Form von Ausgabeaufschlägen oder Depotgebühren vereinnahmen und damit entscheidend an der Sparleistung ihrer Kunden partizipieren, ist das nicht vergleichbar mit dem Buchen einer Reise oder dem Verkauf eines Netzes Orangen. Alle Branchen sind einem knallharten Preis- und Qualitätswettbewerb ausgesetzt, Lebensmittelhandel und Reiseindustrie sind nur zwei Beispiele.

Und mit allem Respekt: Banken haben über Jahrzehnte, wenn nicht Jahrhunderte in einer Blackbox enorme Gewinne erwirtschaftet, ohne dass Kunden jemals klar war, wofür sie wie viel bezahlt haben. Man muss kein dogmatischer Bankengegner sein, um dieses alte System schlecht zu finden.

Es ist der weitaus bessere Weg, wenn Banken sich für einen offensiven, transparenten und selbstbewussten Umgang mit dem Thema „Preise" entscheiden. Nicht mehr getrieben von Verbraucherschützern und vom Gesetzgeber nehmen Banken diesen entscheidenden Aspekt in der Kundenbeziehung selbst in die Hand!

Banken reden über Preise. Banken gestalten über eine neue Preis-Leistungs-Transparenz tragfähige und ertragreiche Kundenbeziehungen. Weg mit den tradierten Scheuklappen! Raus aus der Schmuddelecke! Wenn schon Banken keinen Stolz auf ihre eigenen Preise haben, können auch ihre Kunden kein gutes Gefühl beim Bezahlen entwickeln!

Gute Beratungsleistung ist teuer, teurer jedenfalls als oberflächliche Produktinformation!

Qualität fällt nicht vom Himmel – sie muss produziert werden. Und Produktion kostet Geld.

Transparente Preismodelle im Konzept der wirksamen Beratung machen erwachsene Menschen zu treuen Kunden.

Wer das nicht glauben kann, sich nicht vorstellen kann, muss sich fragen, welches Menschenbild seiner Überzeugung zu Grunde liegt. Für die Zweifler ein aus meiner Sicht Mut machendes Beispiel: Bis heute stehen sich Arbeitgeber und Gewerkschaften oftmals unversöhnlich gegenüber – in überholten Dogmen und blindem Egoismus gefangen. Und doch gibt es inzwischen viele Fälle, in denen es Menschen in Unternehmen gelungen ist, die Lagermentalität zu überwinden. Unternehmer und Betriebsräte erarbeiten gemeinsam Lösungen, die zum Wohle aller gestaltet sind.

Es kann gehen, wenn…! Wenn Banken das Konzept der wirksamen Beratung konsequent umsetzen. Mit Walt Disney`s Worten: "If you can dream it, you can make it!"

Konkret bedeutet das: Das Beratungshonorar für das gekaufte Beratungspaket wird klar abgegrenzt von den Preisen für die Produkte! Vergleichbar mit den Kosten für die Ersatzteile und der Arbeitszeit der Mechaniker bei der Autoinspektion. Vergleichbar mit dem Architektenhonorar einerseits und den Baukosten des Hauses andererseits. Zu welchem Zeitpunkt und in welcher Form Banken die Preise deklarieren können, wird in Kapitel 5 ausgeführt.

1.2.5 Die höhere Mitarbeitermotivation

Banken brauchen das Commitment[8] ihrer Vertriebsmitarbeiter! In Gesprächen mit Vertriebsmitarbeitern wurde mir immer wieder bestätigt: Diese fühlen sich unwohl, unverstanden und sind manchmal verzweifelt angesichts der traurigen Realität in ihrem Vertriebsalltag. Vor allem im Retailgeschäft klagen Vertriebsmitarbeiter über hohen Verkaufsdruck und die Fixierung auf den Produktabsatz. Aber nicht nur in den Niederungen des Bankgeschäftes, wie das Retailgeschäft fatalerweise häufig beschrieben und empfunden wird, sondern auch in den höheren Sphären des Private Banking oder des Firmenkundengeschäftes wird geklagt: über den Widerspruch zwischen Marketingaussagen der Bank „…bei uns steht der Kunde mit all seinen Bedürfnissen im Mittelpunkt…" einerseits und der aktuellen Anlageempfehlung andererseits, die offensichtlich von den Bankinteressen gesteuert ist.

Die negative Stimmung der Vertriebsmitarbeiter kostet die Banken Millionen an Erträgen. Wenn Vertriebsmitarbeiter nicht selbst begeistert sind und sein können von dem, was sie tun, senden sie zwangsläufig falsche Signale aus und können im Verkauf gar nicht die optimale Leistung bringen, zu der sie eigentlich in der Lage wären. Sie sprechen Kunden nicht oder

---

8 Commitment ist nach Reinhard Sprenger (vergleiche „Mythos Motivation") ein freiwillig gegebenes Versprechen eines Menschen, steht also im strengen Gegensatz zu einer erzwungenen Zusage.

falsch an. Darüber hinaus senden sie in Gesprächen Signale, die den Kunden bewusst oder unbewusst an der Kaufentscheidung hindern: „Sie brauchen sich um Gottes Willen nicht heute zu entscheiden", so ein Vertriebsmitarbeiter[9] zum Kunden, der ein Produkt kaufen wollte.

Erfahrene Führungskräfte im Vertrieb wissen: Wenn Vertriebsmitarbeiter – das gilt für alle Branchen – sich nicht wohl fühlen, brauchen sie auf jeden Fall eines: die positive Rückmeldung ihrer Kunden, die Harmonie mit „ihren" Kunden und das damit verbundene positive Feedback.

Ist es in der Bank kalt, kuschelt man beim Kunden!

Die Flucht in den „Dienst nach Vorschrift", in die innere Emigration, in Krankheit, in Medikamentenmissbrauch und in Kündigung sind weitere Kostentreiber für Banken. Das erscheint vor dem Hintergrund des „Kampfes um die Talente" und einem leergefegten Arbeitsmarkt geradezu skuril.

Welcher Bankvorstand hat sich denn schon die Kosten von Fluktuation ausgerechnet? Was ist das Ergebnis, wenn man Ineffizienz, Personalfreistellung, die Prozesse der Personalabteilung, verlorene Kunden, Imageverluste nach innen wie außen und Gehaltsaufschläge für neu eingestellte Vertriebsmitarbeiter addiert?

Der Sinn ihrer täglichen Arbeit und die moralische Integrität der Banken ist aus Sicht vieler Mitarbeiter verloren gegangen.

Die Banken können den Vertriebsmitarbeitern

- Stolz auf ihre Arbeit,

- Sinn ihrer Arbeit,

- und auch Spaß an ihrer Arbeit

zurückgeben! Das ist die erste Aufgabe des Vertriebsvorstandes! Die wirksame Beratung ist der Schlüssel: Sie verbindet die Interessen der Mitarbeiter und der Kunden mit denen der Bank auf ideale Weise.

---

9 Wörtliches Zitat aus einem Coachingprotokoll im Private Banking aus dem Januar 2008.

1.3 Wirksame Beratung aus Sicht der Vertriebsmitarbeiter

1.3.1 Die drei Rollen des Vertriebsmitarbeiters

Die wirksame Beratung löst zwei künstliche Widersprüche auf, durch die Vertriebsmitarbeiter blockiert und an ihrer idealen Leistungsentfaltung gehemmt werden.

Erstens: Der Widerspruch zwischen „beraten" und „verkaufen".

Zweitens: Der Widerspruch zwischen Bankinteresse und Kundenorientierung.

Durch die Auflösung dieser Widersprüche erhält die Arbeit des Vertriebsmitarbeiters wieder einen inhaltlichen Wert und entspricht gleichzeitig den moralischen Ansprüchen an das eigene Handeln. Damit kommen Freude an der Arbeit und das Selbstwertgefühl zurück, die Leistungsbereitschaft steigt automatisch. Als positiver Nebeneffekt steigt die Qualität und die Fehlerquote sinkt.

Widerspruch Nummer 1: Berater versus Verkäufer

Bin ich Berater oder steht Verkäufer auf meiner Visitenkarte? Warum hat der Verkäufer ein schlechtes Image, wird mit Klinkenputzer assoziiert? Wieso ist ein Berater per Definition ein guter Mensch? Die Klischees und Vorurteile, die mit diesen Fragen angedeutet sind, stehen unübersehbar im Raum. Begriffe werden dazu noch synonym verwendet, wenn sich Beraterhandbuch und Verkäuferleitfaden inhaltlich überschneiden. Traditionell ist das Selbstverständnis vieler Banker so, dass in der Bank die Beratung im Vordergrund steht, wohingegen die Finanzdienstleister „da draußen" eher verkaufen. Hier die Guten, da die Schlechten.

Wird vom Banker „verkaufen" gefordert, steckt er in einem Dilemma: Er arbeitet gegen seine innere Überzeugung! Unabhängig von den politisch korrekten Äußerungen im Meeting – nach Dienstschluss habe ich manche ehrliche Geschichte dazu gehört.

Dieses Dilemma kann der Vertriebsarbeiter nur dadurch lösen, dass er drei komplementäre Rollen erfüllt.

Die Abbildung 1 verdeutlicht diese drei Rollen, die der Vertriebmitarbeiter zwingend einnehmen, und auch wirklich verinnerlichen, d.h. „leben" muss.

Die Rollen des Vertriebsmitarbeiters sind die als „menschlicher Partner" gefolgt von der als „kompetenter Berater" und der als „abschlussorientierter Verkäufer".

a) Die Rolle des menschlichen Partners: Hier zählt vor allem die Fähigkeit, eine sympathische Atmosphäre aufzubauen und Vertrauen herzustellen.

Beratung – alter Hut oder wertvolle Dienstleistung?

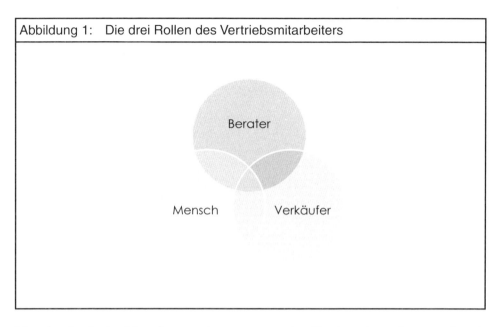

Abbildung 1: Die drei Rollen des Vertriebsmitarbeiters

Menschen kaufen bei Menschen, am Automaten, aus dem Katalog oder im Internet. Grundsätzlich stellt sich die Frage: Mensch oder System? Mensch und System! Die Möglichkeiten für Kunden, einen Kauf zu tätigen und Service in Anspruch zu nehmen, werden immer vielfältiger, Varianten immer unterschiedlicher – extremer: Möbel vom Innenarchitekten ausgesucht versus selbst montierte IKEA-Produkte. Hier die Dienstleistung eines Heilpraktikers, dort die Selbstmedikation mit Hilfe des Ratgebers aus der Buchhandlung. Am Flughafen das Quick-check-in am Automaten der Lufthansa im Gegensatz zum Limousinenservice für den Inhaber einer hochwertigen Kundenkarte. Die Beratung und der Service des Reisebüros einerseits und andererseits die Internetdienstleistung HRS; TCHIBO Shop versus MANU-FACTUM-Katalog. Systeme und Menschen bunt gemischt in allen Preissegmenten.

Eines fällt auf: Im Billigsegment der jeweiligen Branchen haben Menschen nur noch eine Statistenrolle. Sie sind nicht mehr wichtig für den Kaufvorgang des Kunden und werden für ihre standardisierte Arbeit schlecht bezahlt. Ihr Gestaltungsspielraum reduziert sich auf den des Erfüllungsgehilfen.

Menschen werden tendenziell weiter von Systemen, Scannern, Sprachsteuerungen, Automaten – neuer Technik – ersetzt.

Schlussfolgerung: Menschen, die den Anspruch haben, eine eigenverantwortliche, abwechslungsreiche und auch adäquat bezahlte Position im Vertrieb erfüllen zu wollen, müssen dem

Kunden einen Mehrwert bieten. Sonst bezahlen Kunden nicht für Menschen und in Folge der Arbeitgeber auch nicht für den Mitarbeiter. Das ist so trivial wie brutal.

Worin kann und muss dieser Mehrwert liegen? In der Erfüllung ganz profaner menschlicher Ansprüche! Kunden wollen sich wohl fühlen. Kunden wollen vertrauen können, Zuverlässigkeit erleben. Kunden wollen Spaß haben. Kunden wollen sich verstanden fühlen. Kunden wollen, dass man sich für sie interessiert. Kunden wollen Wertschätzung erfahren. Kunden wollen Zeit von Menschen geschenkt bekommen. Genau in diesen emotionalen Faktoren liegt der Mehrwert des Menschen für den Kunden – alles andere können Automaten und Internetseiten auch leisten, billiger noch dazu.

Was muss gewährleistet sein, damit dieser Mehrwert für den Kunden spürbar wird? Banken brauchen die richtigen Menschen mit der richtigen Einstellung[10], mit der richtigen fachlichen Ausbildung und den notwendigen Werkzeugen[11] und betten diese in die richtige Führungs- und Unternehmenskultur[12] ein.

Die Rolle als „menschlicher Partner" ist der Türöffner in die Welt des Kunden. Ist diese offen, kann der Vertriebmitarbeiter seine Rolle als „Berater" ausüben.

b) Die Rolle des kompetenten Beraters: Hier zählt vor allem eines: Die fachliche Kompetenz und die Fähigkeit, das eigene Wissen erfolgreich zu kommunizieren. Ein Berater, der informiert, selektiert, bewerten hilft und die Vorteile und den Kundennutzen präzise zu beschreiben in der Lage ist.

Hier haben Banken in den letzten Jahren massiv investiert. Hervorragende interne und externe Aus- und Weiterbildung gehören zum Standardrepertoire der meisten Banken. Die Ausbildung zum Bankkaufmann ist der Einstieg. Die Weiterbildung zu Bankfach- und Bankbetriebswirten, Financial-Planer und Financial Analyst, Aufbaustudiengänge zum Wealth Manager oder bankinterne Zertifizierungen sind Zeugnis für die Anstrengungen der Banken wie der Vertriebsmitarbeiter.

Fachliche Kompetenz ist entscheidend und hat doch den kleinsten Einfluss auf den Eindruck, den der Kunde am Ende des Gesprächs mit dem Vertriebsmitarbeiter von der Bank hat! Entscheidend und doch unbedeutend? Ja, Studien der Kommunikationswissenschaftler zeigen alle das in etwa gleiche Bild: Der Inhalt, die fachliche Kompetenz, hat mit 5–10 Prozent den geringsten Einfluss auf den Gesprächseindruck. Die Stimme hat mit 30–40 Prozent einen entscheidenden Einfluss auf den Gesprächseindruck. Den weitaus größten Eindruck hinterlässt mit 50–60 Prozent die nonverbale Körpersprache durch Kleidung, Mimik und Gestik.

---

10 Siehe Kapitel 4.1; Detroy (2004).
11 Siehe Kapitel 4.2.
12 Siehe Kapitel 4.3.

Das muss erklärt werden: Eindrücke, die wir Menschen haben, sind immer relativ. Relativ zu vorhandenen Eindrücken, die wiederum Erwartungen auslösen. So wird ein Hotel mit vormals besuchten verglichen oder der neueste James Bond mit den bereits gesehenen Filmen aus dieser Reihe. Da spielt die Minibar oder der Aston Martin selbst keine große Rolle mehr. Das Innendesign des Hotels oder die Kameraführung in den Actionszenen sind entscheidend, wenn am Hotelausgang oder vor dem Kino nach dem persönlichen Eindruck gefragt wird.

Übertragen auf die Bank ergibt sich: Der Kunde vergleicht das gerade geführte Gespräch mit den anderen Gesprächen, die er in dieser oder in anderen Banken geführt hat.

Und jetzt wird klar: Die Inhalte sind sehr ver-GLEICH-bar. Und: Sie sind so komplex, dass der durchschnittliche Kunde sie weder in der Tiefe verstehen, geschweige denn nachprüfen kann. Hier eine Frage an Sie, den Leser: Fahren Sie ein sicheres Auto mit einem oder mehreren Airbags? Ja? Sicher? Wissen Sie, dass Sie Airbags im Auto haben? Das aber können Sie gar nicht! Oder haben Sie schon mal nachgeschaut? Spaß beiseite, fangen Sie nicht an, Ihr Auto zu demontieren. Ihnen ist sicher klar geworden, dass es bei der Vermutung, Annahme oder dem Glauben bleibt, der Airbag sei auch dort eingebaut, wo „Airbag" steht, Ihr Auto folglich sicher sei.

Dem Kunden in der Bank bleibt als Differenzierungsmerkmal für das geführte Beratungsgespräch nur die Stimme, wie beim Auto der Klang der zufallenden Türe; die Körpersprache, wie beim Auto die Haptik der Materialien und das Design, um seinen Eindruck zu definieren. Fühle ich mich in einem Auto sicher und wohl? Fühle ich mich bei der Bank, bei diesem Vertriebsmitarbeiter sicher und wohl? Entscheidend sind Stimme und Körpersprache.

Für den Inhalt des Gespräches gilt: Fachwissen ist Voraussetzung für den Kauf, ohne dabei ausschlaggebend für den Eindruck des Kunden zu sein.

Im Konzept der wirksamen Beratung ist die Argumentationstechnik[13] mit allen Feinheiten der Sprache eine Schlüsselkompetenz des Vertriebsmitarbeiters.

Mit dieser richtig kommunizierten Fachkompetenz in der Rolle des Beraters entsteht die fachliche und moralische Basis für die Rolle des Verkäufers.

c) Die Rolle des abschlussorientierten Verkäufers: Mut und Verantwortungsgefühl sind gefragt!

Der Kunde wurde nach dem Konzept der wirksamen Beratung beraten: Jetzt brauchen alle Beteiligten den Abschluss: An erster Stelle der Kunde, der für die definierte Zielerreichung

---

13 Siehe Kapitel 6.2

eine Lösung haben will. Gefolgt vom Berater, der ein Erfolgserlebnis nach getaner Arbeit verdient hat. Nicht zuletzt die Bank, denn sie braucht die Erträge für die getätigte Investition.

Es gilt: Ein erfolgreicher Vertriebsmitarbeiter will den Abschluss!

Der Verkäufer übernimmt Verantwortung für die Hinführung des Kunden zur Kaufentscheidung. Und das kostet Mut. Mut in Zeiten, in denen fast täglich von schlechter oder gar falscher Beratung die Rede ist. Die Klagen mancher privater Kunden oder auch von Städten und Kommunen gegen ihre Banken sind die Spitze des Eisberges. Da ist von mangelnder Aufklärung und „zocken" die Rede.

Mancher Vertriebsmitarbeiter schützt sich schon in vorauseilendem Gehorsam vor eventuellen Vorwürfen seiner Kunden, indem er bestimmte Produkte gar nicht erst anbietet. Ob Aktie oder Zins-Swap: Mit einem festverzinslichen Papier oder einem Festzinsdarlehen ist man scheinbar auf der sicheren Seite. Das ist feige vom Vertriebsmitarbeiter und eine suboptimale Lösung für den Kunden.

Nur wenn die grundsätzlichen Fragen und Mechanismen der Entscheidungsfindung dem Vertriebsmitarbeiter klar sind und er diese auch mit dem Kunden bespricht, wird die Kunde-Bank-Beziehung belastbar. Und nur wenn sie belastbar ist, können die passenden Produkte verkauft bzw. seitens des Kunden gekauft werden. Ist die Beziehung belastbar und verkraftet auch den Eintritt nicht erwarteter Entwicklungen, kann die Anlage- oder Finanzierungsstruktur so gestaltet werden, wie sie idealerweise sein muss. Nur dann werden die Ziele des Kunden mit der höchsten Wahrscheinlichkeit erreicht.

Was muss grundsätzlich geklärt werden? Stellen wir uns einen Zeitstrahl, wie im Lebensphasenmodell[14] beschrieben vor: Heute soll dieser Mensch, unser Kunde, eine Entscheidung treffen. Unter Abwägung der Alternativen hätte der Kunde gerne Sicherheit und Gewissheit für sein Handeln. Dieses ersehnte Wissen bleibt ihm aber immer verwehrt, denn Wissen gibt es nur in der Rückschau, niemals in der Vorschau. Perspektivisch bleibt nur die Annahme, die Hoffnung, die Erwartung oder der Glaube.

Viele Vertriebsmitarbeiter erwähnen in diesem Zusammenhang gerne das Bild der Glaskugel, die niemand besitzt. Das Bonmot „Prognosen sind unsicher, soweit sie die Zukunft betreffen" hat auch schon einen langen Bart und hilft dem Kunden beim Entscheiden nicht weiter. Im Gegenteil: Wenn schon keiner das Ergebnis der heutigen Entscheidung voraussagen kann, was bleibt dann noch als Entscheidungskriterium für oder gegen die einzelne Bank, für Bundesschatzbrief oder Rohstoffzertifikat? Wenn die „doch alle nur mit Wasser kochen"?

---

14 Das Lebensphasenmodell beschreibt vereinfacht den Lebensweg eines Menschen von der Geburt bis zum Tod. Es werden entlang einer durchschnittlichen Biographie die möglichen finanziellen Bedarfssituationen eines Menschen exemplarisch dargestellt. Das Lebensphasenmodell liegt den meisten Beratungskonzepten der Banken und Finanzdienstleister zu Grunde.

Beratung – alter Hut oder wertvolle Dienstleistung?

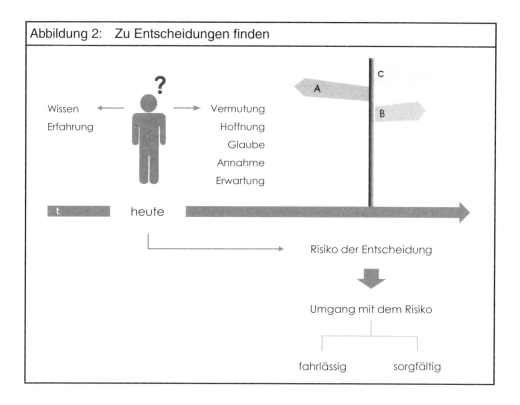

Abbildung 2: Zu Entscheidungen finden

Das Entscheidungskriterium für oder gegen eine Bank ist in diesem Zusammenhang die Professionalität des Vertriebsmitarbeiters. Wie kann dieser die individuelle Risikowahrnehmung und Risikoeinschätzung des Kunden in die Entscheidungsfindung einbeziehen und darüber hinaus auch verantwortungsvoll beeinflussen, wenn er dieses auf Grund seiner Beraterrolle für nötig hält? Und welches Risiko kann der Kunde tragen?

Zentraler Gedanke ist: Es bleibt bei jeder Entscheidung ein Risiko, aber ohne Risiko gibt es keine Chancen! Für jeden, der Chancen für sich in Anspruch nehmen möchte, ist der Umgang mit dem Risiko und nicht dessen Vermeidung entscheidend. Gehen Kunde in Kooperation mit Vertriebsmitarbeitern sorgfältig und verantwortungsbewusst oder fahrlässig und schlampig mit dem Risiko um?

Das Abfragen der Kundendaten nach den MiFID- oder WpHG-Vorschriften und das Aushändigen der „Basisinformationen zu Finanzanlagen" ist nur ein Feigenblatt, hinter dem sich besser kein Vertriebsmitarbeiter versteckt.

Das alleine ist noch kein kundenorientierter Umgang mit dem Risiko!

Wird in einem Kundengespräch dieser Sachverhalt besprochen und – etwa wie in Abbildung 2 – visualisiert, kann der Kunde realisieren: Wie bei jeder Entscheidung im Leben „wettet" der Kunde auf bestimmte Entwicklungen – mit dem Risiko, dass diese Entwicklungen gar nicht oder nicht wie gewünscht eintreten. Ob sich ein Mensch im Restaurant entscheidet, beim Wohnungskauf oder bei der Auswahl des Studienganges, es bleibt immer ein Restrisiko. Und so wettet der Kunde auch bei Bankprodukten: Auf bestimmte Zins- oder Devisenkursentwicklungen, auf die Performance einer Aktiengesellschaft, auf die Nachfrage nach bestimmten Rohstoffen, auf das Wetter (Wetterderivate) oder die Entwicklungen ganzer Volkswirtschaften.

So wie ein Kapitän, der anhand seines Logbuches seine Entscheidungen plausibel begründen kann, ist der Vertriebsmitarbeiter zu jeder Zeit in der Lage, die Grundlagen der gemeinsam erarbeiteten Entscheidungen plausibel schildern zu können. Ist das Kind aus Sicht des Kunden in den Brunnen gefallen, geht es schnell um „Schuld". Wer ist schuld? Vorausgesetzt, die Beratung erfolgte im obigen Sinne sorgfältig: Niemand! Aber Verantwortung tragen beide: Der Kunde wie auch der Vertriebsmitarbeiter – der Kunde für seine Entscheidung an sich und der Vertriebsmitarbeiter für die Grundlage dieser Entscheidung. Denn beide haben die Entscheidung gemeinsam erarbeitet.

Wenn nun der Kunde mit einer Beschwerde und mit Vorwürfen auf den Vertriebsmitarbeiter zukommt, kann dieser in der Summe seiner Rollen als Verkäufer souverän reagieren: Indem er Verständnis für die Emotionen des Kunden zeigt. Ärger, Frustration oder Scham sind Gefühle, die jeder empfindet, sollte er das Gefühl haben, sich falsch entschieden zu haben. Wie wohltuend ist in solch einem Moment ein Gesprächspartner, der sich mit den Gefühlen, nicht mit dem Vorwurf, identifiziert.

Zwischen der Identifikation mit den Gefühlen einerseits und der Schuldannahme für die „falsche" Entscheidung andererseits differenzieren zu können, das ist die Kunst.

Immer wieder fragen Kunden kurz vor der Entscheidung: „Können Sie das garantieren?" Freuen Sie sich über die Frage! Denn sie ist ein starkes Kaufsignal, der Kunde möchte kaufen. Würde ein Kunde nach einer Garantie fragen, wenn er nicht kaufen möchte? Nein. Er will, hat aber Sorge, dass ihn zu einem späteren Zeitpunkt Selbstzweifel oder Vorwürfe aus seinem Umfeld quälen. Reagieren Sie mit einem mutigen „Nein, und deshalb…" und zeigen Sie nochmals auf, wie sorgfältig erarbeitet und solide die Entscheidungsgrundlage ist.

Mehr kann ein Mensch an Sicherheit von Ihnen nicht erwarten und auch nicht erhalten. Das versteht auch jeder Ihrer Kunden, der die obigen Gedanken mit Ihnen ausgetauscht hat.

Die Notwendigkeit aller drei Rollen macht die Gegenprobe deutlich: Wie erfolgreich ist ein kompetenter Berater und abschlussorientierter Verkäufer, wenn Kunden ihn als unsympathisch empfinden oder gar als menschliches Ekelpaket beschreiben? Wenig erfolgreich! Wie erfolgreich ist ein netter Mensch und abschlussorientierter Verkäufer, wenn die fachliche Kompetenz mangelhaft ist? Wenig erfolgreich! Wie erfolgreich ist ein netter Mensch und kompetenter Berater, dem es am Willen und der Fähigkeit zum Abschluss mangelt? Wenig erfolgreich! Wird der Vertriebsmitarbeiter nur einer dieser Rollen nicht gerecht oder lebt er auch nur eine der Rollen unprofessionell, ist erfolgreiches Arbeiten im Bankvertrieb undenkbar!

Und deshalb verdienen alle drei Rollen die gleiche Aufmerksamkeit in der Auswahl wie auch in der Aus- und Weiterbildung der Vertriebsmitarbeiter einer Bank!

Mensch, Berater und Verkäufer verschmelzen in der Funktion des Vertriebsmitarbeiters.

Widerspruch Nummer 2: Produktverkauf versus Kundenorientierung

Wenn Vertriebsmitarbeiter zum Trainer oder Coach sagen: „Der Druck, die Produktziele zu erreichen, wird immer stärker!"; „Bei uns jagt eine Kampagne die andere."; „Um die Ertragsziele zu erreichen, müssen wir möglichst jedem Kunden dieses Produkt in sein Depot verkaufen.", dann zeigen diese Aussagen vor allem eines: Das Versagen der Vertriebsführungskräfte in den Banken, in denen solche Aussagen gemacht werden!

So ist es auch nicht überraschend, wenn inzwischen die Mehrzahl der Vertriebsmitarbeiter keine Lust mehr auf Verkauf hat. Der Widerspruch zu den sinnentleerten Aussagen der Marketingbroschüren und Internetauftritte ist unübersehbar.

„Wie schön könnte doch die Arbeit in der Bank sein", klagen manche Vertriebsmitarbeiter, „wenn wir kompetent und vor allem unverbindlich beraten könnten, ohne diesen leidigen Produktabsatzdruck im Nacken zu haben." Ja, dann könnten sich Vertriebsmitarbeiter, und ihre Vorgesetzten gleich mit, im Glanze ihres Fachwissens sonnen. Die Erträge der Bank werden schon irgendwie realisiert werden. Ein Traum!

In den ersten Aufbaujahren der Advance Bank wechselten viele Mitarbeiter aus hauptsächlich einem Grund zur Advance Bank: Sie hatten gehofft, dem Verkaufsdruck bei ihren alten Banken zu entfliehen. Die Advance Bank bot den Bewerbern an, im Rahmen einer „objektiven" Beratung ohne jeden Verkaufsdruck mit den Kunden kommunizieren zu können. Eine fatale, weil falsche Botschaft der Personalabteilung in den damaligen Einstellungsgesprächen. Vom Beraten alleine kann eine Bank nicht leben. Nicht mit den damals praktizierten Preismodellen.

So viel zum Traum. Ist der beschriebene Widerspruch[15] zwischen Produktverkauf und kundenorientierter Beratung überhaupt ein Widerspruch? Nein, im zitierten Beitrag kommt der Autor am Ende seines Praxisberichts zur Schlussfolgerung: „Bedarfsansatz und Produktverkauf sind die siamesischen Zwillinge des Bankvertriebes…" Wie in der Abbildung 3 zu sehen, sind die Begriffe und ihre Definition entscheidend. Daraus ergibt sich eine neue Sichtweise für den Vertriebsmitarbeiter einer Bank, die für ihn moralisch akzeptabel ist.

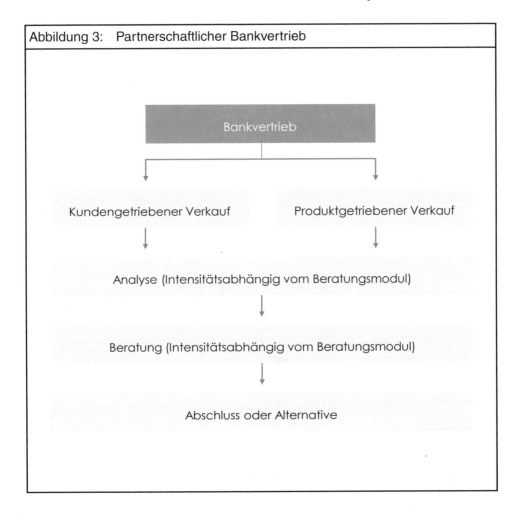

Abbildung 3: Partnerschaftlicher Bankvertrieb

---
15 Vgl. Effert/Hanreich (2006), Seite 68 ff.

Im partnerschaftlichen Bankvertrieb, in dem Ertragsbedürfnisse der Bank den Bedürfnissen und Zielen der Kunden gleichgestellt sind, gibt es zwei Zugangswege zum Verkauf: Einmal den „kundengetriebenen Verkauf", was dem kundenorientierten Anspruch entspricht, und den „produktgetriebenen Verkauf", was dem Produktverkauf entspricht. Analog zur Industrie schaut sich der Vertrieb der Bank die Welt einmal durch die Brille des Kunden an: Was könnte dieser Kunde für Produkte benötigen, um seine Ziele effizient zu erreichen? Dann betrachtet der Vertriebsmitarbeiter die Welt durch die Brille des Herstellers der Produkte: Welche Kunden könnten für dieses Produkt in Frage kommen, wem könnte es bei seiner Zielerreichung helfen?

Vom Kunden zum Produkt und vom Produkt zum Kunden! Gemeinsam ist beiden Ansätzen: Nur wenn es aus Sicht des Kunden sinnvoll ist, wird ein Produkt verkauft.

Wichtig ist nicht, ob der Deckel den Topf findet oder der Topf den Deckel. Wichtig ist, dass sie sich finden und nachhaltig zueinander passen!

Beide Ansätze sind moralisch und fachlich in Ordnung, eine verantwortungsbewusste Vorgehensweise vorausgesetzt. Sie sind auch notwendig, denn in Kombination bieten sie der Bank die beste Chance auf eine optimale Marktausschöpfung. Dem Kunden bietet diese Kombination die beste Chance, seine Ziele effizient zu erreichen, bekommt er doch aus zwei Richtungen Impulse.

So kann im kundengetriebenen Verkauf eine zweistündige Beratung zu einem oder mehreren Abschlüssen führen oder im produktgetriebenen Verkauf ein Produkt nach 15 Minuten verkauft werden.

Wichtig ist im Grunde nur eines: Kunde wie auch Vertriebsmitarbeiter sind sich über den Nutzen für den Kunden im Klaren.

Das ist in etwa vergleichbar mit dem Kauf einer Flasche Wein im Supermarkt und dem Kauf einer Flasche Wein im Rahmen einer Weinprobe. Beides muss nicht schlecht sein, der Kunde sollte aber wissen, was er kauft.

Das Konzept der wirksamen Beratung löst das belastende Dilemma für die Vertriebsmitarbeiter auf.

1.4 Wirksame Beratung aus Sicht der Bankkunden

Die „wirksame Beratung" erlebt der Kunde als Mehrwert. Die Entscheidung für ein bestimmtes Beratungspaket ist die Entscheidung eines informierten und mündigen Kunden.

Nach dem Konzept der wirksamen Beratung gibt es keine Kunde-Bank-Beziehung mehr ohne den Kauf eines Beratungspaketes aus dem Konzept der wirksamen Beratung.

Noch vor der Eröffnung auch nur eines Girokontos wird der Kunde auf die wirksame Beratung – die Kernleistung der Bank – angesprochen. Und da er sich für eines der Beratungsmodule (siehe Kapitel 2) entscheidet, wird er sich damit gleichzeitig gegen die anderen Module entscheiden. Er weiß so immer, was er vom Vertriebsmitarbeiter zu erwarten hat und was nicht.

Die Zeit des unmündigen Bankkunden ist vorbei! Vorbei die Zeiten, in denen Banken segmentspezifisch Produktverkauf oder ganzheitliche Beratung praktizieren, ohne mit ihren Kunden auch nur ein Wort darüber zu sprechen, was genau in diesem Moment passiert.

Warum sollen Berufsanfänger oder Geringverdiener keine Chance auf eine verantwortungsvolle und umfassende Beratung haben, nur weil es im Moment für die Bank nicht rentabel ist? Wieso können sie sich eine entsprechende Beratungsleistung nicht kaufen? – Weil es sie bisher nicht gibt!

Wie Zugang zu Bildung im allgemeinen Sinn ist auch der Zugang zu Wissen rund um Finanzen mitentscheidend für den Lebenserfolg der Kunden. „Vermögen" hat seinen Ursprung in „dem Vermögen, etwas zu tun"! Geld ist unwichtig – Vermögen ist entscheidend: eben die Fähigkeit, sein Leben zu gestalten und ihm damit eine selbst gewählte Richtung zu geben. Soll der Mensch Verantwortung tragen, braucht er das Vermögen dazu.

Denkbar ist, dass ein Patenonkel oder Vater einem jungen Erwachsenen ein Schnupperabonnement für ein Beratungsmodul schenkt und damit die finanzielle Entwicklung dieses jungen Menschen für dessen ganzes Leben positiv beeinflusst.

Die wirksame Beratung wird die unstrukturierte, oft seitens des Kunden als unangenehm empfundene Ansprache des Vertriebsmitarbeiters durch einen kooperativen Dialog zwischen Kunde und Vertriebsmitarbeiter ersetzen.

1.5 Der Stresstest für die Dienstleistungsinnovation „wirksame Beratung"

Wird die „wirksame Beratung" überhaupt eine Chance haben? Wie muss diese als „neu" beschriebene Vorgehensweise gestaltet sein, damit sie am Markt bei Kunden eine echte Chance hat?

1.5.1 Der Irrweg der „objektiven" Beratung

In einer Vielzahl von Medien und Kundengesprächen wird sie immer wieder gefordert, versprochen oder gewünscht: Die „objektive" Beratung, das Patentrezept für eine glückliche Kunde-Bank-Beziehung.

Als die konstitutiven Merkmale einer „objektiven" Beratung werden immer wieder beschrieben:

Es werden keine oder wenigstens nur teilweise hauseigenen Produkte verkauft!

Denn nur dann könnten Vertriebsmitarbeiter ganz im Sinne ihrer Kunden arbeiten, so die Fürsprecher dieses Ansatzes. Sie plädieren: Jeder Vertriebsmitarbeiter kann unter tausenden Fonds, hunderten ETFs oder zwanzig Lebensversicherungstarifen für den Kunden auswählen. Getreu dem Marketingversprechen ihrer Bank: „Die Bedürfnisse unserer Kunden sind die Richtschnur unseres Handelns."

Gut ausgebildete Vertriebsmitarbeiter erarbeiten eigenverantwortlich für den Kunden die beste Lösung:

Profis, die mit Hilfe umfangreicher IT-Systeme und Informationsquellen die Finanzmärkte im Blick haben und daraus im Sinne ihrer Kunden die richtigen Schlüsse ziehen. Seniorberater, die über ein hohes Maß an Berufserfahrung verfügen, wählen für den Kunden die individuell beste Strategie aus.

Beide Merkmale sind Unsinn! Die Gründe erfahren Sie im Folgenden:

Alle großen Produktanbieter der etablierten und marktrelevanten Bankengruppen haben in ihrem jeweiligen Portfolio Produkte, die mit Auszeichnungen, Top-ten-Platzierungen oder Best-off-Prädikaten dienen können. Ich bin der Meinung, dass es am Ende einer Vermögensanlage völlig bedeutungslos ist, ob ein Produkt der DWS, der DIT oder von UNION Investment gekauft wird. Es ist völlig nebensächlich, ob ein Kunde den momentanen Platz 1-Inhaber oder den Fünftplatzierten kauft, weiter sind die vergleichbaren Produkte in der Spitzengruppe selten auseinander. Relevant ist, dass der Kunde überhaupt in beispielsweise einen Aktienfonds investiert.

Wie in allen reifen transparenten Märkten sind die vergleichbaren Produkte sich so ähnlich, dass in Testergebnissen die Punkteabstände der erstplatzierten Produkte weniger als zehn Prozentpunkte voneinander entfernt liegen. Das ist so, egal ob Sie eine Beurteilung von Fahrradhelmen, Waschmaschinen oder Oberklasseautos lesen.

Ich habe noch von keiner Fluggesellschaft gehört, die wegen Boeing-Fliegern in Schwierigkeiten kam, dass sie alternativ mit Airbus-Fliegern erfolgreicher gewesen wäre. Die vergleichbaren Flugzeuge beider Hersteller sind technisch so nah beieinander, dass ihr Hebel auf den Gesamterfolg nahezu gleich ist. Relevant ist, dass die Fluggesellschaft überhaupt über ein Flugzeug dieser Kategorie verfügt, um ihre Strategie erfolgreich umzusetzen.

Nur wenn einer der Hersteller über ein Alleinstellungsmerkmal verfügt, wie jahrelang Boeing mit der 747 oder später Airbus mit dem A 380, wird das Produkt entscheidend für den Erfolg der Fluggesellschaft. Diese Situation gibt es bei Bankprodukten so gut wie nie.

Bei Bankprodukten kommt noch ein Aspekt hinzu: Im Gegensatz zur Sachleistung wie bei einer Waschmaschine gibt es die viel kleinere Wahrscheinlichkeit, dass Bankprodukte morgen noch so funktionieren wie gestern. Die Waschmaschine wird mit einer sehr hohen Wahrscheinlichkeit auch morgen Wäsche sauber waschen. Was aber machen die Finanzmärkte? Banker wissen: Märkte entwickeln sich zufällig! Weitere Fragen stellen sich: Was, wenn eine Fondsgesellschaft der anderen Fondsgesellschaft einen erfolgreichen Analysten abwirbt? Was passiert, wenn eine Bank der anderen Bank ein ganzes Team von Vermögensverwaltern wegkauft? Dinge, die täglich passieren. Dann sind die vergangenheitsbezogenen Charts nicht mehr das Papier wert, auf dem sie stehen.

Fazit: Vertriebmitarbeiter aller Banken können mit Stolz und mit gutem Gewissen die Produkte ihres eigenen Hauses verkaufen! Die Ausnahme ist die Ausnahme!

Zu den Mitarbeitern:
Die Vertriebsmitarbeiter sollen auf Grundlage ihrer fundierten Ausbildung und mit Hilfe der Banksysteme mit professionellem Kalkül, sprich „objektiv" beraten. Eine Überforderung und Belastung, die den betroffenen Vertriebsmitarbeitern so schnell als möglich genommen werden muss! Denn diesem Anspruch kann niemand gerecht werden.

Eine ganze Epoche huldigten nicht nur die Wirtschaftswissenschaften dem Götzenbild des Homo oeconomicus. Im Zeitalter der vom Computer ausgerechneten dreiundzwanzigsten Stelle hinter dem Komma, im Zeitalter von Exceltabellen für jeden erdenklichen Zweck war die rationale Entscheidung das goldene Kalb, um das Banken, ihre Kunden, aber auch Verbraucherschützer und Medien leidenschaftlich tanzten. Aber: Der Homo oeconomicus ist tot!

Der Nobelpreisträger[16] Reinhard Selten war einer der ersten, der kräftig am Modell des rational entscheidenden Menschen rüttelte. Seltens Theorie der eingeschränkten Rationalität führt vor Augen, dass die Erwartung an die Menschen, sich gefälligst rational zu verhalten, unrealistisch ist.

---

16 Reinhard Selten bekam 1994 den Wirtschaftsnobelpreis für seine Arbeiten im Zusammenhang mit der Spieltheorie zusammen mit seinen Kollegen John Harsanyi und John Forbes Nash.

Beratung – alter Hut oder wertvolle Dienstleistung?

Was in den Sozialwissenschaften längst unstritig ist, wird von betriebswirtschaftlich ausgebildeten Menschen nur schwer akzeptiert: Informationen sind per Definition neutral. Sie werden von jedem Menschen jedoch subjektiv bewertet. Aktuelle Ergebnisse der Gehirnforschung bestätigen das lang bekannte Modell des Konstruktivismus eindeutig: In komplexen neurologischen Vorgängen[17] werden Informationen mit Gefühlen gekoppelt und damit emotional bewertet. Die Gehirnregion mit der Bezeichnung „Amygdala" fasziniert die Neurologen hier besonders, der Laie spricht vom „Bauchgefühl".

Ein Beispiel aus der Praxis: Am Ende eines von mir begleiteten Kundengespräches war der Vertriebsmitarbeiter einer Privatbank fassungslos: Seinem Kunden, einem netten, intelligenten älteren Herrn war es völlig gleichgültig, ob sich sein gut siebenstelliges Depotvermögen mit 0,4 Prozent mehr oder weniger Rendite bei gleicher Risikoerwartung entwickeln würde. „Ich brauche das Geld eh nicht und meine Erben sind schon heute erstklassig versorgt" waren die Worte des Kunden. Er habe demnach keine Lust, sich mit der vorgeschlagenen Umschichtung einzelner Vermögenswerte seines Depots zu beschäftigen. Der Vertriebsmitarbeiter konnte das Verhalten seines Kunden nicht nachvollziehen, da eine angestrebte Renditesteigerung um 0,4 Prozent in seiner Gefühlswelt wichtig und erstrebenswert ist. Viele andere Kunden sehen, sprich „bewerten" das wie dieser Vertriebsmitarbeiter und manifestieren damit den von ihm gefühlten Wert der 0,4 Prozent täglich aufs Neue. Es bleibt aber ein gefühlter Wert.

Wer schon einmal mit verschiedenen Menschen in einem Raum war, kennt die Diskussion um „Es ist zu kalt hier!" Da hilft der Hinweis auf 20 Grad Celsius Raumtemperatur nicht weiter, wenn sich ein Mensch unwohl fühlt. Dies ist das Phänomen der gefühlten Temperatur.

Eine für alle verbindliche, unstrittige oder wahre, sprich objektive Interpretation von Fakten kann es nicht geben.

„Wir müssen lediglich in Betracht ziehen, dass die aktuelle neurologische Forschung deutlich macht, dass unser Denken, egal ob eigenständig oder nicht, ohne Emotionen keinen Pfifferling wert ist", folgert Andreas Zeuch in seinem Essay „Im Dickicht der Vernünfte", www.changex.de vom 08.11.2007.

Und wie ist es mit den Vorhersagen, den Annahmen oder den Wahrscheinlichkeiten? Reinhard Selten hat genau untersucht, ob der Mensch bei seinen Handlungen eine konsistente Wahrscheinlichkeitseinschätzung vornimmt, um seinen Nutzen zu maximieren. Dabei stellt er fest: Menschen können keine konsistenten Urteile über Wahrscheinlichkeitspräferenzen bilden. Zu vielfältig sind die Optionen, zu groß ist der Umfang der Umweltinformationen.

---

17 Vgl. Traufetter (2007) und Gigerenzer (2007).

Testen Sie diese Aussage: Wie wird sich der chinesische Aktienindex, und damit ein ETF, der ihn abbildet, entwickeln? Welche Fragen müssen für die gesuchte Antwort durchdacht werden: Wie entwickelt sich die Weltkonjunktur, speziell die Konjunktur in den USA? Wie entwickelt sich die politische Landschaft, denken wir an die Taiwan-Frage oder die wachsende Stärke Indiens? Welche Entscheidungen treffen die Eliten in China bezüglich der innenpolitischen Situation? Welche Rolle spielt die sich verschärfende Umweltproblematik für die Industrie in China? Wird Produktpiraterie geächtet? Werden chinesische Autos auf dem Weltmarkt erfolgreich sein?

Kein Rechenzentrum, kein Analytiker kann die Unmenge an Informationen und ihre Wechselwirkungen so berechnen, dass es zu einer tragfähigen, sprich objektiven, Vorhersage kommt. Eher früher als später wird der Punkt erreicht, an dem man das Denken aufgibt und sich auf seine Intuition verlässt. Intuition ist, vereinfacht dargestellt, der Partner des Verstandes. Der Verstand denkt vernünftig, die Intuition fühlt emotional.

Für einen einzelnen Vertriebsmitarbeiter absolut folgerichtig kommt dieser zum Schluss, dass eine Investition in China sinnvoll sei, ein anderer dagegen rät eher ab. Jeder urteilt in seiner persönlichen Verstand-Intuition-Kombination, aus seiner Sicht logisch und mit bestem Gewissen. Damit ist schlüssig begründet: Der Begriff „Schuld" ist im Zusammenhang mit Entscheidungen völlig deplatziert, Verantwortung ist gefragt.

Selbst in der Bankenwerbung wäre es besser, auf das Attribut „objektiv" zu verzichten! „Objektiv" wie auch „unabhängig" implizieren aus Sicht des durchschnittlichen Bankkunden das Eintreffen des gewünschten Ergebnisses. Tritt aber eine andere, für den Kunden negative Entwicklung ein, trifft es den Vertriebsmitarbeiter wieder mit voller Macht: Der Kunde macht ihm Vorwürfe. Dieser hat das Gefühl, es sei ihm etwas versprochen worden, was aber nicht gehalten wurde. Wer seine Versprechen nicht halten kann, verliert das Vertrauen[18] seines Bankkunden.

Um also nicht unseriöse oder unhaltbare Versprechen geben zu müssen, bietet sich die Umsetzung des Konzeptes der „wirksamen Beratung" an. Der Fokus in der Bankenwerbung kann sich auf Attribute und konstitutive Merkmale richten, die garantiert werden können. Versprechen, die erfüllt werden und damit Vertrauen schaffen.

1.5.2 Die systematische Entwicklung der „wirksamen Beratung"
Das Konzept der „wirksamen Beratung" muss auf die Bedürfnisse eines Hauses angepasst und ständig weiterentwickelt werden. Aber hält das Konzept und die darin beschriebenen Weiterentwicklungen einer kritischen Betrachtung stand?

---

18 Die herausragende Bedeutung von „Vertrauen" für den belastbaren Beziehungsaufbau wird im Kapitel 4.1 erläutert.

Die Wissenschaft kommt zu einem ernüchterndem Ergebnis: Neue Dienstleistungen entstehen eher beiläufig und zufällig. Neuere empirische Studien[19] bestätigen diesen Sachverhalt und begründen den Nachholbedarf an einer systematischen Entwicklung der Dienstleistungsinnovationen.

Allein ein systematischer Innovationsprozess bietet die Chance, das Konzept der wirksamen Beratung bankspezifisch zu entwickeln und erfolgreich in den Markt einzuführen.

Ziel einer solchen systematischen Innovation ist es, Flops zu vermeiden. Flops werden mangels Nachfrage und Wertschätzung der Kunden eingestellt und kosten den Innovator viel Geld. Ein prominentes Beispiel für einen Flop ist das von Motorola maßgeblich mit entwickelte und eingeführte Satellitentelefonsystem Iridium. Inzwischen wieder verschwunden, hat dieser Flop Motorola ungefähr fünf Milliarden Euro gekostet, den Imageschaden nicht mit eingerechnet.

Ein warnendes Beispiel aus der Bankenbranche ist die im Jahr 2003 in der Dresdner Bank aufgegangene Advance Bank. Trotz vieler guter Ideen und sehr engagierter Menschen gelang es nicht, dieses damals moderne Bankkonzept ausreichend ertragreich zu gestalten.

Weit weniger spektakulär sind die vielen Beispiele für Flops, die jeder Leser kennt: Ob der verwaiste Fitnessraum im Hotel oder der von Bahnkunden ignorierte Koffertträger am Kopfbahnhof München, sie haben alle nicht funktioniert. Es geht hier nicht um ein hämisches Kommentieren im Sinne von „Das war ja völlig klar", denn hinterher ist selbstverständlich jeder der Beteiligten ein bisschen klüger.

Es geht um das Vermeiden solcher Flops: Um die systematische Entwicklung einer Dienstleistung, die auch zum gewünschten Erfolg führt.

Für „Trial and Error" oder „aus dem Bauch heraus" haben die Banken weder Geld noch Zeit!

Ein systematischer Innovationsprozess ist unabdingbar. Bei diesem kann nur in Anlehnung an die klassische Produktentwicklung von Sachgütern vorgegangen werden. Es sind die konstitutiven Merkmale von Dienstleistungen zu berücksichtigen: 1. Immaterialität (Intangibilität), 2. notwendige Kundenbeteiligung (Integrativität) und 3. Lagerunfähigkeit.

---

19 Vgl. Bullinger/Scheer (2005).

Das bedeutet für die Bank:

1. Kunden können die Beratungsleistung nicht anschauen, haptisch fassen oder ausprobieren. Aus dieser Immaterialität von Dienstleistungen resultieren weiter folgende Herausforderungen:

- Sie weisen einen hohen Abstraktionsgrad auf.

- Sie lassen sich nur mit hohem Aufwand testen, Prototypen sind nahezu unmöglich.

- Sie sind im Vergleich zu Sachleistungen schwerer an potenzielle Kunden zu vermitteln.

- Sie lassen sich nur bedingt gegenüber Wettbewerbern rechtlich schützen.

Der von Kunden zu erbringende Vertrauensvorschuss an die Bank muss bei der Entwicklung bewusst einkalkuliert werden. Vereinfacht ausgedrückt: Vertrauen ist die Voraussetzung für „wirksame Beratung", nicht die Folge!

2. Es gibt keine Qualitätsendkontrolle der Produktion, nach der die Leistung zum Kunden gebracht werden kann. Die Beratungsleistung entsteht erst in der Kooperation, im Zusammenwirken von Vertriebsmitarbeiter und Kunde. Dem Kunden muss seine Mitwirkung am Beratungsprozess und damit an der Qualität der Beratungsleistung klar sein. Aus dieser *Integrativität* von Dienstleistungen resultieren weiter folgende Herausforderungen:

- Sie werden durch die Funktion des Kunden als Co-Designer oder Co-Produzent in der Entstehung maßgeblich beeinflusst.

- Sie beinhalten auch die vom Kunden gelernten Verhaltensweisen, die häufig kontraproduktiv für den Entstehungsprozess sind.

- Sie werden durch den Kunden und sein laufendes Feedback positiv beeinflusst, welches die Bank systematisch integrieren sollte, um Frustrationen beim Kunden vorzubeugen.

Der Kunde stellt sich die zu erbringende Beratungsleistung vorher abstrakt vor. Der bildhaften, verständlichen und aussagekräftigen Darstellung der Beratungsleistung kommt eine zentrale Rolle zu. Vereinfacht ausgedrückt: Die „wirksame Beratung" braucht einen eigenen Prospekt!

3. Banken können die Beratungsleistung nicht qualitätsgesichert einlagern und den Kunden durch Abgabe dieser gesicherten Leistungsmerkmale zum Wunschtermin beliefern. Die Leistungserbringung und die Nachfrage fallen zeitlich zusammen, unabhängig davon, wer sie initiiert hat. Aus dieser Lagerunfähigkeit von Dienstleistungen resultieren weiter folgende

Herausforderungen:

- Sie werden qualitativ immer wieder neu geschaffen, unabhängig wie gut die Leistung gestern war.

- Die standardisierten Prozesse der Leistungserbringung sind damit entscheidend für Qualität und Effizienz derselben.

- Die einzusetzenden Ressourcen sind vorzuhalten und so zu planen, dass sie im Bedarfsfall zur Verfügung stehen.

In Summe ergibt sich daraus, dass Banken nur mit hoch motivierten Mitarbeitern einerseits und durchdachten sowie IT-gestützten (CRM-Software) Prozessen andererseits das Konzept der „wirksamen Beratung" umsetzen können. Vereinfacht ausgedrückt: Das Konzept der „wirksamen Beratung" macht die Bank zu einem modernen Segelschiff, die Rolle des Wetters übernimmt der Kunde.

Allen Praktikern aus Banken fällt beim Lesen der Punkte 1–3 sofort auf, was in der bisherigen Umsetzung (siehe Kapitel 1.1) der Beratungskonzepte fehlte. Es ist die systematische Entwicklung der Dienstleistung und damit die Berücksichtigung der oben genannten spezifischen Herausforderungen von Dienstleistungen an sich.

Die bankspezifische Ausgestaltung des Konzeptes, nicht die Entwicklung eines Patentrezeptes, soll das Ergebnis sein. Das Konzept der „wirksamen Beratung" ist ein offenes System, das jede Bank für ihre relevanten Bereiche, von der Passivseite über die Immobilientochter bis hin zur Aktivseite, gestalten und permanent weiterentwickeln kann.

Das Konzept der „wirksamen Beratung" unterliegt einer ständigen Weiterentwicklung. Es ist nicht „einmal fertig", sondern wird permanent aus der Erfahrung weiterentwickelt – mit der gleichen Aufmerksamkeit und Professionalität, mit der in der Bank die hauseigenen Produkte gepflegt werden.

Konkret bedeutet das: Alle Beteiligten, vom Vertriebsvorstand über den IT-Chef bis hin zu Vertretern der Vertriebsmitarbeiter sitzen gemeinsam mit Vertretern der Kunden am Tisch und entwickeln das Konzept für ihre Bank.

Die „Trainer für wirksame Beratung in Banken", früher „Verkaufstrainer" genannt, sind ebenfalls von Anfang an gute Impulsgeber. Sind sie es doch, die später die Vertriebsmitarbeiter kommunikativ aus- und weiterbilden.

Zurück zum Segelschiff: Es gibt physikalische und materialtechnische Bedingungen, die für den Bau eines jeden Segelschiffes gleich sind. Diese entsprechen dem Konzept für die wirksame Beratung. Gleichzeitig wird jedes Segelschiff individuell für seinen Einsatzzweck und das Segelrevier spezifisch entwickelt und gebaut. Bestes Beispiel hierfür sind die Hochleistungsjachten des America's Cup, die von Rennen zu Rennen und von Saison zu Saison weiterentwickelt werden.

1.5.3 Die Anpassung des Konzeptes der „wirksamen Beratung" auf das einzelne Institut

Aus diesen Herausforderungen ergeben sich hohe Anforderungen an den Innovationsprozess für die Entwicklung des Konzeptes der „wirksamen Beratung" und deren Ausgestaltung für die einzelne Bank.

Dienstleistungen rechtlich für eine Bank schützen zu lassen, ist nahezu unmöglich. Wie kann sich eine Bank dann vor Nachahmung schützen? Nur die Perfektion der bankinternen Prozesse, erstklassige Vertriebsmitarbeiter und gut organisierte Kundenintegration machen die Dienstleistung eines Institutes unverwechselbar und schützen vor Nachahmung.

Zahlreiche Studien[20] belegen: Die Markt- und Kundenorientierung ist ein entscheidender Erfolgsfaktor innovativer Dienstleistungen.

Der Anbieter denkt, er wüsste, was der Kunde will – aber der Kunde will etwas anderes. Die fehlende Übereinstimmung der vom Anbieter angenommenen Bedürfnisse einerseits und den realen Kundenbedürfnissen andererseits ist die häufigste Ursache für den Flop neuer Dienstleistungen.

Durch das Integrieren der Kunden in den Entwicklungsprozess lässt sich die Erfolgsquote neuer Dienstleistungen deutlich erhöhen. Diese für Banken oft neue Vorgehensweise überzeugt am Ende durch ihre Effizienz: Risiko wird vermindert, Kosten werden gesenkt. Neben den vermeidbaren Kosten für einen ineffizienten Mitteleinsatz sind hier insbesondere auch Imageverluste im Markt zu nennen, unter denen die Bank bei einem Flop mit Sicherheit leiden würde.

Der Kunde ist von Anfang an dabei oder der Prozess zur Entwicklung einer neuen Dienstleistung wird gar nicht erst gestartet!

Das bedeutet: Während des gesamten Innovationsprozesses ist immer mindestens ein Vertreter stellvertretend für einen der drei Bereiche Prozesse-Vertriebsmitarbeiter-Kunden bei allen Diskussionen und Entscheidungen integriert.

---

20 Vgl. Bullinger/Scheer (2005), Seite 147 ff.

a) Erfolgsfaktor „Innovationsteam"

Es wird im ersten Schritt ein neues interdisziplinäres Team gegründet, das direkt einem Vertreter der ersten Ebene zugeordnet ist. Im Organigramm einer Stabsstelle gleichgestellt, verantwortet dieses Team die Konzeption, die Markteinführung und die laufende Weiterentwicklung der wirksamen Beratung in der Bank.

Wie das Produktmanagement und das Business Development in anderen Branchen genießt dieses Team hohe Reputation und breite Unterstützung. Allen Beteiligten ist die Relevanz für den Gesamtbankerfolg bewusst.

Idealerweise besteht das Team aus sechs Mitgliedern und einer Assistenz sowie einem Moderator:

Ein Vertreter der ersten Ebene achtet dabei auf die Aspekte der Gesamtbanksteuerung, auf die Kosten- und Ertragssituation, auf die notwendigen Entscheidungen in der ersten Ebene der Bank, auf die interne Kommunikation und das Marketing. Dieser Vertreter, zum Beispiel der Vertriebsvorstand, ist für das Gelingen des Innovationsprozesses das wichtigste Teammitglied. Er hat die Rolle des Visionärs, er steht für die neue Kernleistung der Bank: Die „wirksame Beratung".

Der Vertreter, der für die Prozessoptimierung zuständig ist, achtet auf technische Machbarkeit, technische Implikationen, den Ressourceneinsatz wie Back Office-Mitarbeiter oder mobile Datenzugänge.

Der Vertreter der Vertriebsmitarbeiter achtet dabei auf die Leistungsbereitschaft der Vertriebsmitarbeiter, das heißt auf deren Motivation; auf die Leistungsfähigkeit der Vertriebsmitarbeiter, das heißt auf deren Werkzeuge und Know-how; auf die Leistungsmöglichkeit der Vertriebsmitarbeiter, das heißt auf die zeitliche und räumliche Machbarkeit, sowie auf die Ziel- und Entlohnungssysteme.

Die Vertreter der Kunden achten dabei auf die Erwartungen und Wünsche der Bankkunden. Sie müssen dafür sorgen, dass Kunden die Möglichkeit geboten wird, die Qualität konkret beurteilen zu können und dass das Neue dieser Dienstleistungen verständlich erklärt wird. Der Vertreter der Kunden kann auch ein Vertriebsmitarbeiter sein, der anhand seiner Erfahrung, unterstützt mit Ergebnissen aus Kundenbefragungen, den Blickwinkel der Kunden mit einbringt. Mein Ansatz ist aber weitergehend: Die Bank gründet einen Kundenbeirat, definiert Testkunden oder initiiert einen Kundenclub, der regelmäßig im Kontakt zu den Kunden steht und von diesen Rückkopplung erhält. Ein Kunde aus einer dieser Gruppen kann im Innovationsteam Feedback und Impulse geben. Damit sind die Kunden Co-Designer – die Erfolgsquote für die Dienstleistung steigt.

Wechselnde Vertreter interner oder externer Funktionen wie zum Beispiel Trainer, Marketing- und Werbeprofis, Verbandsvertreter, Juristen, Verbundunternehmen oder Marktforscher ergänzen mit ihrer Kompetenz nach Bedarf das Team.

Ein Vertreter ist zuständig für die Prozessdokumentation, beispielsweise ein Diplomant, Personalentwickler, Trainee. Dieser beschreibt Lernkurven, verfasst Artikel für die Mitarbeiterzeitschrift und übernimmt inhaltliche Rechercheaufgaben.

Die Assistenz sorgt für die Dokumentation der Diskussionsbeiträge und -ergebnisse, koordiniert Termine und erledigt alle anderen Assistenzaufgaben für das Team. Moderiert werden die Teamtreffen durch bankinterne oder externe Berater.

b) Die Prozessschritte zur Implementierung der „wirksamen Beratung":

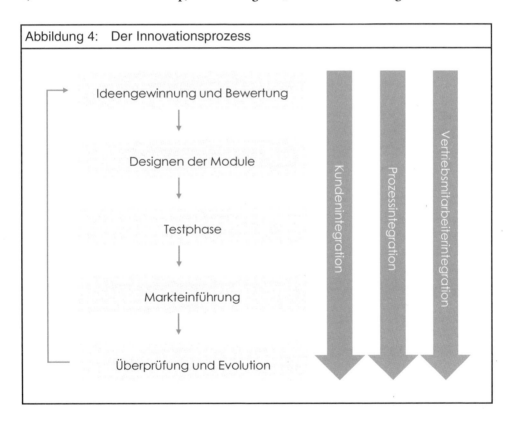

Abbildung 4: Der Innovationsprozess

Die Ideengewinnung und Bewertung: In dieser Phase wird gezielt nach Ideen gesucht. Mit Methoden wie Brainstorming oder Mindmapping werden die Impulse aus diesem Buch gezielt auf die jeweilige Bank angepasst. Die Bewertung der Ideen erfolgt aus allen Perspektiven kritisch und unter dem konstruktiven Motto: Es kann gehen, wenn…! Was bereits getan wird, ist nicht per se schlecht, und das Neue nicht immer gut. Die Bank, die beides zu verbinden lernt, wird am Markt gewinnen.

Das Entwickeln der Module und ihrer Merkmale innerhalb der wirksamen Beratung: Hier werden die Merkmale konkret definiert, welche die jeweiligen Module konstituieren. In diesem Prozessschritt wird vor der Verabschiedung des Designs das weiter unten beschriebene Self-Assessment oder andere Prüfmethoden genutzt, um die Erfolgsquote zu optimieren.

Die Testphase der Module: In diesem Prozessschritt soll geprüft werden, ob die Module und die Gesamtkonzeption der wirksamen Beratung den Wünschen und Bedürfnissen der jeweiligen Zielkunden entsprechen. Es ist vorstellbar, hierzu einen Teilmarkt oder ein Kundensegment auszuwählen, um erste Rückmeldungen und interne Erfahrungen konstruktiv zu nutzen. Überprüft werden die Reaktionen des Marktes mit Kundeninterviews, Marktbefragungen in schriftlicher Form, Beschwerdeanalysen oder Testkäufen.

Markteinführungsphase für den Gesamtmarkt der Bank: Mit der entsprechenden Marketingunterstützung wird das Konzept der wirksamen Beratung eingeführt. Jede Bank kann individuell und schrittweise vorgehen. Nicht alle Module müssen gleichzeitig eingeführt oder die denkbaren Preismodelle umgesetzt werden.

Überprüfung und Weiterentwicklung in der Umsetzung des Konzeptes der wirksamen Beratung: Die internen Prozesse sowie die Sicht der Vertriebsmitarbeiter und der Kunden werden systematisch erfasst. Diese sollen mit den Auswirkungen auf die Gesamtbank verbunden werden. Insbesondere die Ertragssituation der Bank und die von den Kunden wahrgenommene Qualität sollen permanent verbessert werden. Die neu gewonnenen Ideen gehen dann wieder über den Prozessschritt 1. „Ideengewinnung und Bewertung" in die nächste Prozessschlaufe.

Die Überprüfung ist auch in der Form eines Audits oder einer Zertifizierung denkbar.

c) Der Stresstest selbst, die kritische Überprüfung des Konzeptes:
Es wäre ja mal wieder typisch: Ein Berater schreibt ein Buch und träumt sich im stillen Kämmerlein eine schöne Welt zusammen. Um dem Einwurf „Das geht bei uns nicht, weil…" eines skeptischen Praktikers zuvorzukommen, wende ich die Methode des Self-Assessments mittels eines Fragenkataloges gleich hier an:

Welchen Kundennutzen soll die Dienstleistung schaffen?

(1) Sie soll den Kunden durch optimale Entscheidungsgrundlagen möglichst nahe an dessen individuelle Ziele bringen. Wirksame Beratung erhöht die Chance, reich zu werden.

(2) Der unklare Begriff „Beratung" wird nachvollziehbar geklärt, Kunden wissen genau, was sie bekommen und was nicht.

Hat die „wirksame Beratung" Neuigkeitswert?

(1) Ja, denn die Merkmale der Beratungsmodule werden konkret und damit überprüfbar beschrieben.

(2) Ja, denn bisher wissen nur sehr wenige Bankkunden über die Effekte des Portfolioansatzes, Auswirkungen von Zinseszinseffekten oder der Kosten auf ihren Ertrag Bescheid.

(3) Ja, denn bisher konnten Bankkunden keine kompetente Beratungsleistung separat von ihren Finanzprodukten kaufen. Bisher galten die Regeln: Wenig Geld gleich wenig Zeit eines tendenziell geringer qualifizierten Vertriebsmitarbeiters. Viel Geld gleich viel Zeit eines hoch qualifizierten Vertriebsmitarbeiters.

Hat sie höhere Problemlösungsfähigkeit als bestehende Leistungen und Konkurrenzdienstleistungen?

(1) Ja, denn Kunden greifen früher und bewusster auf die Finanzplanung zurück und erzielen damit Rendite- oder Kostenvorteile.

(2) Ja, denn durch die erzielte Kooperation des Kunden erhöht sich der Gesamterfolg aller gekauften Finanzprodukte. Das geschieht durch die Risiko-Chancenoptimierung des Anlage- oder Kreditportfolios und die optimierte Zusammenstellung seines Dienstleistungsportfolios.

Geht sie stärker auf Kundenbedürfnisse ein?

(1) Ja, denn Kunden wollen Transparenz über empfangene Leistungsmerkmale und über die dafür anfallenden Kosten.

(2) Ja, denn selbstbewusste Kunden, Medien und Politik fordern schon lange eine bessere Beratung durch die Banken.

(3) Ja, denn die Beratungsmodule können völlig unabhängig gekauft werden.

Verbessert oder erleichtert sie die Anwendbarkeit für den Bankkunden?

(1) Ja, denn der Kunde bekommt durch die Module der „wirksamen Beratung" und die konstituierenden Leistungsmerkmale ein klares Bild von der Leistung, die er bezahlt.

Bietet die Dienstleistung dem Kunden einen Zusatznutzen?

(1) Ja, der Bankkunde kann besser und schneller mit Veränderungen in seinem Umfeld sowie mit Entwicklungen am Finanzmarkt umgehen.

Welches sind die wichtigsten Eigenschaften – formuliert als Nutzen für den Bankkunden?

(1) Messbare Merkmale ergeben Klarheit und ergänzen den Blick auf das Ergebnis der Beratung.

(2) Transparente Preismodelle machen bewusste Entscheidungen möglich.

(3) Optimierte Finanzentscheidungen bringen dem Bankkunden Erträge in Euro.

Welches Image ist zu kreieren?

(1) Das eines seriösen und zuverlässigen Partners in allen Finanzfragen, dem Bankkunden vertrauen können.

Werden Moden oder Trends berücksichtigt?

(1) Ja, der Trend zur transparenten Kunden-Lieferantenbeziehung, insbesondere die gesetzlichen Vorschriften nach MiFID.

(2) Ja, der Trend zur Individualität beim Kauf von Produkten und Leistungen.

(3) Ja, der Trend, sich als Mensch verantwortungsbewusst um die eigene Altersvorsorge zu kümmern.

Welche ästhetischen Qualitäten sind zu bedenken?

(1) Die Ästhetik in den Marketingkampagnen.

(2) Die Ästhetik in den für den Bankkunden sichtbaren Unterlagen.

(3) Die optische und sprachliche Ästhetik des Vertriebsmitarbeiters.

Wie sieht das Preis-Leistungsverhältnis aus?

(1) Grundsätzlich für den Kunden positiv – wie positiv hängt von den Variablen, wie zum Beispiel Nominalbeträgen, Lebensalter oder Marktentwicklungen, ab.

Wie könnten die Zielgruppe, die Mitarbeiter und sonstige Betroffene auf die Dienstleistung reagieren?

(1) Die Zielgruppe könnte begeistert oder auch gelangweilt reagieren.

(2) Die Mitarbeiter könnten offen oder verschlossen reagieren.

(3) Die Medien könnten das Konzept unterstützen oder kritisieren.

(4) Die Eigentümer der Banken könnten den Ansatz zu Gunsten kurzfristiger Ertragssteigerungen negieren.

Diese Antworten zeigen das grundsätzliche Potenzial der „wirksamen Beratung" für die Bank und ihre Kunden.

1.6 Qualität und Module der „wirksamen Beratung"

1.6.1 Qualität – was ist das?

Kunden achten permanent auf drei Dimensionen von Qualität:

- das Produkt/die Dienstleistung,

- die flankierenden Geschäftsprozesse und

- die Ästhetik rund um den Kundenkontakt.

So können sie entscheiden, ob und wie zufrieden sie mit ihrer Bank sind. Dabei vergleichen sie ihre Erwartungen zu diesen drei Dimensionen mit der konkreten Situation. Vom Grad der Übereinstimmung leiten sie das Ausmaß an Qualität ab, die sie aus ihrer Sicht erhalten haben. Bemerkenswert ist, dass Kunden über ihre Schlüsselerlebnisse in Form von Geschichten berichten können.

Daraus folgt: Eine bestimmte Qualität gibt es nicht – Qualität ist immer das, was der Kunde als solche empfindet! Die reibungslos funktionierenden internen Prozesse sprechen für eine hohe Qualität. Sie sind Voraussetzung, aber nicht Garantie für diese Empfindung!

Das bedeutet: Die Wahrnehmung und die Bewertung des Angebots durch den Kunden ist der Schlüssel zu dessen Qualitätsempfinden. Nur ein zufriedener Kunde bindet sich aus Eigennutz an seine Bank!

Zu prüfen sind die Signale, die der Kunde wahrnimmt: Sieht der Kunde, welche Arbeit in einer ausführlichen Analyse seiner Situation steckt? Welche Bedeutung die daraus gewonnenen Rückschlüsse für ihn haben? Kommunizieren die Vertriebsmitarbeiter gut genug, was sie für den Kunden leisten und welchen Nutzen der Kunde daraus hat?

Zu prüfen ist die Bewertung: Wie schätzen Kunden die Beratung durch einen Vertriebsmitarbeiter ein? Wie wertvoll empfinden sie zwei Arbeitsstunden eines Experten? Mit welchen Vergleichen arbeiten die Bankkunden, wenn sie Preise von Banken bewerten?

Die Kunden entwickeln ihr individuelles Empfinden der Qualität der Bankdienstleistung in vier Stufen. Die wirksame Beratung bewirkt ein positives Empfinden über alle vier Stufen:

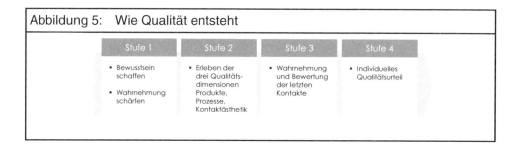

Abbildung 5: Wie Qualität entsteht

Stufe 1: Durch die gesamte Unternehmenskommunikation wie auch die bilateralen Gespräche zwischen den Vertriebsmitarbeitern und den Kunden entwickeln diese Bankkunden ein feineres Bewusstsein für die Leistungsmerkmale der wirksamen Beratung und können sie entsprechend wertschätzen und verändern dadurch auch ihre Wahrnehmung für die kommende Zusammenarbeit.

Stufe 2: Wie war das Erleben? Wurden Zusagen bezüglich der Leistungsmerkmale eingehalten? Wie bequem und angenehm werden die flankierenden Prozesse empfunden? Wie ist der ästhetische Gesamteindruck nach den Kontakten mit der Bank? Die Vertriebsmitarbeiter überprüfen im Gespräch mit ihren Kunden immer, wie diese die erhöhte Flexibilität durch Kündigungsmöglichkeiten sehen, die Schnelligkeit einer Kreditzusage empfinden oder die Freundlichkeit der Kollegen im Servicebereich erleben.

Stufe 3: Welche prägenden Erfahrungen hat der Kunde in der zurückliegenden Periode mit der Bank gemacht? Welche Geschichten weiß er zu erzählen? Was hat ihm gut oder weniger gut gefallen? Hier sorgen die Vertriebsmitarbeiter immer wieder für positive Aha-Erlebnisse für den Kunden: Sie gratulieren zum Geburtstag, rechnen aus, wie viel Geld der Kunde verloren hätte, wäre das Klumpenrisiko immer noch so hoch, wie vor der Beratung; kleine und größere Versprechen an den Bankkunden, die selbstverständlich erfüllt werden, bauen systematisch Vertrauen zur Bank und zum Vertriebsmitarbeiter auf. Geschichten, über die Bankkunden gerne reden.

Stufe 4: Welches Qualitätsurteil wird der Bank heute gegeben? Welche Schulnote wird der Bank am Stammtisch erteilt? Wie schätzt der Kunde die erzielten Renditen seines Depots im Verhältnis zur Marktentwicklung ein? Würde er die Bank einem guten Freund weiterempfehlen? Vertriebsmitarbeiter geben sich nicht mehr mit dem schwäbischen Lob „Nicht geschimpft ist gelobt genug!" zufrieden. Die Kundenberater erfragen sich konkretes Feedback der Kunden, egal ob Lob oder Kritik, sie erfragen die Hintergründe. Die so erhaltenen Impulse fließen in die Bankprozesse ein, Kunden werden über den Nutzen ihrer gelebten Kooperation informiert. Die Bank wird zu „meine Bank".

Nur mit dieser Form von Qualitätsmanagement wird die wirksame Beratung ein Erfolg für die Bank.

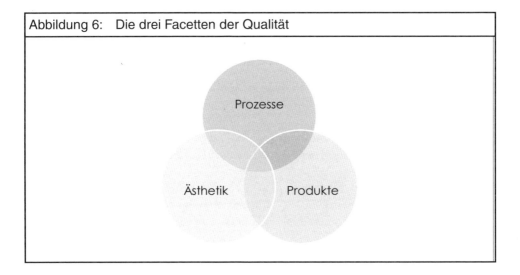

Abbildung 6: Die drei Facetten der Qualität

In der Analogie mit dem Segelschiff bedeutet das: Egal wie gut die Mannschaft auch segeln mag (Prozessqualität), entscheidend ist die zurückgelegte Strecke auf dem Weg zum Zielhafen (Qualität aus Sicht des Kunden). Egal wie wir unsere Position einschätzen, nur die tägliche Positionsbestimmung per GPS-Navigation gibt uns eine zuverlässige Rückmeldung über unser Können (Kundendialog).

1.6.2 „Wirksame Beratung" – ein Baukastensystem mit hohem Qualitätsanspruch

Ein modular aufgebautes Bankdienstleistungskonzept mit dem Ziel, dem Bankkunden mit transparenten und überprüfbaren Merkmalen eine qualitativ gute Entscheidungsgrundlage für seine finanziellen Entscheidungen zu bieten.

Das Konzept konstituiert sich wie folgt:

- Die umsetzenden Banken definieren die „wirksame Beratung" als ihre eigentliche Leistung und kommunizieren dieses nach innen und außen.

- Der schwammige Begriff der „Beratung" wird über die konkreten Merkmale der Module präzise definiert.

- Die Module bauen aufeinander auf und können einzeln und völlig unabhängig von Bankkunden gekauft werden.

- Die Module haben einen Preis, der über die unterschiedlichsten Preismodelle transparent deklariert wird. Schnupperangebote oder das „Für Sie ohne Berechnung" sind Varianten des bankspezifischen Pricings[21].

- Ausgebildete Vertriebsmitarbeiter integrieren die drei Rollen „menschlicher Partner", „kompetenter Berater" und „aktiver Verkäufer".

- Der Vertriebsmitarbeiter verdeutlicht dem Kunden diese drei Facetten seiner Funktion. Das gegenseitige Verständnis für diese Rollen ist Grundlage der Kunde-Bank-Beziehung.

- Es gibt in der umsetzenden Bank Prospekte, die „wirksame Beratung" wie in einem Produktprospekt als eigenständige Dienstleistung kundenorientiert darstellen.

- Mit der Zustimmung des Kunden zu diesem Konzept und seiner Bereitschaft, mit der Bank zusammenzuarbeiten, beginnt die wirksame Beratung. Der Bankkunde weiß, was er bekommt – was er nicht bekommt. Er ist sich darüber im Klaren, wie wichtig seine Kooperation in diesem Beratungsverhältnis ist.

1.6.3 Die drei Felder der „wirksamen Beratung"

Dienstleistungen definieren sich grundsätzlich über die sie konstituierenden Merkmale. Daraus resultieren die beschriebenen Herausforderungen an den Erbringer von Dienstleistungen im Allgemeinen und die spezifischen Herausforderungen an Banken als Erbringer der Dienstleistung „wirksame Beratung" im Besonderen. Diese Herausforderungen werden erfolgreich in drei Feldern gemeistert:

---

21 In Kapitel 5 werden die Einzelheiten beschrieben.

1. Die definierten und kommunizierten Merkmale der Beratungsleistung und deren Module.

2. Die notwendige Kooperation des Kunden mit der Bank.

3. Der Anspruch „Das Beste für den Kunden".

Abbildung 7:	Die drei Felder der wirksamen Beratung

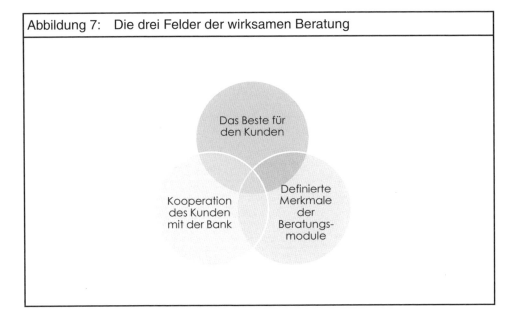

Zur Verdeutlichung ein Beispiel aus der Tourismusindustrie: Kreuzfahrten werden von Kunden gebucht, um ein möglichst schönes Urlaubserlebnis zu bekommen. Dieses Urlaubserlebnis ist das Ergebnis der Dienstleistung „Kreuzfahrt". Buchen die Kunden die Kreuzfahrt, weil sie garantiert schöne Erlebnisse haben werden? Nein, sie buchen, weil sie mit einer hohen Wahrscheinlichkeit erwarten können, schöne Erlebnisse zu haben.

Um diese Wahrscheinlichkeit vor der Buchung einschätzen zu können, werden Kataloge angeschaut, um dort die Merkmale der Dienstleistung Kreuzfahrt zu prüfen: Das Schiff selbst, die Kabinenausstattung, das gastronomische Angebot, Reiseroute und Termine, Bordsprache, Kinderbetreuungsangebote, Sportmöglichkeiten, Unterhaltungsangebot, um nur einige Merkmale zu nennen. Schnell wird dem potenziellen Kreuzfahrer klar, dass er Optionen hat: Kabinenklassen, Restaurants, Landausflüge, Kurse, die besucht werden können, Transfervarianten zum Heimatort. Die Dienstleistung ist also modular aufgebaut: Es gibt Standards, Premium-Angebote und Pakete, die extra gebucht werden können. Jedes Modul hat seinen Preis.

Deutlich wird, dass der Kunde einer Kreuzfahrt aufgefordert ist zu kooperieren, sofern er das schönstmögliche Urlaubserlebnis erreichen möchte! Schon beim Buchen muss er sich intensiv mit den Merkmalen der Kreuzfahrt beschäftigen. Täte er es nicht, säße er falsch angezogen im Restaurant, wäre er mit nörgelnden Kindern konfrontiert oder würde sich vom Rummel auf dem Schiff in seinem Erholungsbedürfnis gestört fühlen.

Auch auf der Reise selbst kommt es auf seine Kooperation an: Er würde keine schönen Erlebnisse haben, wenn er die überwiegende Zeit schlecht gelaunt in der Kabine bliebe. Würde er seine Trägheit nicht überwinden, weder Sportmöglichkeiten noch Theatervorstellungen besuchen, würde es sehr schnell langweilig werden.

Was bleibt von der schönsten Kabine, dem besten Tisch im Restaurant, den spektakulärsten Landausflügen, wenn der Kellner schlecht gelaunt und die Toiletten schmutzig sind? Eine schlechte Erinnerung an einen viel zu teuren Urlaub! Wenn also nicht wirklich *alle* Mitglieder der Besatzung motiviert und fähig sind, einen sehr guten Job zu machen, konterkarieren sie die feststehenden Merkmale der Dienstleistung – und machen ein positives Erlebnis für den Kreuzfahrer unmöglich.

Durch das Zusammenwirken aller drei Elemente – die Merkmale der Kreuzfahrt, die Kooperation des Gastes und die Hochleistungsphilosophie der Besatzung – ergibt sich mit größter Wahrscheinlichkeit ein schöner Urlaub.

Ist der schöne Urlaub damit garantiert? Nein, kann er gar nicht sein! Denn weder schlechtes Wetter noch der Grippevirus noch die defekte Klimaanlage kann vom Leistungserbringer, der Kreuzfahrtreederei, ausgeschlossen werden.

Warum buchen die Gäste trotzdem die Reise, ohne Garantien für das Ergebnis zu haben? Weil sie aus dem Katalog ausreichend Informationen zu den drei Elementen bekommen. So können sie genügend Vertrauen und Sympathie zu der angebotenen Dienstleistung aufbauen, um sich auf das „Wagnis" einzulassen.

Die Unterlagen für die Kreuzfahrtkunden sind so professionell aufgebaut, dass sie alle Herausforderungen des Dienstleistungsverkaufs berücksichtigen. Genau so gehen Banken mit der „wirksamen Beratung" um!

a) Erstes Feld: Die Merkmale der Beratungsmodule
Die Beratungsmodule definieren und unterscheiden sich durch ihre Merkmale:

- die Qualifikation der Vertriebsmitarbeiter,

- den Zeitaufwand pro Beratungseinheit,

- die Dokumentation des Gespräches,

- die inhaltliche Tiefe der Fragen des Vertriebsmitarbeiters,

- die Systeme und Beratungshilfen,

- die Medien und Zugangsmöglichkeiten für den Kunden,

- das aktive oder passive Verhalten des Vertriebsmitarbeiters,

- die begleitenden Serviceelemente,

- der Preis.

Zwei Beispiele, wie Beratungsmodule definiert und abgegrenzt sein könnten:

A: Ein Kunde hat das Basismodul gekauft: Er bekommt viermal im Jahr aktuelle Produkte auf Initiative eines Vertriebsmitarbeiters angeboten. Dieser Vertriebsmitarbeiter ist Bankkaufmann. In diesen maximal im Schnitt je 20 Minuten dauernden Gesprächen werden dem Kunden die wichtigsten Produktdetails und der daraus resultierende Vorteil genannt. Es werden alle Fragen zum Produkt beantwortet, ein Prospekt ausgehändigt und die neuen Informationen über den Kunden in das interne Kundeninformationssystem eingepflegt. Der Kunde kann im Jahr beliebig oft Fragen zu Produkten stellen, die er alle beantwortet bekommt. Der Preis ist über die Kontoführungsgebühr abgegolten. Sollten Produkte mit Provisionszuflüssen an die Bank verkauft werden, bekommt die Bank davon 75 %, 25 % werden dem Kunden gutgeschrieben.

B: Ein Kunde hat das Premium Modul gekauft: Er bekommt im Jahr bis zu zehn Stunden Gesprächszeit mit einem Vertriebsmitarbeiter, der ihm fest zugeordnet ist. Dieser ist durch einen Abschluss als Bankfach- oder -betriebswirt und/oder eine Ausbildung zum Financial Planner qualifiziert. Der Kunde wird mit den Strukturen eines bankinternen Beratungstools beraten, die Argumentation bewegt sich auf der Nutzenebene. Das heißt, die konkreten Auswirkungen in seiner Situation werden besprochen. Die Kundendokumentation ist wie das Depot online für den Kunden einzusehen, er kann selbst neue Informationen in das System der Bank eingeben. Der Kunde wird mindestens zweimal im Jahr zu relevanten Vorträgen und Veranstaltungen in der Region eingeladen. Ein monatlicher Report über Marktentwicklungen und Prognosen der Banken geht ihm einmal pro Monat per Post oder als PDF-Datei online zu. Der ihm zugeordnete Vertriebsmitarbeiter geht so auf ihn zu, wie es in der Modulvereinbarung festgelegt wurde. Diese Leistungen bekommt der Kunde für eine Pauschale von 2.850 € pro Jahr. Übersteigt das Aktiv- oder Passivvolumen des Kunden den Betrag von X €, bekommt der Kunde die Pauschale zu 50 % rückvergütet. Sämtliche der Bank zufließenden Provisionen aus den Geschäften mit dem Kunden werden zu 70 % an den Kunden weitergegeben, die Bank vereinnahmt 30 % der Provisionen.

Ohne Einschränkung kann jede Bank Module und Variantenanzahl selbst definieren und die Preismodelle an die eigenen Belange anpassen.

Ziel der Bank ist es, möglichst vielen Kunden ein hochwertiges Beratungsmodul zu verkaufen. Das ist die verkäuferische Aufgabe des Vertriebsmitarbeiters.

b) Zweites Feld: Die Kooperation des Kunden mit der Bank

Die Kooperation des Kunden beginnt schon mit der Beschäftigung des modularen Angebots seiner Bank. Das erste Gespräch ist das Beratungsgespräch über das modulare Beratungsangebot dieser Bank. Die Module, ihre Merkmale und selbstverständlich der Nutzen, der daraus für diesen Kunden entsteht, ist Gegenstand dieses Gespräches, ähnlich einer Einverständniserklärung vor einer Meniskusoperation im Krankenhaus.

Die verkäuferische Aufgabe des Vertriebsmitarbeiters ist es, dem Kunden die Notwendigkeit und den Nutzen der Kooperation zwischen Kunde und Bank deutlich zu machen.

Erster Punkt im Prospekt über die Beratungsmodule ist die Kooperationsbereitschaft des Kunden. Diese manifestiert sich über folgende Aspekte:

1. Seine investierte Zeit in die Gespräche mit der Bank,
2. seine Offenheit, alle relevanten Informationen offen darzulegen,
3. das Vertrauen, das er der Bank im Moment entgegenbringt,
4. seine bewusste Entscheidung für oder gegen die angebotenen Module,
5. seine Preisaffinität für die Preisgestaltung der Module,
6. die besprochenen und akzeptierten Bedingungen und Vorschriften gemäß MiFID oder WpHG.

Die Gesprächsergebnisse zur Kooperation werden mit den anderen Konto- / Kundenunterlagen zu den Bankakten genommen.

c) Drittes Feld: Der Anspruch „Das Beste für den Kunden"

Wenn eine Bank die Vision „Bester Finanzdienstleister in der Region" für sich in Anspruch nimmt und diese unter dem Markenclaim „Leistung aus Leidenschaft" lebt, ist das dritte Element plakativ beschrieben.

Jeder Mitarbeiter der Bank weiß: Es geht nicht um die Frage, ob es die vornehmste Aufgabe der Bank ist, im Sinne des Kunden zu agieren oder ob die Bank als Unternehmen nur das eine Ziel hat, für den Eigentümer der Bank maximalen Ertrag zu erwirtschaften. Es gilt *nicht* entweder oder, sondern UND! Schluss mit diesem unsinnigen und künstlichen Widerspruch!

Das ganze Mitarbeiterteam ist im Rahmen seiner Tätigkeit und Funktion verantwortlich für die beste aller Möglichkeiten für den Kunden.

Nur wenn wir für den Kunden optimal handeln, können wir auch maximal an ihm verdienen!

Jeder, der auch nur über das nächste Quartal hinausdenken kann, wird diesem Punkt zustimmen. Jeder Leser, der noch anders darüber denkt, hat die letzten Seiten vergeblich gelesen und kann das Buch getrost an mich zurückschicken. Ich ersetze ihm den Kaufpreis gerne.

Damit das Ergebnis „vom Kunden gefühlte Bestleistung" erreicht werden kann, ist in erster Linie die Führung der Bank gefordert: Sie alleine kann die faktischen und emotionalen Bedingungen schaffen, innerhalb derer die Mitarbeiter über sich hinauswachsen. Begreift sich Führung als erster Kundendienstleister innerhalb der Bank, wird sie alle Prozesse dem Primat „Bestleistung für den Kunden" unterordnen und diese optimieren.

Im Kapitel 4 „Teamentwicklung & Prozessqualität sichern" und im Kapitel 6 „Wirksame Beratung – die zwingende Gesprächsstruktur" wird im Detail beschrieben, welche Parameter in Summe die Bestleistung ermöglichen.

Ein abschließender Blick auf die Kunde-Bank-Beziehungen: Die sozial- und einkommensschwachen Menschen haben, relativ zu ihren finanziellen Möglichkeiten, die meisten unterschiedlichen Vertrags- und Ansprechpartner für ihre Geldgeschäfte: Die Hausbank, eine Nebenbank, mehrere Versicherungsgesellschaften, die Autokreditbank, die Konsumkreditbank des Versandhändlers, das Onlinebankdepot. So hat keiner dieser Vertragspartner den Gesamtüberblick über die Situation des Kunden.

Beratung – alter Hut oder wertvolle Dienstleistung?

Abbildung 8: Vermögen und Zahl der Bankpartner

Am oberen Ende der Gesellschaft, bei Menschen mit Bildung und großen Vermögen ist es anders: Relativ zu ihren finanziellen Möglichkeiten haben sie die wenigsten unterschiedlichen Vertrags- und Ansprechpartner. Sie bündeln ihre Geldanlagen, fassen ihre Versicherungen zusammen und steuern ihr Kreditvolumen mit einer Bank. An der Spitze der Gesellschaft finden wir den klassischen Privatbankier, der alle relevanten Aspekte seines Kunden und dessen Familie kennt.

So erklärt sich, warum das Vermögen der reichsten zehn Prozent der Gesellschaft schneller wächst als das Vermögen der restlichen neunzig Prozent der Gesellschaft: Sie haben einen oder wenige Partner mit dem Gesamtüberblick und genießen eine effektive und effiziente Beratung.

Viele Bankkunden halten sich auch heute noch für clever, wenn sie ihrer Hausbank nicht den Gesamtüberblick geben. Das Zersplittern der Informationen und Beträge ist ein Irrtum und kostet diese Bankkunden sehr viel Geld.

Ursachen für diesen Irrtum: Eine Mischung aus fehlendem Vertrauen, gefühlter Abhängigkeit von einer Bank, mangelndes Fachwissen und eine gutgläubige Spontaneität für Neues.

Die wirksame Beratung verändert die gelernten und gewohnten Vorgehensweisen der Bankkunden. Diese Beratung macht den Kunden klüger und dadurch monetär erfolgreicher!

Die wirksame Beratung ist wie ein alter Hut, der, wiederentdeckt vom Zeitgeist, zum Symbol für moderne und intelligente Vertriebsmitarbeiter von Banken wird.

Qualität und Module der „wirksamen Beratung"

„Wirksame Beratung" wird umgesetzt im

BeratungsDreieck³

Dieses Konzept integriert:

- drei Rollen des Vertriebsmitarbeiters,
- drei Dimensionen von Qualität,
- drei Felder der Beratungsdienstleistung.

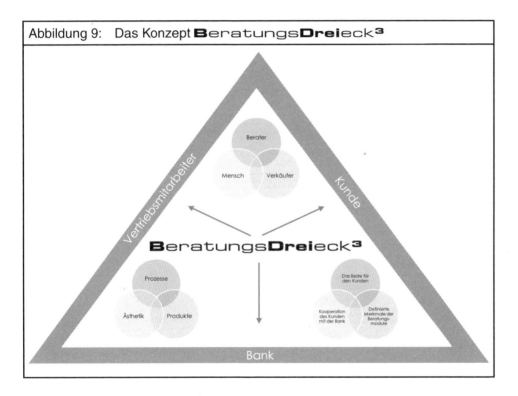

Abbildung 9: Das Konzept BeratungsDreieck³

2 Entwicklung der Beratungsmodule

2.1 Jeder bekommt, was er sich leisten will

„Einem geschenkten Gaul schaut man nicht ins Maul." Sollte man aber. Erst recht, wenn „man" Bankkunde ist! Denn das, was „man" da geschenkt bekommt, ist häufig nichts wert. Und wirklich „geschenkt" bekommt man es auch nicht.

Bankkunden bekommen von ihren Banken eine Beratungsleistung, die indirekt über Zinsspanne, Provisionen und Gebühren finanziert wird. Über Jahrzehnte wurde dem deutschen Bankkunden beigebracht: „Das Gespräch selbst kostet nichts." Die Provisionen und Gebühren werden aus den Produkten erlöst und die Bank verdient aus der Zinsspanne zwischen Einlagen- und dem Kreditgeschäft. So einfach ist das. Und so bequem für alle Beteiligten. Und so falsch!

Falsch ist es, an den entscheidenden Stellen zu sparen: Das weiß der Handwerker beim Kauf einer Bohrmaschine und der Koch, wenn er Karotten besorgt. Es ist dumm, an der Qualität zu sparen. Denn sonst kommen die Löcher nie in die Wand und kein Gewürz rettet das Mittagessen.

Bankkunden sparen an der falschen Stelle und geben gleichzeitig ihr Geld für fragwürdige Leistungen aus. Sie leisten sich keine Beratung gegen Honorar und bezahlen ihre Bank für eine undefinierte Beratungsleistung, die häufig auch noch schlecht ist.

Die Frankfurter Allgemeine Sonntagszeitung schreibt am 16. März 2008 unter der Überschrift: „Wer umfassende Finanzberatung braucht, sollte zum Honorarberater gehen. Das spart Geld." Zu dem Verhalten der Bankkunden schreibt die Zeitung weiter: „Deutsche Anleger haben eine ausgeprägte Abneigung, für die Beratung zu bezahlen. ‚Erstens haben die Banken uns jahrelang gelehrt, dass die nichts kostet. Zweitens sind wir einfach nicht für Zinseszinsrechnung geboren', sagt Martin Weber, Professor für Finanzwirtschaft, ‚wir überblicken nicht, dass 1,5 Prozentpunkte Gebühren über 30 Jahre 40 Prozent vom Ertrag ausmachen.'" Es ist an der Zeit, diesen Zustand zu ändern. Und ändern können es nur die Banken.

Bankkunden können in ihrem eigenen Interesse lernen, dass Beratung wichtig und ihr Geld wert ist. Sie sollten lernen, dass sie gerade mit der Beratung Geld verdienen können. Denn je besser die Bohrmaschine, je besser die Karotten – Sie wissen schon.

Kunden dieses Wissen beizubringen ist die Aufgabe der Banken: Die Vertriebsmitarbeiter verkaufen die Beratungsleistung und den Kundennutzen, der aus der Beratung entsteht. Sie erklären den Preis für die Beratung. Sie vermitteln den Sinn dieser Investition, indem sie die positiven Auswirkungen für den Bankkunden individuell beschreiben.

Die Zinsspanne, die Gebühren und die Provisionen werden sich in der Umsetzung des Konzepts des BeratungsDreieck³s ebenfalls ändern. Sie müssen sich ändern, sich verzahnen mit den Preisen für die Beratungsmodule. Für den Kunden soll erkennbar sein: In der Summe aller empfangenen Leistungen erhält er ein faires Preis-Leistungs-Paket. Die Preisgestaltung der Bank und die verschiedenen Preismodelle werden in Kapitel 5 näher beschrieben.

Da aber nicht jeder Kunde das Gleiche will, sich sein Bedarf ändern kann, ist ein modulares Beratungsangebot für jeden Bankkunden notwendig: Unterschiedliche Beratungsmodule mit unterschiedlichen Leistungsmerkmalen zu unterschiedlichen Preisen. Wie bei Sachgütern: Der eine Kunde wählt die GTI-Version und der andere entscheidet sich für die Ausführung Variant 2.0 TDI.

Ein Katalog mit den Beratungsmodulen, ihren Merkmalen und entsprechenden Preisen verdeutlicht das Ziel:

Der Bankkunde hat die Wahlmöglichkeit, der Zugang zur Beratung wird frei.

Es hängt nicht mehr alleine vom Vermögen oder dem Geschäftsvolumen insgesamt ab, welche Beratungsleistung der Bankkunde bekommt. Es ist nicht mehr alleine entscheidend, welche Beratungsleistung der Bankkunde aus Sicht seiner Bank über die zu erzielenden Provisionen und Gebühren verdient.

Jeder Bankkunde kann sich die Beratungsleistung kaufen, die er will!

Und zwar da, wo er schon heute Kunde ist: Bei seiner Bank. Nicht bei einem Honorarberater außerhalb der Bank und nicht bei den Verbraucherzentralen. Beratung in allen Fragen rund um Geld ist die Aufgabe der Bank.

Damit ergeben sich für Bank und Kunde ganz neue Perspektiven: Ein Beratungsmodul, das schon automatisch an ein Girokontomodell angegliedert ist. Ein junger Familienvater mit noch geringem Einkommen kann sich ein Premium-Beratungsmodul kaufen, um die Zukunft seiner Familie finanziell abzusichern. Ein Patenonkel kann seinem Patenkind zum Abschluss des Studiums ein Beratungsabonnement für drei Jahre schenken. Probeabonnements ohne Berechnung können mögliche Neukunden von der Kraft der Bank überzeugen.

Bei der Konzeption verschiedener Module könnten sich Banken am modularen Aufbau diverser Dienstleistungen orientieren: An der Kabineneinteilung von Fluggesellschaften, den Tarifen der Versicherungsgesellschaften, den Serviceangeboten der Steuerberater, den Klassen auf den Kreuzfahrtreisen kombiniert mit Sport- oder Eventmöglichkeiten, an den Silber-, Gold-, oder Platinvarianten der Kreditkarten. Es werden präzise definierte Merkmale zu Dienstleistungsmodulen verbunden.

Nur mit diesen Modulen können die Ansprüche der Anbieter mit den Ansprüchen ihrer Kunden in Einklang gebracht werden. So passen Ertragsanspruch der Bank und Kundennutzen zusammen. Standardisierte Merkmale werden über die Module zu kundenspezifischen Dienstleistungen.

Und wie wird die Beratungsqualität gesichert, wie kann der Kunde wissen, was er für sein Geld bekommt? Über die Merkmale, die präzise definiert sind und deren Erfüllung von der Bank garantiert wird. Mehr dazu unter 2.2 in diesem Kapitel.

Was aber will ein Kunde? Für welche Merkmale ist er heute bereit, Geld auszugeben? Ist das immer sinnvoll, was ein Kunde heute will oder nicht will? Nicht in allen Fällen. Was ist zu tun? Die Antworten finden Sie unter 2.3 in diesem Kapitel.

2.2   Die Merkmale der Beratungsmodule und der Kunde als Co-Produzent

Den Kern des Angebotes bilden die Merkmale. Aus diesen werden die Module zusammengesetzt. Diese Module bilden in der Summe das Beratungsangebot einer Bank ab.

Ein konkretes Beispiel aus einem verwandten Bereich ist das Kreditkarten-Angebot von American Express.

Der Kern: Die Kreditkartenfunktion an sich, Bonuspunkte, Versicherungslösungen, Jahresgebühren, Online-Kontoauszug, Bargeldversorgung, 24h-Telefonservice, Partnerkarten, Newsletter, Ersatzkarten, Partnerfirmen, Lifestyle-Angebote, Kreditrahmen und Guthabenverzinsung, Sixt-Wertgutschein und Sixt-Rabatte. Und nicht zu vergessen: Die verschiedenen Farben der Karten selbst.

Aus diesen Merkmalen werden die Module gebildet: Die Blue Card, die American Express Card, die Gold Card, die Platinum Card und die Sixt-Card. Die Krönung: Die mystisch überhöhte „schwarze Karte", die an wenige ausgesuchte Kunden vergeben wird. Kaufen kann man dieses Modul nicht. Ein Glanzstück des modularen Dienstleistungsangebotes!

Die Merkmale der zu entwickelnden Beratungsmodule müssen zwei Bedingungen erfüllen:

Erstens muss der Zusammenhang zwischen Merkmal und dem daraus entstehenden Kundenvorteil logisch und klar sein.Dieser Zusammenhang ist die Grundlage für die Nutzenargumentation des Vertriebsmitarbeiters. Die Erwartungen des Kunden müssen dazu von der

Die Merkmale der Beratungsmodule und der Kunde als Co-Produzent

Bank richtig wahrgenommen werden, jede Unstimmigkeit zwischen Kundenerwartung und Bankangebot verwässert die Kraft der Merkmale!

Zur Erinnerung: Die Merkmale einer Dienstleistung machen diese für den Kunden „begreifbar" und attraktiv.

Je besser die Merkmale zur Erwartung des Kunden passen, desto eher ist ein Kunde bereit, die Qualität der Beratung nicht alleine vom Ergebnis abhängig zu machen. Schauen wir also genau hin:

Was nutzt beispielsweise die telefonische Erreichbarkeit des Vertriebsmitarbeiters am Wochenende, wenn Kunden dieses Angebot nicht in Anspruch nehmen wollen? Nichts, die Bank hat keinen Vorteil geboten.

Wollen die Kunden aber am Wochenende mit Zeit und Muße Fragen zur Altersvorsorge diskutieren, sollte die Bank dieses Merkmal in ein Beratungsmodul integrieren. Die Bank würde an Reputation gewinnen, denn sie verhielte sich im Einklang mit ihrem Versprechen, den Kunden in den Mittelpunkt zu stellen.

Zweitens muss jedes Merkmal so konkret sein, dass es erfüllbar und kontrollierbar wird. Kontrolle meint: Der Kunde bekommt Informationen oder erlebt, dass die Bank die versprochenen Merkmale tatsächlich bietet.

Wird zum Beispiel im Werbetext einer Bank von „gut ausgebildeten, kompetenten Beratern" gesprochen, ist das erstens schlechtes Deutsch und zweitens ungenau. Was bedeutet „gut" ausgebildet?

Konkret wäre: „Unsere Vertriebsmitarbeiter, die das Modul „Premium" anbieten, sind Bankkaufleute mit einer Weiterbildung zum Bankfachwirt oder Bankbetriebswirt. Dazu verfügen sie über mindestens fünf Jahre Berufserfahrung." Fakten zählen, keine blumigen Adjektive im typischen Marketingdeutsch. Wenn der Vertriebsmitarbeiter nun im Rahmen seiner persönlichen Vorstellung dem Kunden sein Profil beschreibt und ggf., in einer schriftlichen Unterlage überreicht, kann er das Merkmal erfüllen und der Kunde hat gleichzeitig die Kontrolle über die Einhaltung des Merkmals.

2.2.1 Mögliche Merkmale in den Beratungsmodulen der Bank
a) Qualifikation des Vertriebsmitarbeiters
Die Persönlichkeit des Vertriebsmitarbeiters und sein Qualifikationsprofil bilden eines der entscheidenden Merkmale. Der Vertriebsmitarbeiter ist nicht nur Träger, sondern Bestandteil der Beratungsleistung der Bank. Aus diesem Grund verdient seine konkrete Beschreibung Sorgfalt und gehört bei den Kundenunterlagen zu den wichtigsten Informationen. Hier kön-

nen die Aspekte Ausbildung und Berufserfahrung detailliert beschrieben werden, am besten in einem Mitarbeiterprofil, das jedem Kunden ausgehändigt wird. Hier kann der berufliche Werdegang detailliert beschrieben werden, ergänzt durch ein Foto des Vertriebsmitarbeiters.

Jeder Ausbildungsschritt unterstreicht die Wertigkeit des Vertriebsmitarbeiters für den Kunden. Ob jemand als Bürokauffrau oder als Hotelfachmann zur Bank kam oder mit der Ausbildung zum Bankkaufmann begonnen hat; ob der Berater das Studium zum Bankbetriebswirt oder die Ausbildung zum Certified Financial Planner absolviert hat: Fakten schaffen Sicherheit. Interne Ausbildungsschritte und Prüfungen sind weitere Indizien, die für den Vertriebsmitarbeiter sprechen. Jeder einzelne Aspekt stützt die Wahrscheinlichkeit aus Sicht des Kunden, gut beraten zu werden.

Die Berufsjahre und die bisherige Berufstätigkeit sind weitere gute Gründe für den Kunden, genau mit dieser Bank und diesem Berater zu sprechen.

Aber es zählen nicht nur Ausbildung und Erfahrung: Die Person, die diese Qualifikation bietet, ist entscheidend für die wahrgenommene Qualität der Dienstleistung. Alter, Familienstand, ehrenamtliches Engagement, Hobbys beschreiben einen Menschen, dem sich Kunden gerne öffnen. Deshalb rundet die Darstellung der „menschlichen Seite" des Vertriebsmitarbeiters dessen Bild nach außen ab.

Eine konkrete Ausprägung des Merkmals „Qualifikation des Vertriebsmitarbeiters" könnten folgende Varianten sein:

A: Ausgebildeter Bankkaufmann mit mindestens zwei Jahren Erfahrung in der Anlageberatung und interne Qualifizierung für den VR-Finanzplan.

B: Bankbetriebswirt und/oder Certified Financial Planner, alternativ Bankkaufmann, seit mindestens fünf Jahren in der Betreuung vermögender Privatkunden tätig.

C: Bankfachwirt und Kreditspezialist, seit mindestens einem Jahr Mitarbeiter dieser Bank.

Vorteil für den Kunden: Die Kombination aus Aus-/Weiterbildung plus Berufserfahrung plus menschlichem Faktor gewährt ihm eine deutlich erhöhte Wahrscheinlichkeit, optimal beraten zu werden; sie gibt ihm aber auch eine gefühlte Sicherheit und emotionalen Gewinn.

b) Mitarbeiter-Kunden-Ratio

Zum einen ist die Zahl der Kunden entscheidend: Mit wie vielen Kunden arbeitet der Vertriebsmitarbeiter? Es ist ein elementarer Unterschied, ob er für 30, 100 oder mehr Kunden zuständig ist. Je mehr Zeit sich ein Vertriebsmitarbeiter für einen Kunden nehmen kann, desto intensiver ist die Beratung. Abhängig von der Kundenanzahl ist auch, wie viel Zeit dem Vertriebsmitarbeiter für seine laufende Information und Qualifikation bleibt.

Der zweite Aspekt in der Mitarbeiter-Kunden-Ratio ist die Zuordnung des Kunden zu einer Person, zu einem eng eingegrenzten Team oder zu einem größeren Kreis von Vertriebsmitarbeitern, die eine Vertriebseinheit bilden. Die persönliche Beziehung zwischen Vertriebsmitarbeiter und Kunde erhöht aus Banksicht die Kundenbindung. Aus Sicht des Kunden schafft sie die Basis für Vertrauen und Sympathie.

Die konkrete Ausprägung des Merkmals „Mitarbeiter-Kunden-Ratio" könnte folgendermaßen aussehen:

A: Sie werden von einem der Vertriebsmitarbeiter unseres Call Centers beraten. Dieses Call Center steht allen Kunden der Bank zur Verfügung.

B: Für Sie zuständig ist unser Private-Banking-Team unserer Filiale Schlossplatz, dessen Mitglieder wir Ihnen gerne persönlich vorstellen. Das Team betreut zwischen 300 und 500 Kunden.

C: Sie werden von einem unserer Vermögensmanager betreut, der jeweils für höchstens 60 Kunden Verantwortung trägt.

Vorteil für den Kunden: Je enger die Bindung mit „seinem" Vertriebsmitarbeiter ist, desto einfacher und bequemer ist der persönliche Kontakt. Informationsverluste werden minimiert, man kennt sich. Die Kommunikation erfolgt unmittelbar und zügig und Transaktionen werden schneller, das gegenseitige Vertrauen wächst.

c) Zeitbudget
Wie oft und wie lange hat der Kunde Zugang zu Know-how und Beratung? Wie oft wird er wie lange von dem oder den zuständigen Vertriebsmitarbeitern angesprochen? Das Zeitbudget definiert den quantitativen Umfang der Dienstleistung, die dem Kunden zuteil wird. „Zeit ist Geld" trifft hier den Kern der Sache, denn die Bank investiert in jede Vertriebsmitarbeiterstunde zwischen 100 und 500 €. Und für den Kunden bringt jede Stunde Zeit monetären und emotionalen Gewinn. Das Merkmal Zeit muss also geklärt werden. Sonst bekommt der eine Kunde ein Zuviel an Zeit, die dem anderen Kunden fehlt. Jeder Nachhilfelehrer, Werbegraphiker oder Physiotherapeut rechnet nach Stunden ab. Genau hinzuschauen lohnt sich, sklavisch die Minuten rechnen muss niemand. Nur egal kann es nicht sein.

Der psychologische Effekt: Was beliebig verfügbar ist, ist nichts wert. Jedenfalls nicht im Vergleich mit einem limitierten Gut. Jede Begrenzung schafft sofort Wertschätzung, „Limitierte Ausgaben" oder „Sonderserien" bekannter Produkte sind der Beweis.

Konkrete Ausprägung des Merkmals „Zeitbudget" könnte sein:

A: Der Kunde kann pro Jahr zwei Stunden Beratungszeit für sich in Anspruch nehmen, für die insgesamt 60 Minuten bürointerne Arbeitszeit aufgewendet werden.

B: Dem Kunden stehen pro Jahr bis zu sechs Präsenzstunden des Vertriebsmitarbeiters zur Verfügung. Zusätzlich plant dieser pro Präsenzstunde 45 Minuten bürointerne Arbeitszeit ein.

C: Eine Präsenzzeit bis zu zwei Stunden pro Monat, mit einer bürointernen Arbeitszeit von nochmals zwei Stunden pro Monat.

Vorteil für den Kunden: Je mehr Zeit ein Vertriebsmitarbeiter und gegebenenfalls dessen Assistenz für den einzelnen Kunden aufbringen, desto gründlicher ist die Analyse der Verhältnisse des Kunden, dessen relevantem Marktumfeld und der in Frage kommenden Lösungen. Daraus ergeben sich individuelle Lösungen mit der höchsten Wahrscheinlichkeit, die persönlichen Ziele des Kunden zu erreichen.

d) Dokumentation der Zusammenarbeit

Die Dokumentation des Beratungsgespräches und vor allem des daraus abgeleiteten Konzepts mit konkreten Vorschlägen ist eine Schwachstelle im Bankvertrieb[22]. Die Spanne der Dokumentation des Beratungsgespräches reicht von unkommentierten Prospekten über handschriftliche Notizen bis zu Zusammenfassungen, die per Brief oder E-Mail an den Kunden geschickt werden. Im Private Banking gibt es dann noch graphisch aufgewertete Protokolle mit Diagrammen und Charts. Das alles aufbereitet in höchst unterschiedlicher Form und Ästhetik. Das „Festhalten" an Unterlagen fördert für die meisten Kunden das Wohlgefühl.

Dies gilt umso mehr, wenn Neues umgesetzt werden soll. Denn das Neue bedeutet eine Veränderung des Kundenverhaltens: Der Kunde soll bisherige Entscheidungen überprüfen oder verändern bzw. korrigieren. Das kann im Einzelfall eine so hohe Hürde sein, dass der Kunde daran scheitert. Zu seiner Sicherheit braucht er hierfür Dokumentationen in einer Qualität, die ihm die Entscheidung leichter macht.

Dem Vertriebsmitarbeiter hilft ebenfalls eine systematische Dokumentation, insbesondere eine mit einer unterstützenden Vertriebssoftware erstellte Dokumentation. Mit Hilfe dieser CRM-Systeme[23] gelingt es Banken erst, ihren Vertrieb effizient zu steuern.

Konkret könnte das Merkmal „Dokumentation der Zusammenarbeit" folgendermaßen gestaltet sein:

A: Der Kunde bekommt eine Kopie der Gesprächsnotizen, Produktunterlagen, eine schriftliche Zusammenfassung der wichtigsten Aspekte des Status quo und der darauf aufbauenden Empfehlung des Vertriebsmitarbeiters.

---

22 Vgl. Scholz (2007), Seite 56.
23 Vgl. Kapitel 4.

B: Der Kunde bekommt eine Kopie der Gesprächsnotizen, Produktunterlagen und eine schriftliche Zusammenfassung der wichtigsten Aspekte des Status quo. Die darauf aufbauenden Empfehlungen sind mit Prognosen, Hochrechnungen und Szenarien unterlegt und schriftlich formuliert. Wahlweise bekommt der Kunde diese Daten auch in Form einer PDF-Datei als E-Mail.

C: Der Kunde bekommt die Leistungen wie unter B beschrieben und zusätzlichen Onlinezugang zu seinen Daten im CRM-System der Bank. Hier kann er in bestimmten Feldern Daten aktualisieren, Produktentwicklungen und Hintergrundberichte einsehen sowie Terminvereinbarungen initiieren.

Vorteil für den Kunden: Er kann jederzeit nachvollziehen, wie die Bank seine Situation erfasst und bewertet. Die daraus abgeleiteten Entscheidungen sind jederzeit nachvollziehbar. Der Kunde kann damit aus der eigenen Historie lernen und seine zukünftigen Entscheidungen optimieren.

e) Art und Weise der Produktauswahl

In der Literatur zum „Vertrieb in Banken" findet sich immer wieder die Forderung, eine Bank solle keine eigenen Produkte verkaufen und so ihren Anspruch einer objektiven „Best-in-class-Beratung" umsetzen. Und wenn schon eigene Produkte einbezogen werden müssten, dann für maximal zehn Prozent des Volumens. So lautet eine konkrete Empfehlung. Diese hat zur Folge, dass die restlichen 90 Prozent mit Produkten Dritter abzudecken sind.

In Kapitel 1 habe ich schon meine Kritik an diesem Ansatz deutlich gemacht. Ergänzend dazu noch ein weiterer kritischer Gedanke: Die öffentlich-rechtlichen Banken einerseits und die Genossenschaftsbanken andererseits haben zusammen den größten Marktanteil bei den deutschen Privatkunden. Je nach Zählart kommen sie auf 70 bis 90 Prozent Marktanteil im Privatkundengeschäft. Beim Umsetzen der obigen Empfehlung würde der Sparkassenmitarbeiter ein Produkt der Union-Investment, ein Volksbankmitarbeiter dagegen ein DIT-Produkt verkaufen. Oder beide verkaufen eines von DWS, der Fondstochter der Deutschen Bank. Und damit hätten beide Mitarbeiter gute Arbeit für die Mehrzahl der deutschen Kunden geleistet? Unsinn!

Im Leben der meisten Menschen ist der Kauf eines Hauses die mit Abstand wichtigste monetäre Entscheidung. Man stelle sich vor, ein interessiertes Paar geht in eine Fertighausausstellung und lässt sich in den einzelnen Häusern beraten. Würde sich irgendjemand darüber wundern, dass die Berater der Hersteller jeweils versuchen, das eigene Haus zu verkaufen? Macht ihnen irgendjemand einen Vorwurf daraus?

Aus meiner Sicht führt der Expertenstreit, ob man eigene Produkte nun verkaufen darf oder nicht, aus den genannten Gründen immer wieder in eine Sackgasse. In der steckt dann am

Ende der Vertriebsmitarbeiter zusammen mit seinen Kunden fest. Aus ihr hinaus kommt man nur über die Art und Weise der Produktauswahl.

Die Auswahl der Produkte ist entscheidend, nicht wer sie hergestellt hat!

Wie kommt der Vertriebsmitarbeiter zu einem bestimmten Produkt, warum bietet er genau dieses seinen Kunden an? „Muss" er es verkaufen oder „kann" er es verkaufen? Erstrebenswert ist die Option, es verkaufen zu können, da es sorgfältig nach bestimmten Kriterien in einem definierten Prozess ausgewählt wurde. Ideal ist, wenn der Vertriebsmitarbeiter sowohl ein eigenes wie auch ein fremdes Produkt verkaufen darf.

Welches sind die Kriterien, die für ein Produkt sprechen, und wie sieht der Auswahlprozess aus? Kriterien können sein: Performance über verschiedene Zeiträume, Rating des Emittenten, Auszeichnungen von Dritten, Anlagevolumen, Kosten, Informationen des Emittenten an den Vertriebspartner und den Endkunden, Servicequalität des Emittenten und andere mehr.

Der Prozess zur Auswahl einzelner Produkte ist folgender: Eine Expertengruppe der Bank vergibt nach einem standardisierten Bewertungsmodell Punkte für ein Produkt, ergänzt durch die persönlichen Einschätzungen dieser Experten. So kommt es am Ende zu einer Gesamtpunktzahl, die das Produkt bewertet. Für die verschiedenen Beratungsmodule gibt es unterschiedlich aufwändige Auswahlprozesse sowie Mindestpunktzahlen für die empfohlenen Produkte.

Von den Kunden nachgefragte Produktvergleiche haben die Banken vor der Nase: In allen einschlägigen Wirtschaftsmagazinen und Zeitschriften tauchen wöchentlich, monatlich oder mindestens einmal im Jahr groß angelegte Vergleiche auf. Die Auswahl- und Bewertungsgrundlagen werden dem Leser im Detail beschrieben. Da werden Top- und Floplisten erstellt, ideale Depotzusammenstellungen erarbeitet und Kauf- oder Verkaufsempfehlungen ausgesprochen! Redakteure und Journalisten machen den Job der Banken, wie lange wollen wir Banker dabei noch zuschauen?

Noch eine positive Folge hat der strenge Auswahlprozess in der Bank: Die Qualität der Produkte wird positiv beeinflusst, da der Handelspartner „Bank" mehr Druck auf die Produzenten der Produkte ausübt. Vergleichbar mit einem Händler in der Lebensmittelbranche muss es eine Option sein, einen Lieferanten auszulisten bei „nicht wunschgemäßer" Lieferung.

Auch wenn dieser Lieferant aus der eigenen Organisation oder Bank kommt, hat diese Option ihre Gültigkeit! Dann lebt die Bank ihren „Best-in-class"-Anspruch in den Augen des Kunden sehr glaubwürdig.

Zu der Darstellung des Leistungsangebotes einer Bank gehört neben der Beschreibung der unterschiedlichen Ausprägung von Merkmalen und der verschiedenen Zuschnitte der Beratungsmodule besonders auch die Vorstellung der Experten und des Bewertungsprozesses an sich ebenso wie die Aufführung der Produktkosten für den Kunden und die Erträge für die Bank. Transparenz für den Kunden ist gefordert!

Gehen die Banken über die Vorschriften von MiFID hinaus, gewinnen sie Vertrauen zurück.

Dazu schreibt das Magazin SCHWEIZER BANK in seiner Ausgabe 4/2008 im Artikel „Die Gratwanderung der Privatbanken": „ … Zum anderen wäre es fairer dem Kunden gegenüber, Dienstleistungs- und Beratungsmodelle zu finden, welche dem Kunden Gebühren transparent verrechnen, statt die Einkünfte der Bank durch die Hintertür über die Margen bei den Produkten hereinzuholen. Bisher scheinen dies erst die sehr reichen Kunden begriffen zu haben und auf saubere Lösungen zu pochen. Sich darauf zu verlassen, dass die etwas weniger Reichen es noch lange nicht merken werden, wirkt etwas vermessen." Dem ist nichts hinzuzufügen.

Die konkreten Ausprägungen des Merkmals „Art und Weise der Produktauswahl" können sein:

A: Der Kunde bekommt angelehnt an sein geäußertes Ziel und seine Risikoaffinität (MiFID) ein Produkt, das zwischen 5 und 7 Punkten von maximal 10 Punkten erreicht hat. Produkte mit einem Wert kleiner 5 Punkte werden von der Bank grundsätzlich nie empfohlen.

B: Der Kunde bekommt angelehnt an sein geäußertes Ziel und seine Risikoaffinität (MiFID) ein Produkt, das mindestens 7 Punkte von 10 Punkten erreicht.

C: Der Kunde bekommt angelehnt an sein geäußertes Ziel und seine Risikoaffinität (MiFID) ein Produkt, das mindestens 7 Punkte von 10 Punkten erreicht. Sollte dieses Produkt unter 7 Punkte fallen, bekommt der Kunde kostenfrei ein neues Produkt mit mindestens 7 Punkten angeboten.

Vorteil für den Kunden: Jeder Kunde kann sich auf einen transparenten Auswahlprozess verlassen und die damit garantierten Mindeststandards. Garantien auf zukünftigen Erfolg gibt es nicht – immer nur Wahrscheinlichkeiten. Wenn der Kunde die Wahrscheinlichkeiten in seinem Sinne steigern will, kann er bewusst in einen aufwendigeren Auswahlprozess investieren. So ist er nach unten gesichert und kann sich Chancen nach oben kaufen.

f) Intensität/Beratungstiefe

Fragen wir mehrere Kunden beim Verlassen einer Bank nach ihrem Erlebnis, bekommen wir möglicherweise folgende Antworten: „Ich wurde gut informiert.", „Ich habe alles erfahren was ich wissen wollte.", „Die haben mir Löcher in den Bauch gefragt.", „Ich weiß jetzt Bescheid, was zu tun ist."

Was genau ist da passiert? Haben die Vertriebsmitarbeiter Informationen zu den Produktmerkmalen gegeben? Wenn ja, vollständig alle Merkmale? Haben sie die aus den Produktmerkmalen folgenden Vorteile für den Kunden beschrieben? Wenn ja, die für den Kunden relevanten? Haben sie die richtigen Fragen an den Kunden gestellt? Wenn ja, haben sie dann mittels der Produktvorteile und der Kundeninformationen den Kundennutzen erarbeitet? Wenn ja, verständlich? Und hat der Kunde diese dann auch akzeptiert? Und was wollte der Kunde eigentlich? Eine reine Produktinformation? Wollte er wissen, welche Vorteile er erhalten kann? Wollte er eigentlich einen umfassenden Finanzcheck oder hat er ihn nur über sich ergehen lassen?

Chaos ohne System: Alles kann, kaum etwas muss in Kundengesprächen passieren.

In der Praxis gibt es von den reinen Produktinformationen bis hin zum ganzheitlichen Beratungsansatz alle Spielarten. Und es gibt Kunden, die sind mit der reinen Produktinformation schon sehr zufrieden, anderen hingegen ist es viel zu wenig. Und es gibt Kunden, die Produktinformation gar nicht beurteilen können und insofern die Unterscheidung zwischen Produktvorteilen sowie dem -nutzen nicht treffen können. Diese Kunden können demnach auch ihren Bedarf nicht äußern.

Die Kommunikation zwischen Banken und ihren Kunden ist ein Durcheinander aus Erwartungen, Zielvorgaben, Fachbegriffen, Erfahrungen, Missverständnissen, Arroganz, Schlamperei, guten Absichten, Ausbildungswissen und Vorurteilen.

Würden Piloten so fliegen, wie Banken mit ihren Kunden arbeiten, gäbe es heute eine Katastrophe und morgen Startverbot für alle!

Die folgenden vier Aspekte helfen wesentlich, um die beiderseitigen Voraussetzungen und Erwartungen zu definieren und somit Klarheit in diese komplizierte Situation zu bringen:

1. die Abgrenzung der Produktinformation von Vorteil und Nutzen,

2. eine systematische Individualität mit Hilfe von festgelegten Gesprächsstrukturen,

3. eine Sprache, die auf Fachbegriffe so weit es geht verzichtet. Und wo es ohne sie nicht geht, diese verständlich erklärt,

4. Beschreibung der Beratungstiefe/-intensität.

Die drei ersten Aspekte werden in Kapitel 6 detailliert dargestellt.

Der vierte Aspekt, die Beratungstiefe/-intensität definiert, was Gegenstand des Gespräches sein soll, wie tief die Analyse geht und wie weit die darauf aufbauende Empfehlung reichen soll. Sind es heute nur 10.000 €, die angelegt werden sollen, oder soll die Gesamtvermögensallokation angesprochen werden? Geht es heute nur um die Beitragshöhe einer Versicherung oder um den Versicherungsschutz der Familie? Ist die Weitergabe einer Kreditkondition heute ausreichend oder wäre es besser, über alle Aspekte einer Immobilienfinanzierung zu sprechen?

Die konkrete Ausprägung des Merkmals „Beratungstiefe" könnte sein:

A: Dem Kunden werden alle Produktinformationen gegeben, die dieser wünscht. Darüber hinaus wird immer Informationsmaterial ausgehändigt, das alle Produktinformationen und die daraus entstehenden Vorteile enthält.

B: Im Beratungsgespräch werden alle Produktinformationen gegeben, die der Kunde wünscht. Darüber hinaus analysiert der Vertriebsmitarbeiter den relevanten Bereich der Kundensituation und erarbeitet daraus eine Nutzenargumentation für den Kunden.

C: Das Beratungsgespräch hat zum Ziel, die Situation des Kunden komplett zu erfassen. Nach den Grundsätzen des Financial Plannings oder vergleichbarer Ansätze werden entlang der biographischen Entwicklung des Kunden alle finanziellen Fragen besprochen. Der Nutzen des Kunden steht im Vordergrund, alle Folgegespräche werden vor diesem Hintergrund geführt. Die in die Tiefe gehenden Gespräche werden spätestens alle zwölf Monate wiederholt, bei erkennbarem Bedarf früher.

Vorteil für den Kunden: Dem Kunden wird klar, was er bekommt und was nicht. Erst durch die Differenzierung der Beratungstiefe/-intensität kann der Kunde sich bewusst entscheiden. Durch diesen, vom Vertriebsmitarbeiter begleiteten Auswahlprozess wird dem Kunden klar, dass der Nutzen einer tiefer gehenden Beratung im schnelleren und wahrscheinlicheren Erreichen seiner finanziellen Ziele liegt.

g) Kontaktmöglichkeiten/Medien
Über welche Medien kann der Kunde Kontakt zu seiner Bank aufnehmen? Und wie kann die Bank Kontakt zu Kunden aufnehmen? Wo können Beratungsgespräche stattfinden?

Viele Banken bieten ihren Kunden heute schon eine Fülle von Möglichkeiten an: Die Zweigstelle, das Telefon, Onlinezugang, E-Mail-Verkehr, SMS-Nachrichten oder der Besuch beim Kunden zuhause oder an dessen Arbeitsplatz.

Die Differenzierung der Angebote bewirkt eine höhere Wertschätzung seitens des Kunden für das Angebot der Bank und signalisiert umgekehrt dem Kunden eine höhere Wertschätzung seitens der Bank. Auch hier gilt wieder: Kann ein Kunde auf Möglichkeiten zugreifen, wann immer er will, wird er diese weniger schätzen.

Nach den Informationen, die die Bank in der Diskussion mit ihren Kunden über diese erfahren hat, wird die Bank ihr Angebot an Kontaktkanälen verändern und damit den Kundenerwartungen anpassen. Die Kunden bekommen dann genau das Angebot, das sie wollen, und bezahlen auch genau dafür.

Konkrete Ausprägungen des Merkmals „Kontaktmöglichkeiten/Medien" können sein:

A: Der Kunde kann alle seine Fragen und Wünsche telefonisch oder per E-Mail äußern. Der Vertriebsmitarbeiter ist zwischen 10.00 Uhr und 17.00 Uhr an jedem Arbeitstag erreichbar.

B: Der Kunde kann an jedem Arbeitstag zwischen 7.30 und 19.00 Uhr einen Termin in der Filiale vereinbaren, die Möglichkeiten von Merkmal A hat er in jedem Fall.

C: Der Kunde kann über A und B hinaus einen Termin auch samstags zwischen 10.00 und 17.00 Uhr vereinbaren. Die Ortswahl liegt bei ihm, auch Besuche am Arbeitsplatz oder zuhause sind in einem Radius von 100 km kostenfrei möglich.

Vorteil für den Kunden: Er kann genau die Möglichkeit wählen, die ihm im Zusammenhang mit Beratung wichtig ist. Er bezahlt damit auch nur die in Anspruch genommene Leistung. Flexibilität, Diskretion und Komfort: Allen seinen Bedürfnissen wird entsprochen.

h) Initiative und antizipatives Handeln
Es ist ein schmaler Grat für jeden Vertriebsmitarbeiter: Wie oft, wann soll er den Kunden aus eigener Veranlassung ansprechen? Tut er es zu selten, könnte der Kunde das Gefühl haben, er werde nicht ideal betreut. Tut er es zu oft, könnte dem Kunden die Aktivität des Vertriebsmitarbeiters lästig sein.

Wenn er sich auf eigene Initiative melden soll, aus welchen Gründen? Aus Gründen, die sich aus den bereits abgeschlossenen Produkten ergeben? Aus Gründen, die im Marktumfeld, im Bankangebot oder in den gesetzlichen Bestimmungen liegen? Aus Gründen, die sich aus der Biographie des Kunden ergeben könnten, wie Altersvorsorge, Absicherungen bei veränderten Familienverhältnissen oder Fragen rund um ein mögliches Erbe? Soll der Vertriebsmitarbeiter Fragen aufwerfen, an die der Kunde noch gar nicht gedacht hat? Schätzt dieser Kunde dieses „Mit- oder Vordenken" des Vertriebsmitarbeiters oder empfindet er die Impulse als Druck?

Sind diese Fragen nicht besprochen, bleibt der Vertriebsmitarbeiter entweder zu passiv oder er wirkt aufdringlich. In beiden Fällen verliert er den Kunden teilweise oder ganz. Trifft er die goldene Mitte, wäre das Glück. Da diese Fragen heute eher zufällig mit den Kunden besprochen werden, verlieren die Banken Cross-Selling-Potenzial. Sie schöpfen den Kundenwert nicht aus. Sie verlieren Marktanteile und Erträge.

Konkrete Ausprägung des Merkmals „Initiative und antizipatives Handeln" können sein:

A: Der Kunde meldet sich, wann immer er Beratungsbedarf hat. Die Bank kontaktiert ihn nicht auf eigene Veranlassung.

B: Der Kunde meldet sich, wann immer er Beratungsbedarf hat. Darüber hinaus meldet sich der Vertriebsmitarbeiter beim Kunden, wenn er bei dessen Produkten oder Veränderungen am Finanzmarkt einen Beratungsansatz sieht. Der Kunde kann das Beratungsangebot jederzeit ohne Begründung ablehnen oder verschieben.

C: Über B hinaus geht der Vertriebmitarbeiter mindestens zweimal im Jahr mit Fragen und Themen, die seit zwei Jahren nicht mehr besprochen wurden, auf den Kunden zu.

Der Vorteil für den Kunden: Er kann entscheiden, ob nur er selbst oder auch die Bank neue Impulse in seine Finanzplanung einbringt. Bejaht er die initiatorische Arbeit/Initiatvie der Bank, kann er davon ausgehen, dass er zeitnah und umfassend beraten wird. Damit steigt ebenfalls die Wahrscheinlichkeit, dass er seine Ziele ideal erreicht.

i) Interdisziplinärer Ansatz
Geld wird häufig mit dem Begriff „Vermögen" umschrieben. Dieses „Vermögen" meint: Jemand vermag etwas zu tun. Wer Vermögen aufbaut oder es erhält, gestaltet damit sein Leben, das seiner Familie oder er gestaltet beispielsweise über eine Stiftung andere Bereiche in seinem Sinne. Und damit überschneiden sich die Fragen rund um das Vermögen zwangsläufig mit den Steuergesetzen oder dem Erbschaftsrecht. Darüber hinaus gibt es im Kontext der Geldanlage Fragen zu alternativen Anlageformen: Vom zeitgenössischen Gemälde über den Oldtimer bis zur unternehmerischen Beteiligung. Daraus ergeben sich Möglichkeiten mit jeweils eigenem Chancen-Risiko-Profil.

Ein Vertriebsmitarbeiter kann oder darf nicht alle Facetten dieser Themenfelder fachlich ansprechen. Schon bei der Anlage in Immobilien kommt er an seine Grenzen. Er braucht die Expertise von Spezialisten, die er im Bedarfsfall hinzuziehen kann. Zumindest kann er Impulse geben oder Kontakte herstellen. Er muss es im Sinne seines Auftrages sogar.

Das Merkmal „Interdisziplinärer Ansatz" kann konkret wie folgt geprägt sein:

A: Der Vertriebsmitarbeiter stellt auf Wunsch seines Kunden alle Informationen zur Verfügung, die er zu den nachgefragten Themen hat.

B: Über A hinaus spricht der Vertriebsmitarbeiter Themenfelder an, die aus seiner Sicht für den Kunden relevant sein können. Wenn seitens des Kunden gewünscht, wird Informationsmaterial zur Verfügung gestellt, Kontakte hergestellt und Dritte zu gemeinsamen Beratungsgesprächen hinzugezogen.

C: Über B hinaus: Es gibt mindestens einmal im Jahr Besprechungen mit externen Spezialisten, die durch ihre Fragen und Angebote selbst neue Impulse und Lösungen erarbeiten.

Vorteil für den Kunden: Er kann über die Kontakte der Bank Zugang zu weit reichenden Informationen kommen, die über die normalen Inhalte in der Kunde-Bank-Beziehung hinausgehen. Damit kann er sicherstellen, allen steuerlichen und rechtlichen Vorschriften zu genügen; es werden seine Gestaltungswünsche umgesetzt und das Chancen-Risiko-Profil seiner Finanzen insgesamt positiv beeinflusst. Wealth-Management-Service unabhängig vom Volumen!

j) Serviceangebote
Banken bieten rund um ihre Beratung zahlreiche Serviceangebote wie beispielsweise Newsletter, Börsenbriefe, Branchenberichte, volkswirtschaftliche Prognosen, Länderreports, Devisenkursprognosen, Immobilienübersichten, Rentenberechnungsmodelle, Chartanalysen, Kundenveranstaltungen wie Golfevents oder einen Besuch im Fußballstadion – um nur einige zu nennen.

Wollen die Kunden die Nachricht im Posteingang ihres Outlooks, haben sie Lust auf Logenplätze in der Arena? Wenn ja, wie sehr schätzen sie diese? Vor dem Hintergrund der Kosten, die der Bank entstehen, ist die Antwort entscheidend.

Wird dem Kunden das Angebot und dessen Wert bewusst gemacht, will er es auch nutzen. So besteht die Chance, den Kunden enger an die Bank zu binden. Die Streuverluste aus Sicht der Bank werden weniger.

Die Ausprägung des Merkmals „Serviceangebote" kann konkret so aussehen:

A: Der Kunde verzichtet bewusst auf alle Serviceelemente der Bank.

B: Der Kunde kann aus dem Servicekatalog der Bank wählen und bekommt diese Elemente für ein Jahr. Danach wählt er neu.

C: Über B hinaus kann der Kunde davon ausgehen, dass er pro Jahr mindestens zweimal zu besonderen Vorträgen oder anderen Events eingeladen wird.

Vorteil für den Kunden: Selbst ausgewählte Serviceelemente erhöhen die Kompetenz des Kunden, begünstigen rechtzeitige Entscheidungen und erhöhen den Komfort in der Beziehung zur Bank.

k) Preismodelle

„Wie Ihre Bank Sie abzockt", so eine der Schlagzeilen in den Medien zum Thema „Preise bei Banken". Laien wird von Verbraucherschützern erklärt, was unter Churning zu verstehen ist: „Hohe Provisionen für die Bank durch überflüssige Umschichtungen im Depot eines Bankkunden". Gewürzt werden die Aussagen zu Churning mit dem flotten Spruch: „Hin und her macht Taschen leer", selbstverständlich die der Bankkunden.

Kaum etwas beschleunigt den Puls mehr, bringt die Volksseele mehr zum Kochen als die Preise und die daraus entstehenden Gewinne der Banken. Banken müssen über Preise reden! Da werden keine schlafenden Hunde geweckt, die Hunde beißen längst zu.

Für das Merkmal „Preismodell" sind sehr unterschiedliche Ausprägungen denkbar, hier einige Möglichkeiten:

A: Ein Pauschalpreis pro Jahr für ein Beratungsmodul plus Konto- oder Depotmodell

B: Ein Preis pro Beratungsstunde entweder in Euro oder in Prozent des besprochenen Vermögens

C: Eine Kombination zwischen Fixpreisen und erfolgsabhängiger Bezahlung

Vorteil für den Kunden: absolute Transparenz. Der Kunden kann klar und deutlich erkennen, wie viel er für welche Leistung bezahlt. Durch entsprechende Preismodelle kann er Kosten vergleichen und Geld sparen. Deutlich wird der Zusammenhang zwischen den Preisen für die Beratungsleistung und denen der Produkte oder Prozesse. Auch wird über die Preiserklärung deutlich, welchen Nutzen eine Beratung bringen muss, um ihr Geld wert zu sein.

l) Bankspezifische Merkmale

Dieses Merkmal ist bewusst noch nicht mit einem Vorschlag des Autors unterlegt, um Ihre Kreativität zu animieren und keinerlei Möglichkeiten auszuschließen.

Von der Kontaktmöglichkeit in virtuellen Welten bis zur Umsetzung bestimmter Wertvorstellungen in der Geldanlage: Es gibt keine Denkverbote in der ersten Phase des Innovationsprozesses!

Alle Merkmale und ihre Gestaltungsmöglichkeiten und Ausprägungen können im Beratungskatalog der Bank auf den ersten Seiten grundsätzlich erklärt werden. Im Mittelpunkt steht jeweils der Kundenvorteil. Die Zusammenstellung der Merkmale differiert in den unterschiedlichen Beratungsmodulen, diese werden im Beratungskatalog im Detail beschrieben.

Wer wird die Merkmale entwickeln und konkretisieren? Das Innovationsteam, dessen Zusammensetzung in Kapitel 1.5.3 unter der Überschrift „Das Innovationsteam „wirksame Beratung" beschrieben wurde. Speziell die Beteiligung des Kunden als Co-Designer der Merkmale ist wichtig! Ist er es doch, der die Kundenperspektive in die Bank hineinträgt.

2.2.2 Der Kunde als Co-Produzent

Nachdem der Kunde als Co-Designer bei der Entwicklung der Merkmale und deren Ausprägung mitgewirkt hat (wie zuvor in Kapitel 2.2 beschrieben), ist er bei der Erbringung der Dienstleistung als Co-Produzent gefragt: Es fällt schnell auf, wie wichtig die Kooperation des Kunden ist, wenn die Merkmale umgesetzt werden. Sein Mitmachen ist von zentraler Bedeutung: Analysen sind falsch, wenn der Kunde nicht alle relevanten Informationen preisgibt. Empfehlungen bleiben ohne Folge, beschäftigt sich der Kunde nicht mit deren Inhalten. Vorträge werden vergeblich gehalten, wenn kein Kunde zuhört. Dokumentationen sind das Papier nicht wert, auf dem sie gedruckt sind, liest sie der Kunde nicht.

Ein Vergleich aus der Medizin zur Verdeutlichung: Arbeitet der Patient mit, wird er schneller gesund. Antwortet er auf die Fragen des Arztes, kann dieser eine exaktere Diagnose stellen. Achtet der Patient auf Ernährung und Bewegung, unterstützt er die Genesung. Der kluge Patient arbeitet mit! Zu seinem Besten und aus reinem Egoismus!

Wecken Sie den Egoisten in Ihrem Kunden!

2.3 Modularer Aufbau des Beratungsangebots für unterschiedliche Anforderungen

„Ein Kunde kann immer nur wissen, was er haben will – oder nicht haben will. Ein Kunde kann nie wissen, was er haben könnte!" wusste einer meiner Mentoren schon vor 25 Jahren. Und wer nicht weiß, was er haben könnte, fragt auch nicht danach.

Überraschen wir unsere Kunden! Mit Beratungsmodulen, die unseren Kunden auf den Leib geschneidert sind. Beratungsmodule, mit deren Hilfe Vertriebsmitarbeiter ihre Kunden reich machen und deren Lebensoptionen ausbauen. Banken bringen Tempo in das Verhalten ihrer Kunden. Banken werden zum Lebensbegleiter ihrer Kunden.

Von einer solchen individuellen Begleitung profitieren die Kunden: Christine Stapf, Leiterin Wealth Management bei Capgemini, äußert im Handelsblatt vom 19. März 2008 unter der Überschrift „Bindung zur traditionellen Bank schwindet": „Das Interessante ist, dass die vermögenden Anleger meist von den positiven Effekten am Kapitalmarkt profitieren, es aber auch rechtzeitig schaffen, bei einem Abschwung in sichere Anlagen zu wechseln."

Das Handelsblatt fragt weiter: „Das heißt, die Millionäre haben einen Wissensvorsprung?" Darauf Frau Stapf: „Ja, sie profitieren von der Beratung durch Wealth Management-Anbieter

… speziell die Ultra-Reichen nutzen meist sehr früh die sich abzeichnenden Chancen am Kapitalmarkt. Mit etwas Verzögerung folgen dann die normalen vermögenden Anleger und erst danach der Otto-Normal-Bankkunde."

Und ab morgen kauft sich der „Otto-Normal-Bankkunde" ein Beratungsmodul, das ihn so erfolgreich macht, wie „die da oben", um auch hier ein Klischee zu benützen.

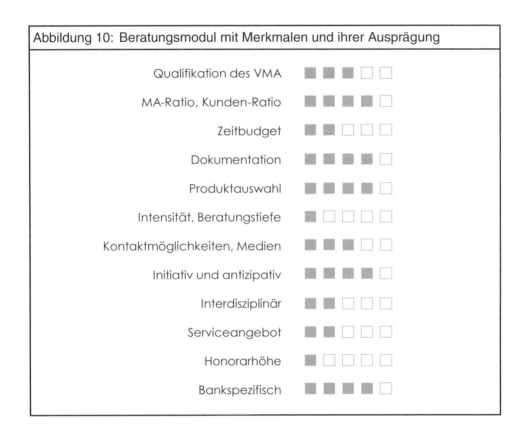

Abbildung 10: Beratungsmodul mit Merkmalen und ihrer Ausprägung

2.3.1 Wie viele Module braucht eine Bank?

Nur ein Modul? Das kann ich mir für eine spezialisierte Bank wie eine kleine Privatbank vorstellen. Der Kreis der Kunden ist von vornherein so eingegrenzt, dass deren Bedürfnisse sich sehr ähnlich sind. Oder für eine Direktbank, die sich auch nur auf ein bestimmtes Kundenklientel mit vergleichbaren Bedürfnissen konzentriert. Das Geschäftsmodell dieser Banken erfordert dann nur ein Beratungsmodul. So haben fast alle Dienstleistungen angefangen, auch die beschriebene American Express Card – um sich dann allmählich und stufenweise zu entwickeln.

Entwicklung der Beratungsmodule

Kunden werden inzwischen in Zielgruppen eingeteilt und darüber hinaus gibt es die verschiedensten Kundentypologien. Gesprochen wird von: Senioren, Berufsanfängern, Traditionalisten, Hedonisten, Schnäppchenjägern und vielen anderen mehr. Komplizierter wird es noch durch das Bild des „fraktalen Verbrauchers", nach dem sich jeder Verbraucher situativ für bestimmte Präferenzen entscheidet: Mal Currywurst, dann wieder Sterneküche. Ikeaschrank und Designer-Couch im Wohnzimmer, H&M-T-Shirt kombiniert mit Schuhen für 500 €.

Müsste für alle diese Kundenfacetten ein spezielles Modul entwickelt werden – zumal die Wettbewerbssituation unter den Banken immer neue Differenzierungsmerkmale erzwingt? Brauchen Banken damit zwanzig oder mehr Module? Das halte ich selbst bei einer Universal- oder Großbank für übertrieben, so unterschiedlich sind die Bedürfnisse der Kunden nicht.

Zerfasert das Beratungsangebot in zu viele Varianten, können am Ende weder Vertriebsmitarbeiter noch Kunden einen relevanten Unterschied erkennen. Banken würden den gleichen Fehler machen, den Automobilhersteller seit 2002 inflationär begehen: Sie bauen Autos für noch die kleinste Nische, entwickeln zig Varianten, die sich weder in Design, Zentimetern oder Nutzwert wesentlich unterscheiden. Wie viele Baureihen, Varianten und Sonderausstattungen vom VW Golf gibt es heute? Sehr viele. Und wie ist die Umsatzrentabilität? Sehr schlecht.

Zu viele Module lassen die Komplexität der Prozesse explodieren, stürzen die Vertriebsmitarbeiter in Verwirrung, stressen den Bankkunden. Die übertriebenen Auswahlmöglichkeiten nerven den Verbraucher mehr, als sie ihm helfen: Dreißig Müslisorten machen wahnsinnig, nicht glücklich.

Wie viele Module jede Bank ihren Kunden anbieten möchte, kann sie für sich entscheiden. Meine Prognose: Vier plus minus zwei. Die Anzahl ergibt sich aus dem Geschäftsmodell, der Kundenstruktur, den zur Verfügung stehenden Ressourcen und dem Mut sowie der Kreativität der Bank, genauer gesagt seines Innovationsteams. Sind es doch dessen Mitglieder, die für neue Impulse sorgen.

Bei der Entwicklung der Module kann sich das Innovationsteam von folgenden Impulsen leiten lassen; die folgenden Beispiele sind ohne Wertung, ohne Prioritäten oder Anspruch auf Vollständigkeit zu verstehen:

Modularer Aufbau des Beratungsangebots für unterschiedliche Anforderungen

A: Zielgruppengerechte Module:

Jugendliche, Familien, Senioren, vermögende Privatkunden, Freiberufler, Landwirte, Türken, Firmenkunden.

B: An Lebensphasen orientierte Module:

Berufsanfänger, Berufsaussteiger, Ruheständler, Firmengründer, Firmenverkäufer.

C: Ereignisse, die spezielle Module erfordern:

Das Ende des Studiums, Selbstständigkeit, Geburt, Tod, Hauskauf, Erbschaft, Gesetzesänderungen.

D: Die zeitliche Dimension:

Einmalig, regelmäßig, als Kreislauf, auf Dauer angelegt.

E: Kaufen und Schenken:

Geschenkt von Personen, geschenkt von der Bank, geschenkt von Sponsoren wie Arbeitgebern oder Stiftungen, gekauft vom Kunden selbst.

Es gibt zahlreiche inspirierende Beispiele für einen ideenreichen Zuschnitt von Dienstleistungsmodulen für die entsprechende Kundschaft und deren branchen- und firmenspezifische Umsetzung, unter anderem www.robinson.com, www.americanexpress.com und www.quirinbank.de.

2.3.2 Beispiele für Beratungsmodule und deren Design
a) Modul „Vermögende Privatkunden"

Bei diesem Modul kann die Bank zeigen, was sie kann! Das Flaggschiff, der Stolz der Bank! Wer sich diese Beratung leistet, hat es geschafft. Die Bank zieht alle Register, bündelt jegliche Kompetenz und ist jeden Euro wert. Teuer und exzellent! Dieses Modul kann man einmalig kaufen oder als Kreislaufmodell „Analyse-Umsetzung-Analyse" regelmäßig nutzen.

Abbildung 11: Beratungsmodul Vermögende Privatkunden

Merkmal	1	2	3	4	5
Qualifikation des VMA	■	■	■	■	■
MA-Ratio, Kunden-Ratio	■	■	■	■	□
Zeitbudget	■	■	□	□	□
Dokumentation	■	■	■	■	□
Produktauswahl	■	■	■	■	□
Intensität, Beratungstiefe	■	■	■	■	■
Kontaktmöglichkeiten, Medien	■	■	■	□	□
Initiativ und antizipativ	■	■	■	□	□
Interdisziplinär	■	■	■	■	□
Serviceangebot	■	■	■	■	□
Honorarhöhe	■	■	■	■	□
Bankspezifisch	■	■	■	■	■

b) Modul „Türkische Kunden"

Hier zeigt die Bank, wie wichtig ihr eine bestimmte Zielgruppe ist: Der Schwerpunkt liegt hier auf Sprache und Kultur der angesprochenen Mitbürger. Im Merkmal „Service" und „Dokumentation" werden türkischstämmige Vertriebsmitarbeiter Sprachbarrieren überwinden und das Thema „Geld" so ansprechen, wie es der türkischen Kultur entspricht. Türkische Kunden müssen also nicht zu einer türkischen Bank, um als mündige Kunden ernst genommen zu werden. Dieses Modul kann die türkische Variante des Standard-Moduls „Privatkunden" sein.

Abbildung 12: Beratungsmodul Türkische Kunden

Kriterium	Bewertung
Qualifikation des VMA	■ ■ ■ ☐ ☐
MA-Ratio, Kunden-Ratio	■ ■ ■ ☐ ☐
Zeitbudget	■ ■ ☐ ☐ ☐
Dokumentation	■ ■ ■ ■ ■
Produktauswahl	■ ■ ■ ☐ ☐
Intensität, Beratungstiefe	■ ■ ■ ☐ ☐
Kontaktmöglichkeiten, Medien	■ ■ ☐ ☐ ☐
Initiativ und antizipativ	■ ☐ ☐ ☐ ☐
Interdisziplinär	■ ☐ ☐ ☐ ☐
Serviceangebot	■ ■ ■ ■ ☐
Honorarhöhe	■ ■ ☐ ☐ ☐
Bankspezifisch	■ ☐ ☐ ☐ ☐

c) Modul „Noch fünf Jahre bis zur Rente"

Ein Modul, das ereignisbezogen nur einmal gekauft wird. In den letzten Berufsjahren stehen besondere Fragen an: Wie ist die Vermögensallokation, insbesondere der Aktienanteil im Depot? Entsprechen die Anlageformen der sich bald radikal ändernden Situation des Kunden? Welche Überlegungen gibt es zu den Themen „Wohnen im Alter", „Erbfolge" oder „Steuern"?

Hier kann die Bank als Kompetenzzentrum den interdisziplinären Ansatz erfolgreich umsetzen. Kunden sehen klar, Verluste werden vermieden, der Lebensstandard des Kunden gesichert.

Dies ist ein Modul, das Kinder ihren Eltern schenken können. Es bietet klugen Personalabteilungen die Möglichkeit, etwas für ihre Mitarbeitermotivation zu tun, indem sie dieses Modul ihren entsprechenden Mitarbeitern anbieten. Ein Modul, das Banken an die Erbengeneration verschenken können, um mit deren Eltern in Kontakt zu kommen. Alternativ: Die Bank verschenkt es an die älteren Bankkunden, um mit deren Erben ins Gespräch zu kommen.

Abbildung 13: Beratungsmodul 5 Jahre bis zur Rente

Kriterium	Bewertung
Qualifikation des VMA	■ ■ ■ ■ □
MA-Ratio, Kunden-Ratio	■ □ ■ ■ □
Zeitbudget	■ ■ ■ □ □
Dokumentation	■ ■ ■ ■ ■
Produktauswahl	■ ■ ■ □ □
Intensität, Beratungstiefe	■ ■ ■ ■ □
Kontaktmöglichkeiten, Medien	■ □ □ □ □
Initiativ und antizipativ	■ ■ ■ ■ ■
Interdisziplinär	■ ■ ■ ■ ■
Serviceangebot	■ ■ ■ ■ ■
Honorarhöhe	■ ■ ■ ■ □
Bankspezifisch	■ ■ ■ ■ ■

d) Modul „Kompetenter und erfolgreicher Aktionär"

Hiermit werden die Menschen angesprochen, die schon heute Aktien im Depot haben oder die mit der Anlageklasse „Aktie" vertraut gemacht werden sollen. Ein typisches Spezialmodul, stark auf ein Thema bezogen, hier die Aktie. Hier wird in die fachliche Tiefe beraten, kein antizipativer oder initiativer Ansatz umgesetzt. Die Beratung und die Kommunikation erfolgen weit gehend über Systeme wie E-Mail oder automatisierte Instrumente wie Newsletter. Serviceangebote können sein: Online-Muster-Depot, schneller Zugang zu Informationen, Vorträge und Podiumsdiskussionen mit Persönlichkeiten, von denen ein Bankkunde sonst nur in der Zeitung liest. Ein Modul, das nicht für den Einmalkauf, sondern für ein 13-Monatsabonnement geeignet ist. Warum 13? Zwölf Monate sind so gewöhnlich – Sie wollen ja überraschen.

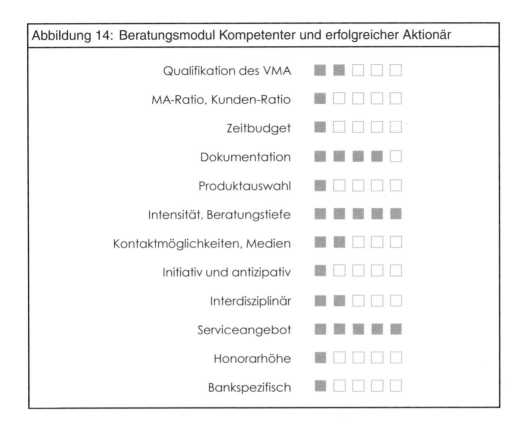

Abbildung 14: Beratungsmodul Kompetenter und erfolgreicher Aktionär

Diese Module werden im Beratungskatalog auf eigenen Seiten dargestellt, die obigen Abbildungen dienen der Orientierung und Verankerung beim Lesen und Nachdenken. Dazu kommen Bilder, Graphiken und Texte mit den Details.

Mit den Modulen sollen Bankkunden begeistert werden, nicht gestresst. Die Umwelt wird von den Menschen mehrheitlich als chaotisch, schnell, kompliziert und unsicher empfunden. Das gilt insbesondere für die „Umwelt" Finanzen mit ihren turbulenten Märkten. Das Geschehen dort überfordert den durchschnittlichen Bankkunden. Die Bankenkrise 2008 war nur der vorläufige Höhepunkt der Verwirrung.

Die Trendforscherin Melinda Davis sieht ein tiefes Bedürfnis nach innerer Ruhe und Gelassenheit als Gegenpol zur äußeren Hektik. Schaut man sich das stetig wachsende Angebot rund um „Wellness" oder „Feng Shui" an, kann man die Prognosen[24] von Melinda Davis gut nachvollziehen: „Die globalisierte Wirtschaft setzt die Menschen so vielen Reizen aus, dass mittlerweile das Neue nicht mehr faszinierend erscheint, sondern anstrengend. Immer

---

24 Vgl. Heuser (2008).

wählen zu können, heißt demnach immer wählen zu müssen, und das wiederum bedeutet Stress." Hier ist die amerikanische Trendforscherin im Einklang mit den neuesten Studien aus dem deutschen Einzelhandel: Verbraucher wollen keine zehn Joghurtsorten mit Erdbeergeschmack, sondern drei: Normal, Bio und Lactosefrei. Schluss. Der Handel übernimmt die Auswahl und verschafft dadurch Ruhe, Sicherheit und schont die Kräfte seiner Kunden.

Die Beratungsmodule haben vor diesem Hintergrund das Ziel:

- Anker zu sein in einer turbulenten Zeit,

- komplexe Probleme zu vereinfachen,

- Zuversicht zu vermitteln,

- Beziehungen zu stiften, die Wärme vermitteln.

2.3.3 Die Qualität der Module und ihre Weiterentwicklung

Wir wissen aus Kapitel 1: Dienstleistungen lassen sich schwer rechtlich schützen, Nachahmer haben es leicht. Das bedeutet für die Praxis: Die vom Kunden wahrgenommene Qualität ist der einzige Schutz vor den konkurrierenden Banken. Jeden Tag entsteht die vom Kunden wahrgenommene Qualität neu. Jeden Tag muss klar sein, warum er zu dieser Bank kommt, warum er für die empfangene Leistung bezahlen soll.

Qualität kommt nie aus der Konserve, sie wird immer frisch zubereitet!

Ein „Wiener Schnitzel" kann auf jeder Speisekarte jedes beliebigen Restaurants stehen, was dem Inhaber der Kronenhalle in Zürich keine Sorgen zu machen scheint: „Sie werden kein besseres Wiener Schnitzel finden, selbst in Wien nicht." Pure Arroganz oder weiß er genau, was sein Wiener Schnitzel so besonders macht? Er weiß es. Es sind die einzelnen Merkmale, die Zutaten, die dieses „Modul Wiener Schnitzel" so unvergleichlich machen. Und damit hebt er sich jeden Tag von seiner zahlreichen Konkurrenz erfolgreich ab. Rufen Sie vorher an, wenn Sie dort einen Tisch wollen!

Die Aufteilung der Module in die einzelnen konkreten Merkmale hilft, die Qualität der Beratung zu sichern und weiterzuentwickeln. Die Dekomposition der Module in die Merkmale reduziert die Komplexität, die Zusammenhänge innerhalb eines Moduls sind leichter zu durchschauen. Wir zerlegen die Dienstleistung in ihre Bestandteile, wie ein ambitionierter Koch sein Gericht: in das Fleisch, die Panade, das Rösti, die Zitrone, den Salat, das Dressing, die Tellertemperatur – in der Summe ergibt sich das „Wiener Schnitzel". Ein Wiener Schnitzel kann man nicht verbessern, seine Bestandteile schon!

Modularer Aufbau des Beratungsangebots für unterschiedliche Anforderungen

Es sind die einzelnen Merkmale, nicht „die Beratung", die am Ende DIE Qualität ausmachen. Betrachtet man die einzelnen Merkmale, kann man den Kunden direkt und konkret fragen und erhält präziseres Feedback. Fehler werden schneller gefunden, es ergeben sich konkrete Verbesserungsansätze.

Zum Beispiel:

- Wenn die Ausbildung des Vertriebsmitarbeiters fachlich ohne Tadel ist, das Auftreten und seine Allgemeinbildung jedoch verbesserungswürdig,

- wenn die Dokumentation unübersichtlich ist und zu viele Charts mehr verwirren als nützen,

- wenn die Erreichbarkeit über die Mittagszeit schlecht ist,

kann das Innovationsteam nach entsprechendem Feedback konkrete Maßnahmen einleiten, um das Qualitätsempfinden der Kunden zu steigern: Knigge-Seminare werden in die Weiterbildung der Vertriebsmitarbeiter integriert, Zeitung lesen während der Arbeitszeit wird legitimiert. Es wird eine Höchstzahl von Charts pro Präsentation definiert, so dass die Auswahl auf das Wesentliche damit zwingend ist. Die Organisation der Vertretung über die Mittagszeit wird in einer Teambesprechung geregelt und die Einhaltung kontrolliert.

Der ständige Verbesserungsprozess ist Pflicht. Die Merkmale der Module, insbesondere ihre tägliche Umsetzung, werden perfektioniert.

Coaching-Protokolle, Stichproben, Mitarbeiterbefragungen, Testkäufe bei konkurrierenden Banken, das eigene Controlling und Kundenbefragungen sorgen für den Diskussionsstoff in den Sitzungen des Innovationsteams.

Ein besonderes Potenzial in dem modularen Beratungsangebot liegt in der Option, immer neue Kombinationen der Merkmale zu entwickeln. Durch die Standardisierung der Merkmale, der Prozesse und der Schnittstellen kann mit neuen Modulen schnell auf Kundenwünsche reagiert werden. Die Bank agiert wie ein Spitzengastronom bei der Zusammensetzung seiner Speisekarte: Bekannte Gerichte werden perfektioniert und Neues integriert.

Ringen wir um den besseren Weg: „Wenn es einen Weg gibt, es besser zu machen, finde ihn!", motiviert Thomas Alva Edison. Und in einem Boxclub stand an der Wand: „Wenn du es nicht immer besser machst, wird es dein Gegner machen." An die Arbeit!

3 Die Einführung der neuen Beratungsmodule

Kapitel 3.1 richtet sich direkt an den, der seit der ersten Seite im Mittelpunkt aller Überlegungen steht: An den Bankkunden! Eine neue Perspektive für den Leser dieses Buches, eine neue Perspektive für Bankkunden.

Wenn Banken dieses Konzept **BeratungsDreieck³** umsetzen, wird sich nicht nur für die Bank und den Vertriebsmitarbeiter vieles ändern. Auch die Bankkunden erleben in vielen Facetten eine neue Bank!

Es darf nicht sein, dass Bankkunden in den Medien nur mit Warnungen vor Banken konfrontiert werden, die sie unablässig zur Vorsicht mahnen.

Je mehr Bankkunden also diese Seiten lesen, desto besser!

Denn jeder Bankkunde, der diese Seiten liest, wird seine Bank mit anderen Augen sehen. Er wird erstaunt sein, Fragen haben und seinen Vertriebsmitarbeiter neu fordern. Dieser Dialog ist das Ziel, mit ihm wird die Kooperation in der Bank-Kunde-Beziehung intensiver denn je.

Jeder Bankkunde, der mehr von der Arbeit seiner Bank versteht, hilft dem Vertriebsmitarbeiter, eine sehr gute Leistung zu erbringen. Gegenseitiges Vertrauen entsteht durch gemeinsames Erleben, das schließt kritische Diskussionen mit ein.

Es ist natürlich mein Ehrgeiz und Ziel, dass auch Sie, der Vertriebsmitarbeiter, weiterlesen und das Kapitel 3.1 nicht überspringen. Im besten Fall nützen Sie es, um mit Ihren Kunden in den Dialog zu treten, das NEUE von sich aus anzusprechen.

Auch ist dieser Teil des Buches als Gesprächsvorbereitung für den Bankkunden gedacht. Händigen Sie diesen Teil des Kapitels Ihrem Kunden vor dem Gespräch aus. Starten Sie so in die neue Zeit der Bankberatung, machen Sie es mal anders als bisher!

3.1 Relevant ist, was wahrgenommen wird. Von Ihnen, unserem Kunden

„Eine Bank zu überfallen, ist das Werk von Dilettanten. Wahre Profis gründen eine Bank", so Bertolt Brecht in der Dreigroschenoper 1928. Ein Zitat, das aktuell in die gesellschaftspolitische Stimmung passt. Vorwürfe, Spott, Häme: Banker haben die freie Auswahl, keine Tageszeitung, die nicht voll davon wäre.

Wie sehen Sie, unser Kunde, uns, Ihre Bank? Vermutlich sehr kritisch. Sie vermuten, wir stünden immer auf der Gewinnerseite? Und gewinnt die Bank mal nicht, ruft sie nach dem Staat? Nach den Nachrichten und Entwicklungen in 2007 und 2008 ist dieser Blickwinkel mehr als verständlich. Berechtigt häufig auch.

Und jetzt wollen wir auch noch etwas von Ihnen: Wir brauchen Sie, Ihr Vertrauen und Ihre Kooperation. Denn nur wenn Sie mitmachen, können wir das tun, was wir gerne tun wollen: Eine erstklassige Arbeit für Sie leisten und gut daran verdienen. Und das völlig transparent für Sie, ohne Versteckspiel. Darüber hinaus: Mit einem guten Gefühl und Ihrem vollen Einverständnis!

Wir Banken wollen, dass Sie unsere Kompetenz schätzen, wir wollen kein schales Gefühl mehr haben, wenn wir an Sie verkaufen. Und das können wir nur, wenn Sie Erfolg haben! Erfolg mit dem, was Sie bei uns einkaufen.
Es geht um Ihr Geld, darum, Ihr Vermögen aufzubauen und zu erhalten. Es geht um Ihre Planungssicherheit, um Ihre Zukunft. Es geht um Ihren Lebensstandard, Ihre Möglichkeiten, das Leben in die Hand zu nehmen. Ihre Ziele und wie wir sie erreichen, sind das Wichtigste unseres Berufes. Wir sind Ihre Bank! Wenn Sie uns denn lassen. Und es gäbe manchen guten Grund, uns nicht mehr zu lassen. Ja, stimmt.

Wir Banken haben Sie sehr in Anspruch genommen:

- Wir haben neue Techniken eingeführt und Sie mussten mit PIN und TAN kämpfen,

- immer wieder neue Produkte und Varianten wollten wir mit Ihnen besprechen, haben Sie mit Denglisch strapaziert,

- die Tagesschau oder Beiträge in Verbrauchermagazinen über unsere Arbeit haben Ihnen den Feierabend verdorben,

- Renditen sind schlechter als gewünscht und Sie haben gelernt, dass Finanzmärkte keine Einbahnstraßen sind,

- die Dokumentationsunterlagen wurden immer umfangreicher, die Broschüren immer dicker. Sie sollten immer mehr lesen, akzeptieren und natürlich: Unterschreiben!

Sie haben bestimmt noch ein paar Ideen, wie sich diese Aufzählung verlängern ließe.

Wir Banken, wir, die Menschen, die in den Banken arbeiten, wir haben alle unseren Anteil an Ihrer Meinung über uns. So kann es nicht weitergehen! Aber wir arbeiten an uns, wir wollen vieles anders machen, Ihnen spürbar bessere Dienste leisten.

Schlagzeilen wie *„Bankentest – Was taugen deutsche Geldhäuser? manager magazin*[25] *befragte über 6000 Kunden. Die Ergebnisse sind ernüchternd."* wollen auch die Vertriebsmitarbeiter der Banken nicht mehr lesen. Wir können es besser – aber nur mit Ihnen gemeinsam.

Und wenn wir aus Ihrer Sicht schon heute gute Arbeit leisten? Sie persönlich sogar sehr zufrieden sind mit Ihrer Bank? Umso besser, wir können uns weiter steigern, Sie zur Begeisterung treiben. Nein, das ist keine Übertreibung. Wenn wir uns zusammentun, treiben wir Ihnen Freudentränen ins Gesicht. Versprochen!

Und damit das wirklich klappt, folgen einige Vorschläge und Wünsche, wie wir gemeinsam zum Ziel kommen:

3.1.1 Vertrauen Sie uns, nicht blind aber vollständig!

Sie wissen es längst: Kurse kennen nicht nur eine Richtung, die Globalisierung verändert auch die Finanzwirtschaft und viele Regeln sind nichts mehr wert. Auch unsere nicht. Und so kam es, wie es kommen musste: Wir hatten in Ihren Ohren zu viel versprochen! Und das ist heute unser gemeinsames Problem: Können Sie uns noch vertrauen? Wie sollen wir Sie zu neuen Entscheidungen bewegen, wenn die Entwicklung so offen ist wie heute? Wenn die Fragezeichen hinter Prognosen nie dicker waren?

Wir wollen in Zukunft unterscheiden zwischen dem Teil, für den wir selbst Verantwortung tragen und Ihnen eine Menge versprechen können. Wir werden Ihnen sagen, wie wir uns aus- und weiterbilden. Wir werden Ihnen erläutern, was wir über die Anlage von Vermögen sicher wissen. Wir werden Termine vereinbaren und pünktlich vor Ihrer Türe stehen. Und wir werden Ihnen sagen, was wir in der Zusammenarbeit mit Ihnen verdienen. Kontrollieren Sie jedes unserer Versprechen, jede unserer Aussagen. Nur so können wir zeigen, dass wir Ihr Vertrauen verdienen.

Und dem Teil, zu dem wir Ihnen nichts versprechen können – den globalen Finanzmärkten, der Weltwirtschaft und dem deutschen Gesetzgeber, da wir deren Verhalten nicht beeinflussen können. Wie sich der Dollar zum Euro entwickelt, wie hoch die Inflation sein wird und welche Gesetze wir zu beachten haben: Alles ist offen, alles ist möglich. Wir können nicht wissen, was passiert. Und es kostet Mut, es zuzugeben.

---

25 manager magazin, 7/2007, Seite 132.

Weil es uns in der Vergangenheit oft unangenehm war, unser Nichtwissen zuzugeben, haben wir häufig so getan, als ob wir etwas wüssten. Es war auch leichter, Ihnen zu sagen: „Eine Glaskugel, in der die Zukunft sichtbar ist, haben wir auch nicht. Nein, garantieren können wir Ihnen leider nichts." Eine Hilfe war dieser Spruch weder für Sie noch für uns. Sie hören in Zukunft anderes.

Wir alle müssen akzeptieren: Die Unsicherheit wird immer vorhanden sein, aber der Umgang mit ihr ist entscheidend. Und da haben wir einiges zu bieten – mit Sicherheit!

3.1.2 Schlagen Sie der Psychologie ein Schnippchen!

Hier geht es um uns, die Menschen[26]. Eine seltsame Spezies, deren Selbstwahrnehmung verzerrt und Verhalten oftmals irrational ist, vor allem das der Erwachsenen, wie folgende Beispiele verdeutlichen.

- Fragt man 100 Autofahrer, wie sie ihr eigenes Fahrkönnen einschätzen, sagen 80 Prozent, sie sähen sich bei den besten 30 Autofahrern.

- Haben satte und zufriedene Menschen die Wahl, entweder heute ein Bonbon oder morgen zwei zu bekommen, entscheidet sich die Mehrheit für das eine Bonbon.

- Teilt ein Mensch einen beliebigen Geldbetrag auf und gibt weit weniger als die Hälfte des Betrages als Geschenk weiter, lehnt der Empfänger in der Regel ab, weil er es als unfair empfindet, nur einen so kleinen Anteil angeboten zu bekommen.

- Ein Großteil der Raucher glaubt nicht, dass ausgerechnet sie an Krebs erkranken, spielen aber gleichzeitig Lotto.

- Menschen wollen lieber 50.000 € Jahreseinkommen, wenn ihr Nachbar gleichzeitig 40.000 € verdient, statt 70.000 € Jahreseinkommen zu haben, wenn ihr Nachbar 80.000 € verdient.

- Ob Menschen es in einem Raum gemütlich warm finden, ist abhängig davon, ob sie von der Skipiste kommen oder aus der Sauna.

- Die Angst vor einem möglichen Verlust ist doppelt so stark wie die Freude an einem möglichen Gewinn.

- Fragt man Menschen, wie viel Geld sie mehr zum Glücklichsein bräuchten, ist die Antwort: Etwa ein Drittel mehr, als sie gegenwärtig haben – unabhängig davon, wie hoch ihr Vermögen ist!

---

26 Vgl. Heuser (2008).

Dieses Verhalten ist reichlich seltsam, aber menschlich. So sind wir Menschen, und das hat Folgen[27]: Wir scheuen den Konsumverzicht heute, obwohl wir wissen, dass die Altersvorsorge wichtig ist. Wir sind enttäuscht über fünf Prozent Rendite, wenn unser Arbeitskollege zehn Prozent erzielt hat. Dass er auch mindestens das doppelte Risiko eingegangen ist, blenden wir aus. Wir überschätzen unsere Fähigkeiten gerne, insbesondere bei der angeblich „richtigen" Geldanlage.

Und diese Folgen wirken sich aus: Deutsche Anleger erzielen deutlich zu wenig Rendite aus ihrem Gesamtvermögen. Der Aktienanteil in deutschen Depots ist zu gering und der Umgang mit Aktien hat mehr mit Herdentrieb zu tun als mit klugem Verhalten. Deutsche Hausbesitzer freuen sich auf einen sicheren Lebensstandard im Alter und überschätzen den zu erzielenden Verkaufserlös ihres Hauses bei weitem.

Und hier setzt unsere neue Beratungsphilosophie an: Wir wollen mit Ihnen über Ihr Verhalten sprechen, über die Konsequenzen, die es hat. Nicht als Vorwurf, sondern mit Respekt. Mit Respekt vor Ihren Erfahrungen und Ihren Meinungen. Und dann möchten wir mit Ihnen nach vorne denken. Mit unserer Arbeit Ihre Sinne schärfen. Was können wir verändern, was können Sie in Zukunft anders machen?

Wir wollen, dass Sie mit Hilfe unserer Grundlagen Entscheidungen treffen, deren Wert Sie in vollen Zügen genießen sollen. Und wenn es schief geht?

3.1.3 Verwechseln Sie Schuld nicht mit Verantwortung!
„Hinterher ist man immer schlauer!" Häufig auch verärgert. Hatte man sich doch ein anderes Ergebnis gewünscht, wollte man doch zu den Gewinnern gehören. Wer hat noch nie über Entscheidungen der Vergangenheit gegrübelt und oftmals dabei den Schuldigen gesucht. Meterweise Ratgeberliteratur dazu, wer alles „schuld" ist: Die Gene, die Eltern, die Gesellschaft, der Chef, die mobbenden Kollegen. Und im Zweifelsfall: Die Bank!

Das ist verständlich, wollen wir uns doch nicht über uns selbst ärgern. Es ist so anstrengend, wenn uns ein guter Freund sagt: „Du wolltest es doch damals so!" oder wenn in der Zeitung steht: „Gier frisst Hirn". Wie gut tut da ein Sündenbock. Einer, der uns rettet vor der Einsicht, dem peinlichen Schmerz, am Misserfolg beteiligt gewesen zu sein.

„Schuld" ist ein Begriff aus der Juristerei und ist dort verbunden mit „Vorsatz" und „Fahrlässigkeit". In der modernen Rechtsprechung wird fein zwischen Schuld und Verantwortung unterschieden. Aus gutem Grund, denn es ist nichts so einfach, wie wir es gerne hätten.

Wenn sich der Vertriebsmitarbeiter einer Bank mit seinem Kunden über Geld unterhält, tragen zwei Menschen Verantwortung: Der Vertriebsmitarbeiter für die Entscheidungsgrundla-

---
27 Vgl. Weber (2007).

ge, die Fakten und die nötige Sorgfalt. Der Kunde trägt die Verantwortung für die eigentliche Entscheidung selbst. Keiner von beiden kann ein Jahr später sagen: „Sie haben es mir doch geraten" oder „Sie wollten es doch so haben." Kann keiner von beiden sagen? Und doch hört man diese Schuldzuweisungen täglich in der Bank.

Da hilft es auch nichts, wenn sich einer der beiden „ent-schuldigt". Das Rad ist auch dadurch nicht zurückzudrehen, das Ergebnis bleibt das gleiche. Und noch schlimmer: Es wurde nichts gelernt.

Beide Beteiligten müssen lernen: Der Vertriebsmitarbeiter beeinflusst über die Entscheidungsgrundlage seinen Kunden und dessen Entscheidung. Es ist bezeichnend für uns Menschen, dass wir diese Beeinflussung einmal als Manipulation, dann wieder als Motivation bezeichnen – jeweils abhängig vom Ergebnis.

Wir Menschen hängen die Fahne in den Wind.

Nüchtern betrachtet: es bleibt eine Beeinflussung. Und wer wurde beeinflusst? Der Kunde: ein Mensch, voll mit guten Gründen, mit Ängsten, mit Gier, mit Erfahrungen, mit Neid, mit Absichten und Wünschen. Bankkunden sind eben keine unbeschriebenen Blätter, eher Bücher mit sieben Siegeln.

Mit einer neuen Beratungsqualität wollen wir Banken klüger und erfolgreicher mit Ihnen zusammenarbeiten. Wir wollen klar sein, ehrlich sein und aushalten, dass es keine Gewissheit gibt.

Tragen wir gemeinsam die Verantwortung, lernen aus der Vergangenheit, berücksichtigen das heutige Wissen und bewerten wir die Alternativen. Und dann handeln wir – wir gestalten Ihre finanzielle Zukunft.

3.1.4 Lernen Sie dazu!
Der Gesetzgeber verpflichtet uns, mit Ihnen über Risiken zu sprechen. Ausgehändigt bekommen Sie beim Kauf entsprechender Produkte die „Basisinformationen über Finanzderivate". Am Ende mancher Beratungsgespräche sind Sie aufgefordert, eine Unterschrift zu leisten. Damit will der Gesetzgeber Sie schützen und wir Sie schlau machen.

Unterschreiben Sie nicht einfach, investieren Sie jetzt Zeit und Energie!

Je mehr Sie wissen, je hartnäckiger Sie nachfragen, desto stärker sind wir Vertriebsmitarbeiter der Banken gefordert. Und wenn Sie uns fordern, können Sie sehen, ob wir unser Handwerk beherrschen. Wenn Sie das erkennen, können Sie schlechte, durchschnittliche und gute Beratung unterscheiden.

Durch diese Unterscheidung können Sie wählen. Damit haben Vertriebsmitarbeiter die Chance, sich im Wettbewerb um Sie durchzusetzen.

Akzeptieren Sie nie einen Fachbegriff, wenn er Ihnen nicht klar ist. Gehen Sie erst dann zum nächsten Gesprächspunkt über, wenn Ihre Frage so beantwortet wurde, dass Sie die Erklärung verstanden haben. Stellen Sie immer wieder die Frage: „Was bringt mir das konkret?" Erst wenn die Antwort für Sie verständlich und logisch ist, geben Sie Ihr Einverständnis.

Nur mit Ihnen als lernendem Gesprächspartner können wir unsere Beratungsgespräche so führen, dass Sie maximalen Nutzen daraus ziehen. Lernen ist anstrengend und kostet Zeit.

3.1.5 Nehmen Sie sich Zeit für unsere Gespräche!

Ein gutes Essen, der passende Wein dazu, beides braucht Zeit. Weder Koch noch Winzer können eine ganz bestimmte Zeit unterschreiten. Die Zeit, die benötigt wird, Dinge gut zu machen, ist in jedem Handwerk genau bestimmt. Man kann mehr, aber nicht weniger Zeit brauchen, nicht ohne Qualitätsverlust.

Das ist in unserem Handwerk auch so: Wir brauchen eine bestimmte Zeit für die Analyse Ihrer Situation. Die Wahlmöglichkeiten mit ihren Vor- und Nachteilen zu beschreiben, benötigt genau die Zeit, die notwendig ist, alle Informationen klar und deutlich zu besprechen. Keine Minute weniger!

Ein Gedankenexperiment dazu: Je wichtiger Ihnen etwas ist, desto mehr Zeit sind Sie bereit zu investieren. Das machen Sie bei der Urlaubsplanung, im Falle einer schweren Krankheit, bei einem Arbeitgeberwechsel oder bei der Wahl der Schule für Ihr Kind. Klar machen Sie das, machen wir ja alle so.

Wie viel Zeit nehmen Sie sich aber für Ihre kurz-, mittel- und langfristige Finanzplanung? Wie regelmäßig nehmen Sie sich diese Zeit?

Im ersten Schritt brauchen wir zweimal zwei Stunden, um Ihre Situation zu analysieren und eventuell sinnvolle Veränderungen zu besprechen. Dann benötigen wir jedes Jahr mindestens zwei weitere Stunden. Und jedes Gespräch sollten Sie zuhause vorbereiten, im Anschluss nachbereiten und darüber nachdenken und bei Rückfragen selbstbewusst bei uns anrufen. Bei ungeplanten Veränderungen braucht es noch mehr Zeit… Das dauert Ihnen zu lange? Lesen Sie dazu:

Harry M. Markowitz hat den Großteil seines Lebens damit zugebracht, eine Antwort zu finden auf die Frage: Wie wird man reich und behält sein Geld? Nach Jahrzehnten der Forschung fand er die Antwort, sie wurde 1990 mit einem Nobelpreis gewürdigt: Rund 90 Prozent des Gesamtanlageerfolgs ist abhängig vom Aufbau, der Struktur des Vermögens. Circa 10 Prozent sind davon abhängig, ob ein Festgeld sich mit 2,8 Prozent oder mit 4,4 Prozent verzinst. Es ist, lernen wir von Markowitz, fast egal, ob eine einzelne Aktie im Depot um 5 Prozent steigt oder fällt. Absolut entscheidend ist: Haben Sie überhaupt ein Festgeld und sind Sie in Aktien investiert? Und wenn ja: welchen Anteil Ihres Vermögens haben Sie auf dem Festgeld und wie viel in Aktien angelegt? Darauf kommt es an.

Im Vergleich: Es ist wichtiger für die Gesundheit, sich über einen längeren Zeitraum ausgewogen zu ernähren, als die Frage, was man heute isst.

Mit der Erkenntnis von Markowitz beginnt die Arbeit rund um Ihre Finanzen. Jetzt ist Sorgfalt, Wissen, Erfahrung, also gutes Handwerk gefragt. All das kostet Zeit.

Fastfood oder ausgewogene Ernährung? Man ist, was man isst!

Ihre „Gesundheit" ist der Wert Ihrer und unserer Zeit, so lieb und teuer muss sie Ihnen sein!

Fragen Sie Ihren Banker bei Gelegenheit nach Markowitz. Ist Ihr Banker Bankkaufmann und kann Ihnen nichts über Markowitz erzählen: Suchen Sie sich einen, der es kann, einen, der Ihr Geld wert ist!

3.1.6 Bezahlen Sie für gute Leistung!

Sie haben Recht, wenn Sie kritisch Preise vergleichen. Bezahlen Sie keinen Cent zu viel! Lassen Sie sich jeden Euro erklären, bevor Sie ihn abbuchen lassen. Stellen Sie die Leistungen Ihrer Bank ins Verhältnis zu den Provisionen, die diese erhält.

Achten Sie insbesondere auf die Preiserklärung der Bank: Maßstab ist Ihr Nutzen, den Sie aus Beratung, Serviceleistungen und den Produkten selbst erzielen!

Lassen Sie sich ausrechnen, was Sie sparen, wenn Sie rechtzeitig Kauf- oder Verkaufsentscheidungen treffen. Rechnen Sie in der Bank durch, was Sie zusätzlich an Ertrag bekommen, wenn Sie regelmäßig monatlich Geld zurücklegen, nicht erst am Jahresende. Fragen Sie nach dem Unterschied in Euro zwischen sechs und sieben Prozent Ertrag pro Jahr, wenn der Geldbetrag 20 Jahre angelegt bleiben soll.

Vergleichen Sie die Honorare der Banken mit denen eines Architekten, eines Chirurgen oder Ihres Heilpraktikers. Es ist nicht nur die Zeit, die Sie bezahlen, sondern das angesammelte Wissen, die Erfahrung und Intuition; die Motivation, genau in diesem Moment das Beste für den Kunden zu wollen. Und Sie bezahlen die Bevorratung dieser Leistung: Der Architekt, der Chirurg, der Heilpraktiker und auch der Vertriebsmitarbeiter sind dann für Sie da, wenn Sie es wollen oder brauchen.

Und wenn die Antworten und Vergleiche Sie überzeugen, dann bezahlen Sie! Und bezahlen Sie diese Leistung gut. Stellen Sie mit ihrem Verhalten sicher, dass es sich für den Vertriebsmitarbeiter lohnt, sich für Sie ins Zeug zu legen. Heute, morgen, immer!

Rechnen Sie nach: Eine schlechte Bank kann nie billig genug sein! Kostenlos ist noch zu teuer!

3.1.7 Verlassen Sie Ihre Bank, aber bleiben Sie, wenn es sich lohnt!

Die Banken haben auch gerechnet und festgestellt: Einen Neukunden zu gewinnen kostet ein Vielfaches dessen, was es kostet, einen Kunden zu halten. Das ist einer der monetären Gründe, warum wir wollen, dass Sie bleiben.

Ein weiterer Grund ist: Je länger Sie bleiben, desto ertragreicher werden Sie für Ihre Bank. Ihr Kundenwert steigt, je mehr Produkte Sie bei Ihrer Bank abschließen. Wenn Sie einerseits Ihre Bank in Ihrem Umfeld weiterempfehlen und andererseits Ihrer Bank von sich und Ihren Bedürfnissen berichten: Besser geht es nicht, Ihre Bank lebt von Kunden wie Ihnen!

Banken sind gewinnorientierte Unternehmen – sind also egoistisch. Die Frage ist: Wie gehen Banken mit diesem Egoismus um?

Klug verhält sich eine Bank, die alles daran setzt, Sie so erfolgreich wie möglich zu machen, um daran viel Geld zu verdienen. Klug, weil diese Bank davon ausgehen kann, dass Sie loyal sind.

Dumm verhält sich eine Bank, wenn Sie Ihnen eine Menge Geld abnimmt, wenig dafür leistet und Sie mit einem unbefriedigenden Ergebnis alleine lässt. Dumm, weil sich das auf Dauer kein Kunde gefallen lässt.

Stimmen Sie diesen zwei Aussagen zu? Sind Kunden an der richtigen Stelle loyal und an der anderen konsequent?

3.1.8 Fazit nach sieben Wünschen

Wir wollen mit Ihnen reden: Was können wir tun, damit Sie bleiben? Wir wollen loyale Kunden. Kunden die sich binden, weil es sich lohnt.

Wenn Sie mit Ihrem Vertriebsmitarbeiter über diese Wünsche sprechen, ist ein Ziel erreicht. Denn Sie werden sich über die Diskussion intensiver kennen lernen. Der Umgang miteinander wird sich verändern, das gegenseitige Verständnis sowieso.

Eine Partnerschaft ist die Folge. Eine Partnerschaft, die sich für alle Beteiligten auszahlt.

3.2 Erfolgreiches Marketing für die Markteinführung der Beratungsmodule

Marketing wiegt schwer: Über 1,7 Kilo Gewicht und gut 970 Seiten, das bringt ein Standardwerk zum Dienstleistungsmarketing locker auf die Waage. Die Grundlagen, Konzepte und Methoden, die in diesem Buch ausgeführt werden, machen Komplexität und Bedeutung des Marketings für Dienstleistungen klar. Da ist jede Bank gut beraten, sich interner oder externer Profis zu bedienen. Insofern verspricht die Überschrift dieses Abschnitts kein Patentrezept, wie erfolgreiches Marketing für Beratung in Banken umfassend zu gestalten ist.

Ein erfolgreiches Marketing für die Beratungsleistung von Banken ist noch anspruchsvoller als zum Beispiel das Marketing für die Dienstleistungen einer Datenbank: Die Funktionalität einer Datenbank kann relativ separat angeboten werden, der Kunde muss sie weniger stark in seine Gesamtdienstleistung integrieren. Beratungsleistungen von Banken hingegen sind extrem integrativ, erfordern die hundertprozentige Einbindung in den Gesamtauftritt.

Der Bankkunde als Co-Produzent der Dienstleistung „Beratung" ist der externe Faktor, den die Bank nicht „kontrollieren" kann. Nicht kontrollierbar in dem Sinn, dass sie ihn nicht steuern oder beherrschen kann wie zum Beispiel die Bankmitarbeiter oder IT-Systeme. Deshalb muss der Bankkunde in den Produktionsprozess der Beratungsdienstleistung über das Beziehungsmanagement zwischen Vertriebsmitarbeiter und Kunde integriert werden.

Damit steht die Beziehung zum Bankkunden im Mittelpunkt des Marketings. Das Marketing übernimmt die allgemeine Kommunikation mit allen Bankkunden, differenziert in der Ansprache einzelner Zielgruppen oder Segmente.

Marketing für die neuen Beratungsmodule ist am „Relationship Marketing[28]" anzulehnen, welches sich auszeichnet durch:

- eine langfristige Betrachtung,

- den Fokus auf die Bankleistung UND den Kunden,

- die Orientierung am Kundenlebenszyklus,

- die Marketingziele: Kundenakquisition, -bindung und -rückgewinnung,

- die Steuerungsgrößen Gewinn, Deckungsbeitrag, Umsatz und Kosten

- und darüber hinaus durch die Größen Kundendeckungsbeitrag, Kundenwert und Customer Lifetime Value.

---
28 Vgl. Meffert/Bruhn (2006), Seite 73 f.

Damit ist Relationship Marketing die logische Ergänzung der Vertriebsarbeit und kann die Einführung der Beratungsmodule ideal unterstützen. Der Vertrieb kommuniziert auf Basis der Marketingbotschaften individuell mit jedem einzelnen Bankkunden. Im Ergebnis wird der Bankkunde eng und kooperativ mit seiner Bank zusammenarbeiten.

Insbesondere dann, wenn Relationship Marketing die Erkenntnisse des Forschungsbereiches „Behavioral Finance" in der praktischen Umsetzung berücksichtigt.

Was ist „Behavioral Finance", das auch mit „Financial Behavior" beschrieben wird? Im Deutschen werden diese Fachbegriffe mit dem Wortungetüm „Verhaltenswissenschaftliche Kapitalmarktforschung" beschrieben. Es geht um die Frage: Warum verhalten sich Menschen in Finanzgeschäften so, wie sie sich verhalten – irrational und unlogisch?

Wenn Menschen in ihrer Rolle als Bankkunden handeln, verhalten sie sich immer noch wie Menschen. Und Menschen sind weder in ihren Einschätzungen, ihren Entscheidungen noch in ihrem Verhalten rational oder logisch!

Dies ist eine von Philosophen, Soziologen und Psychologen schon längst verkündete Botschaft, die nun langsam bei den Ökonomen ankommt. Es mussten erst die Ergebnisse der Neurologen vorliegen, die mit Daten aus der „Röhre" das Verhalten der Menschen „technisch" erklären. Und dann sind da noch die Biologen, die wiederum eigene Modelle und Antworten für das Verhalten von Menschen haben. Es ist ein Prozess der Erkenntnis in Gang gekommen, dessen Ende noch völlig offen scheint.

Der akademische Streit um das Entscheiden und Verhalten der Menschen kann Banken und ihr Marketing kalt lassen. Nicht aber die Erkenntnisse, die heute schon vorliegen und gesichert sind!

3.3 Erkenntnisse aus dem Financial Behavior – der Psychologie der Bankkunden

Meine Anregungen beziehen sich auf die folgenden Erkenntnisse:

1. Jeder Mensch führt „mentale Konten".

2. Der Mensch empfindet Lust am Optimieren.

3. Jeder Mensch braucht einen Bezugspunkt.

4. Der Mensch neigt zum Diskontieren.

5. Jeder Mensch reagiert auf Oxytocin.

Die Anregungen sollen den Marketing- wie auch den Vertriebsmitarbeitern Impulse geben. Die fünf Aspekte sind aus meiner Erfahrung als Banker, Trainer und Coach Erfolgsfaktoren für ertragreiche Kundenbeziehungen. In Zukunft noch mehr als heute.

3.3.1 Jeder Mensch führt „mentale Konten"

Menschen sind geborene Buchhalter! Für jede Einkommensart führen wir getrennte „mentale Konten", die wir unterschiedlich emotional bewerten: So verbuchen wir das monatliche Erwerbseinkommen auf einem Konto, die Erbschaft auf einem anderen und 300 € Lottogewinn wiederum auf einem eigenen Konto. Abhängig vom Konto geben Menschen das Guthaben auch für unterschiedliche Zwecke aus: Der Lottogewinn wird spontan in ein Wellness-Wochenende investiert, unabhängig davon, ob die Haushaltskasse im Moment leer ist. Im Durchschnitt wird auch ererbtes Geld leichter ausgegeben als das mit eigener Arbeit verdiente.

Verblüffend ist folgendes Verhaltensmuster: Wenn man auf dem Weg in ein Konzert die bereits mit 30 € bezahlte Karte verliert, ist das ärgerlich. Die meisten Menschen kaufen sich, obwohl es an der Abendkasse möglich wäre, keine neue Karte und verzichten auf das Konzert. Verlieren diese Menschen auf dem Weg zur Abendkasse aber die für den Kartenkauf reservierten 30 € Bargeld, empfinden sie das als weit weniger schlimm als den Verlust der Karte. Diese Menschen kaufen mehrheitlich trotzdem eine Karte an der Abendkasse, bezahlen sie mit der EC-Karte und genießen das Konzert. Unlogisch, da es in beiden Situationen um 30 € Mehraufwand geht und der Schaden sich in Grenzen hält.

Diese mentalen Konten spielen auch eine Rolle bei der Geldanlage! Und hier richten sie großen Schaden an, verhindern sie doch den „Blick aufs Ganze". Risiken werden isoliert betrachtet, Chancen losgelöst bewertet, ohne das Gesamtvermögen im Blick zu haben; Kursverluste einer Aktie werden ohne Blick auf die Anlagestrategie negativ bewertet; die höheren Kreditzinsen bei der Prolongation beklagt, ohne die Gesamtkreditstruktur im Auge zu haben. Alles emotional verständlich, aber rational falsch: Eine für den Kunden sinnvolle Bewertung der einzelnen Mosaiksteine ist immer nur möglich, wenn das komplette Bild berücksichtigt wird.

Den Gesamtzusammenhang immer wieder herzustellen, die Idee der Diversifikation deutlich zu machen, dazu bedarf es einer Unterstützung durch das Marketing.

Anregung Nummer 1: Zusammenhänge mit einfachen Mitteln veranschaulichen

Vermögensallokation und Korrelationen sollten visuell dargestellt werden. Der Vertriebsmitarbeiter sollte Geschichten[29] erzählen, um die Idee von Markowitz zu erklären, ohne einen einzigen Fachbegriff zu benützen. Sie sollten Analogien verwenden, wie die im ersten Teil

---
29 Vgl. Frenzel/Müller/Sotton (2006).

des Kapitels beschriebene Analogie „Ernährung". Sie sollten einfache Geschichten bringen, ohne den Grundgedanken zu verfälschen. Denn die Finanzarchitektur und ihre Bedeutung soll und muss auch dem Laien klar werden. Dann erkennt der Bankkunde den Wert der umfänglichen Beratung für seinen finanziellen Erfolg!

Die Struktur des Ganzen ist wichtiger als jedes Detail!

3.3.2 Der Mensch empfindet Lust am Optimieren

Auf der Suche nach Glück und Zufriedenheit ist für die meisten Menschen die Antwort auf die Frage entscheidend: Wie viel haben die anderen? Neid auf andere und Gier nach mehr ist sicher bei jedem Menschen unterschiedlich ausgeprägt. Dennoch: Zufrieden ist der Mensch vor allem dann, wenn er mehr erreicht als andere, cleverer ist als Kollege, Nachbar oder Freund. Der prägende Werbeslogan „Ich bin doch nicht blöd" zielt genau darauf ab. Und er funktioniert.

Dieser psychologische Mechanismus hat auch eine gute Seite, bringt er uns Menschen doch dazu, zu streben, zu leisten und zu optimieren. Aber im Extremfall schlägt das Positive brutal in das Negative um: Denn zuweilen übertreibt der Mensch dieses „Optimieren": Er sucht zum Beispiel die günstigste Tankstelle, investiert Zeit und fährt teure Umwege, nur um pro Tankfüllung 80 Cent zu sparen. Hier begegnet uns die emotionale „mentale" Kontoführung wieder: Wie viel kostet denn der Umweg, wie viel ist die Fahrzeit wert? Weniger als 80 Cent? Wer rechnet nach? Zu wenige!

Das Beispiel lässt sich auch auf die Geldanlage übertragen: Der Optimierer entzieht einer Bank 20.000 € Festgeld, da diese „nur" 3,8 Prozent p.a. Zinsen bezahlt. Das Geld wird zu einer Bank überwiesen, die 4,4 Prozent p.a. bezahlt, befristet für die nächsten fünf Monate. Die Zinsdifferenz von 0,6 Prozent p.a. für fünf Monate ergibt in diesem Fall genau 50 € Mehrertrag vor Steuern und Gebühren. Für diese Optimierung verlassen 20.000 € die Bank, die in den letzten Jahren Beratung und Service geleistet hat? Für 50 € minus Steuer minus Gebühren minus persönlichem Aufwand? Und in fünf Monaten das gleiche Spiel? Dann wegen eines zusätzlichen Tankgutscheines?

Die Banken selbst haben über ihr Marketing diese scheinbare Optimierung noch gefördert. Nur um heute festzustellen, dass Lockvogelangebote teuer und Cross Selling-Raten unbefriedigend sind.

Anregung Nummer 2: Optimieren ist nur im Gesamtgefüge sinnvoll

Eine echte Optimierung der Finanzen findet nicht im Einzelprodukt, sondern in der Struktur statt! Die Kommunikation der Banken muss mehr auf diesen Aspekt gerichtet sein, wollen sich die Banken im Wettrüsten um die besten Zinsen und niedrigsten Gebühren nicht gegenseitig ruinieren. Die Beratung für eine kundengerechte Finanzstruktur muss in den Mittelpunkt!

Die Lust am Optimieren in die richtigen Bahnen lenken!

3.3.3 Jeder Mensch braucht einen Bezugspunkt

Nehmen wir an, ein Mensch hat keine genaue Vorstellung davon, bei welchem Punktestand sich der DAX gerade befindet: Nun wird dieser Mensch gefragt, ob er glaube, dass der DAX heute unter oder über 6.000 Punkten liegt. Die Antwort wird eine andere sein, würde er gefragt werden, ob der DAX unter oder über 8.000 Punkten liege. Mit der jeweiligen Nennung der Zahl 6000 bzw. 8000 ist ein Bezugspunkt gesetzt. Dieser entscheidet über die Einschätzung des Laien.

Die Notwendigkeit eines „Null-Punktes" ist in Studien hinreichend untersucht worden, die Ergebnisse sind klar: Der Mensch braucht einen Bezugspunkt, um Fragen zu beantworten, Einschätzungen vorzunehmen oder Entscheidungen zu treffen. Alles ist relativ: Gut oder schlecht, ausreichend oder mangelhaft, vernünftig oder fahrlässig. Jede Antwort ist abhängig vom Bezugspunkt!

So auch in Mark Twains Geschichte von Tom Sawyer, der den Zaun von Tante Polly streichen muss: Die Freude, die Tom seinen Freunden beim Streichen vorspielt, ist für diese der Bezugspunkt. Sie sind sogar bereit, für das Erlebnis „Zaun streichen" Geld an Tom zu bezahlen.

Millionen von IKEA-Kunden empfinden eher Freude und Stolz über ihre Eigenleistung, transportieren und montieren und ärgern sich nicht über die Arbeit, die ihnen vom Möbelhaus zugemutet wird. Das Marketing von IKEA hat bei Tom Sawyer gelernt: Hätten IKEA-Kunden weniger Freude an ihrer Arbeit, müsste IKEA viel billiger sein. Tom Sawyer und Ivar Kamprad: Zwei Menschenkenner, die reich geworden sind.

Die Bankkunden sind einer Vielzahl verwirrender Bezugspunkte ausgesetzt: Musterdepots aus Wirtschaftsmagazinen; der Faustregel: Aktienanteil gleich Hundert minus Lebensalter; dem Preis umgerechnet in die alte Währung Deutsche Mark; dem Goldpreis-Chart oder der Aussage eines Freundes, der mit Aktien „einen Haufen Geld" verdient hat.

Anregung Nummer 3: Ohne Referenzwert ist eine Beurteilung nicht möglich

Marketing kann dem Vertriebsmitarbeiter helfen, Bezugspunkte zu kommunizieren, die im Sinne des Kunden vernünftig sind. Die richtigen Relationen, zueinander passende Zeitreihen, inflationsbereinigte Zahlen und das Wichtigste: den Nutzen, den positiven Effekt, den der Kunde für sich erreichen kann. Auch die Sprache spielt eine wichtige Rolle: Begriffe wie „Zocken" oder „Spekulieren" müssen geklärt, Fachbegriffe erklärt werden.

Es geht NICHT um billige Trickserei und Augenwischerei, die zu schnellen Abschlüssen führen soll und dabei das Image der Banken endgültig ruinieren würde. Es geht um die partnerschaftliche Kommunikation mit dem Bankkunden, dessen Erfolg im Fokus steht.

Richtige Bezugspunkte sind für das Navigieren auf dem Ozean der Möglichkeiten unerlässlich!

3.3.4   Der Mensch neigt zum Diskontieren

Eine wichtige Bezugsgröße für den Menschen ist die Zeit! Bei der Frage „Wann bekomme ich etwas oder soll etwas verlieren – Heute oder morgen?" empfindet man einen himmelweiten Unterschied zwischen diesem „Heute" und „Morgen"!

Wenn es um das tägliche Überleben geht, die Notwendigkeit, heute Mäuler zu stopfen, ist der Überlebenskampf tatsächlich noch ein Kampf. Dann ist das Hier und das Jetzt wichtig. Erwartungen an morgen spielen keine Rolle, sind tödliche Ablenkung. So lehrte und prägte die Evolution den Menschen, die Konsequenzen wirken bis heute.

Wenn der Mensch heute vor der Wahl steht, entweder jetzt 100 € oder morgen 110 € zu bekommen, wählen Menschen mehrheitlich 100 € jetzt sofort. Sie verzichten damit auf den zehn Prozent höheren Gewinn. Gierig nach Genuss „gleich jetzt" wird die Vernunft ausgeschaltet. Wie ein Tier, das durch seinen Instinkt gesteuert ist: Fressen, wenn es etwas zu fressen gibt.

Soll der Mensch auf etwas verzichten, das er heute schon hat, wirkt der gleiche Mechanismus: Er will heute nichts aufgeben, nur um in Zukunft etwas zu bekommen! Er diskontiert den in der Zukunft liegenden Wert ab. Je weiter dieser weg ist, desto mehr wird abgezogen. Damit ist der zukünftige Wert so gering, dass sich der heutige Verlust nicht rechnet. Die Taube auf dem Dach ist keine Taube, sie ist nur ein Spatz. Und damit lautet das Sprichwort psychologisch richtig: Lieber den Spatz in der Hand als den Spatz auf dem Dach.

Ganz anders, nämlich vernünftig ist das Ergebnis, fragt man einen Menschen, was er lieber hätte: 100 € am 20. Juni 2020 oder 110 € am 21. Juni 2020. In der Regel entscheidet sich dieser Mensch für 110 €, die er einen Tag später erhält – aus heutiger Perspektive kann er einen Tag warten!

Menschen haben kein stabiles Verhältnis zu Unterschieden: Der Unterschied eines Tages wird nicht als absolute Größe empfunden: der Unterschied zwischen heute und morgen erscheint größer als der zwischen dem 1. und dem 2. Tag des kommenden Monats. Dieser Unterschied erscheint wiederum größer als der eine Tag zwischen dem 20. und dem 21. Juni 2020. Der Unterschied verändert sich subjektiv und die Prioritäten wechseln.

Dies liegt an dem widersprüchlichen Rollenverständnis[30], das den Bankkunden lenkt: Einerseits ist er „Macher", der jetzt sofort etwas will und auf nichts verzichten möchte. Andererseits ist er „Planer", der lieber später etwas mehr hat und dafür auch heute auf mehr verzichten kann. Und je weiter der Gegenstand des Streits in der Zukunft liegt, desto kleiner ist der Widerspruch zwischen Macher und Planer: Aus heutiger Sicht wird die Option, entweder 100 € am 20. Juni 2020 zu kassieren, oder eben noch einen Tag zu warten und dann 110 € zu kassieren, als gleichermaßen unproblematisch empfunden. Im Mai 2020 oder am Stichtag 20. Juni 2020 dürfte sie allerdings völlig anders bewertet werden: Der Widerspruch wäre wieder heftig.

Seit Jahren gehen Banken auf diesen Mechanismus ein und bieten deshalb beispielsweise Sparformen mit dynamischer Beitragserhöhung an. Für Bankkunden, die eine Immobilie finanzieren wollen, wird die monatliche Belastung niedrig gehalten, indem ein hohes Disagio vereinbart wird.

Anregung Nummer 4: Verzicht im Jetzt bringt Gewinn in der Zukunft

Bauernfängerei ist eine Sackgasse! Marketing soll helfen, den Bankkunden schlauer zu machen, nicht seine psychologischen Fallen ausnutzen. Es geht darum, dem Bankkunden diese Mechanismen klar zu machen und ihm zu helfen, damit erfolgreich umzugehen.

Gerade der Aufwand, den der Bankkunde für die Beratung leisten muss – er investiert Geld, Zeit und Mühe –, kann die Bank mit seinen Erfolgsaussichten rechtfertigen, so dass der Kunde den momentan als „Verlust" empfundenen Aufwand psychologisch aushält. Es können Modelle entwickelt werden, durch die der Kunde für den „Schmerz" sofort belohnt wird. Oder es können Angebote entwickelt werden, nach denen der Kunde sich heute selbst verpflichtet, in Zukunft mehr in die Beratung zu investieren.

Beratung so clever verkaufen wie Produkte; Tricks gegen den Diskontsatz auf dem Zeitstrahl!

3.3.5 Jeder Mensch reagiert auf Oxytocin

Kooperation fordern wir von unseren Bankkunden. Sie ist für die neuen Beratungsmodule zwingend erforderlich. Und diese Kooperation ist riskant – riskant für unsere Bankkunden. Je intensiver die Kooperation ist, desto größer ist auch das Risiko. Wer sich anderen öffnet, wird verletzbar. Und hier kommt Oxytocin ins Spiel:

---

30 Vgl. Weber (2007), Seite 192.

Oxytocin ist keine Partydroge, obwohl es beim Sex eine große Rolle spielt. Oxytocin ist ein Peptidhormon, das von der Hirnanhangdrüse bei Bedarf abgegeben wird. Bei der Geburt löst es Wehen aus und beim Geschlechtsverkehr ist es, chemisch gesehen, für unsere Euphorie zuständig. Darüber hinaus ist dieses Hormon ganz wesentlich für positive zwischenmenschliche Beziehungen und wird deshalb häufig auch als das Treue- oder Vertrauenshormon bezeichnet.

Seriöse Untersuchungen von Ärzten und Psychologen haben gezeigt: Verabreicht man Menschen mittels eines Nasensprays eine zusätzliche Dosis Oxytocin, haben diese mehr Vertrauen zu ihren Mitmenschen, verhalten sich kooperativ und fair. Da könnte man auf die Idee kommen, dieses Spray als Raumduft in Besprechungszimmern einzusetzen: Die Kunden unterschreiben alles! Das darf niemand in Banken auch nur im Spaß denken!

Vertrauen ist die Basis jeder Beziehung und ist nicht aus der Apotheke zu bekommen. Vertrauen wird vor Ort hergestellt, im Kopf jedes Bankkunden. Wie viel Oxytocin ausgeschüttet wird, ist davon abhängig, was der Bankkunde in der Zusammenarbeit erlebt und wahrnimmt. Die Rohstoffe des Vertrauens heißen Verlässlichkeit, Akzeptanz, Offenheit und Konsequenz.

Vertrauen und seine Rohstoffe sind zu Worthülsen verkommen. Bloße Propagandasprüche der Bankenwerbung, leer und ohne Wert. Überall da, wo sich Banken oder ihre Vertriebsmitarbeiter an Wertvorstellungen „versündigen", die Moral dem Profit geopfert haben, haben Bankkunden kein Vertrauen mehr.

Tragisch ist: Überall, wo Banken und Vertriebsmitarbeiter lobenswert gearbeitet haben, sind auch sie mit dem Generalverdacht des Misstrauens konfrontiert. Eine ganze Branche wird in Sippenhaft genommen.

Anregung Nummer 5: Treue und Vertrauen sind die Belohnung für harte Arbeit

Vertrauen und damit auch Vertrauensverlust wird Schwerpunkt im Bankenmarketing: Vertrauen ist Ausgangspunkt und Ergebnis der Kooperation zwischen dem Bankkunden und seiner Bank.

Das Niveau des Vertrauens ist entscheidend und kann von Marketing und Vertrieb positiv beeinflusst werden. Das ist die gute Nachricht. Die schlechte: Vertrauen ist extrem schnell zerstört, der Aufbau dauert überproportional länger. Die Konsequenz ist ein Marketing rund um die Einführung der Beratungsmodule mit dem Fokus auf „Vertrauen".

Vergleichbar mit der Krisenkommunikation in der Industrie nach Pannen oder Unfällen. Dort weiß man schon lange: Verstecken hilft nicht, nur mit Mut holt man sich das Vertrauen der Kunden zurück.

Die Kredit- oder Bankenkrise 2007/2008 ist der Elchtest der Bankenbranche!

3.4 Dienstleistungsästhetik als Chance

„Ist es denn wirklich so entscheidend, ob der oberste Knopf meines Hemdes geschlossen ist?" fragte mich ein Vertriebsmitarbeiter nach meiner Rückmeldung im Coaching.

„Ja, wenn Sie Krawatte tragen, dann schon", lautete meine Antwort.

Beurteilt ein Kunde die Qualität der Bank, achtet er auf drei Dimensionen: Die Produkte selbst, die Prozesse und: die Kontaktsphäre, also das ästhetische Empfinden, das jeder Kontakt mit der Bank bzw. mit einem der Vertriebsmitarbeiter auslöst.

Von der Musik in der Warteschleife über die Gestaltung der Besprechungszimmer bis zur Sprache des Vertriebsmitarbeiters: Überall können Bankkunden sich eher abgestoßen oder angezogen fühlen. Die Melodie, der Blumenstrauß und der Knopf: Mosaiksteine des Gesamtbildes „Qualität" im Kopf des Bankkunden.

Ja, der oberste Knopf des Hemdes ist entscheidend! Mit entscheidend für das Qualitätsempfinden der Beratung insgesamt. Das Erscheinungsbild eines Vertriebsmitarbeiters ist auch deshalb ein kritischer Punkt, da Kunden in der Regel nicht zwischen Dienstleister und Dienstleistung unterscheiden.

„Ästhetik" stammt aus dem Griechischen und bedeutet „sinnliche Wahrnehmung", Homer sprach von der „Harmonie". In unserem modernen Sprachgebrauch wird „ästhetisch" als Synonym für schön, geschmackvoll oder ansprechend verwendet: Und genau darum geht es, die Bankkunden „an-zu-sprechen".

Die Bedeutung der Ästhetik für den Erfolg beim Kunden wird in der Literatur[31] so beschrieben: „Für den Erfolg von Dienstleistungen ist es jedoch nicht nur entscheidend, inwieweit Probleme der Kunden tatsächlich gelöst werden, sondern auch die Art und Weise, wie die Erbringung der Dienstleistung seitens der Kunden erlebt wird. Untersuchungen haben gezeigt, dass die Beurteilung von Dienstleistungen aus Kundensicht zu einem wesentlichen Teil auf der Basis direkt wahrnehmbarer Elemente erfolgt."

Das deckt sich mit der Alltagserfahrung von uns allen: Das Lächeln an der Hotelrezeption, das schöne Briefpapier in unseren Händen oder das klare Design einer Homepage. Die Sprache im Theater oder die frische Luft im Wartezimmer: Kleinigkeiten, die uns Lust auf mehr machen; die eine getroffene Entscheidung bestätigen; die zu zahlende Preise nach unten relativieren und uns Verbraucher zu Wiederholungstätern machen.

---

31 Vgl. Bullinger/Scheer (2006), Seite 545 f.

Allgemein gilt, dass Menschen Ästhetik über ihre fünf Sinne wahrnehmen: Optisch, akustisch, olfaktorisch, haptisch und gustatorisch. Ich möchte das Spektrum aus Augen, Ohren, Nase, Tastsinn und Geschmackssinn noch um ein sechstes Instrument ergänzen: Die „Antenne". Die Antenne empfängt Signale und verbindet diese mit unserer Moral, unseren Werten und unserem Selbstwertgefühl. Diese Antenne lässt uns ein feines Gespür entwickeln für die Bedeutung von Signalen, die wir über unsere fünf Sinne wahrnehmen. Sie hilft uns, in der Flut der Signale die Orientierung zu wahren und daraus eine Ästhetik zu erkennen.

Pünktlichkeit und Zuverlässigkeit, Ordnung und Sauberkeit sowie Stil und Höflichkeit gehören für mich zur Dienstleistungsästhetik. Warum?

- Die Antenne hört, wenn jemand meinen Namen sagt.

- Die Antenne spürt die Sicherheit.

- Die Antenne registriert das gehaltene Versprechen.

- Die Antenne weiß, was sich gehört.

- Die Antenne empfindet Verhalten legitim.

- Die Antenne lobt das Engagement Dritter.

- Die Antenne fühlt die Wertschätzung.

- Die Antenne sieht beim Telefonieren das Lächeln des anderen.

- Und: Die Antenne hat immer recht!

Die über die Antenne ausgelösten Empfindungen sind dem Bankkunden genauso präsent wie die der bekannten fünf Sinne. Es wäre fatal, diese Empfindungen zu ignorieren; hieße das doch, manchen Kunden nicht ernst zu nehmen. Einen Kunden, der beispielsweise empfindet: Die Bank könnte mich auch mal wieder zu einer Veranstaltung einladen; der zum Nachbarn sagt: „Jetzt, nach der Fusion, sieht man den Vorstand auch nicht mehr."; den, der die Warteschleife als zu lang empfindet; auch den, der sich langsam ärgert, wenn er dem dritten Ansprechpartner in einem Jahr vorgestellt wird; die vielen Kunden, die das Victoryzeichen eines Bankmanagers als unpassend empfinden.

Die „Geschmäcker" gehen selbstverständlich weit auseinander, die Menschen unterscheiden sich in dem, was sie schön oder hässlich finden. Von einem ästhetischen Nullpunkt aus gedacht spannt sich die Bandbreite des Empfindens hinauf bis zur Euphorie und hinunter bis zum Ekel. Aber: Es gibt oft eine breite Übereinstimmung im Empfinden der Menschen. Die

Literatur empfiehlt deshalb zu Recht, eine zielgruppengerechte Ästhetik zu entwickeln.

Ästhetik in allen Variationen – die kleinen und die großen Dinge, die vor und die hinter den Kulissen. Manch einer übersetzt Ästhetik mit „Niveau" und hat damit Recht.

Vor diesem Hintergrund schildere ich mein Erlebnis in der Filiale einer Großbank im Großraum Stuttgart im Februar 2008:

Angerufen wurde ich von einem Call Center, um einen Termin mit einem Vertriebsmitarbeiter in der zuständigen Filiale zu vereinbaren. Einen bestimmten Grund für den Termin gäbe es auch nicht, man wolle mich gerne kennen lernen, so der Anrufer des Call Centers. Ästhetischer Stilbruch: Ich wurde nicht gefragt, ob ich Gelegenheit oder Lust für dieses Telefonat habe, es wurde einfach drauflos gesprochen.

Wir haben trotzdem einen Termin vereinbart, Gesprächspartner noch offen: Freitag, 11:00 Uhr. Eine Telefonnummer für einen eventuellen Rückruf meinerseits konnte mir nicht gegeben werden. Auch nicht, als ich von einem Zahnarzttermin erzählte, der an diesem Tag von mir eingeplant war. Ästhetischer Mangel: Kein Eingehen auf mein Bedürfnis, danach keine Terminbestätigung, weder schriftlich noch telefonisch.

Es kam wie es kommen musste, meine Zahnärztin hat länger gebohrt als gedacht. Ich erreichte die Bankfiliale gegen 11:20 Uhr. Ein junger Mann schaute mich an: „Bitte schön?" Ich nannte meinen Namen und meinen Termin um 11.00 Uhr, einen Gesprächspartner könne ich nicht nennen.

Der Gesichtsausdruck des jungen Mannes zeigte Ratlosigkeit und Stress. Ästhetischer Mangel: Ich fühle mich als Störfaktor.

Hektische Suche im Monitor und dann die nervöse Frage an einen Kollegen zwei Arbeitsplätze weiter: „Weißt Du was von einem Termin, 11.00 Uhr, Pfersich?" Der so angesprochene Kollege wurde erstens in seinem Kundendialog gestört und zweitens wusste er nichts. Das ist eine ästhetische Stillosigkeit gegenüber dessen Kunden, sein Gespräch so zur „Priorität Zwei" zu machen. Dieser Kunde wiederum schaut jetzt auch mich an und hört dabei die laute Frage des Kollegen quer durch die Schalterhalle: „Haben Sie ein Konto bei uns?", was ich wahrheitsgemäß verneine. Ästhetische Katastrophe: Diskretion verletzt. Ich bleibe, es wird spannend.

Der Vertriebsmitarbeiter ist ratlos, sagt ohne Blickkontakt „Moment" und greift zum Telefonhörer, der Kollege setzt die Arbeit mit seinem Kunden fort. Ich warte. Nach kurzem Gespräch bekomme ich die Auskunft: „Herr „Mustermann" kommt gleich". Ästhetischer Stilbruch: Kein „Bitte", „Danke" oder „Gerne", sondern nur nackte Information im SMS-Stil.

Auftritt Herr „Mustermann": Er kommt eilig aus dem ersten Stock die Treppe runter, ohne ein Sakko. Ästhetische Enttäuschung, denn auf seiner Visitenkarte steht: „Senior Berater, Private Banking", den habe ich mir anders vorgestellt. Höflicher Smalltalk, wir gehen ins Büro von Herrn „Mustermann". Dort bekomme ich einen Platz angeboten und eine Menge Unordnung zu sehen. Eine Kinderholzeisenbahn samt Verpackung ist auf dem Boden verstreut, diverse Unterlagen und Prospekte waren schnell zur Seite geschoben worden. Noch eine ästhetische Enttäuschung! Ich fühle mich weder wichtig noch willkommen. Das angebotene Glas Wasser nehme ich gerne, leider hat das Glas des schwedischen Möbelhauses oben am Rand einen Sprung. Ich verletze mich nicht. Eine Frage der Ästhetik oder der Unfallverhütung?

Der Kollege Herr „Normalerweise" sei leider krank und deshalb sei er, Herr „Mustermann" nun eingesprungen. Erklärt das vielleicht den Kleidungsstil und das nicht aufgeräumte Büro? Die gänzlich fehlende Vorbereitung auf das Gespräch? Keine Daten über einen Vertrag, den ich im Konzernverbund der Großbank habe, keine Recherche bei Google, kein Besuch auf meiner Homepage! Kein Wunder sind wir nach nicht mal fünf Minuten bei Details eines ganz neuen Tarifes der hauseigenen Bausparkasse. Er könne mir ja schon mal einen Prospekt mitgeben, so Herr „Mustermann". Ästhetischer GAU: Gesprächsvorbereitung und -führung sind mehr als mangelhaft.

Nach zwanzig Minuten ist das Gespräch beendet, mir werden drei Namen und Telefonnummern von Ansprechpartnern genannt: Die von Herrn „Normalerweise", die von Frau „Altersvorsorge" und die von Frau „Kennensievonfrüher". Auf meinen Wunsch, mit nur einer Person sprechen zu wollen, wurde mir von Herrn „Mustermann" gesagt: „Wir sind nach Spezialgebieten organisiert." Aha, Private Banking 2008. Harmonie, Ästhetik? Mir fehlen die Worte.

Zusätzlich bekomme ich aber das Versprechen, dass die beiden Kolleginnen mich anrufen würden. „Auf Wiedersehen, schönes Wochenende!" Ich sitze zehn Minuten später im Auto und denke: „Wenn du diese Geschichte schreibst, glaubt dir das kein Mensch."

Ich schreibe sie dann doch auf, zumal ich in einem aktuellen Fachbuch[32] lese: „Wie ein roter Faden ziehen sich drei wesentliche Kritikpunkte durch die Beurteilungen: Eine reibungslose Terminvereinbarung stellt sich häufig als sehr schwierig dar; in anderen Fällen war die Zuordnung zu einem geeigneten Kundenberater problematisch; es dominierte deutlich eine Orientierung am Produktverkauf."

Meine Geschichte ist kein Einzelfall, das ist die Realität, und es zeigt, wie einfach es wäre, mit Kleinigkeiten aus der Masse der Vertriebsmitarbeiter positiv herauszuragen. Und wir reden an dieser Stelle nicht von Fachkompetenz und richtiger oder falscher Beratung: Es geht nur um die Ästhetik im Kontakt zwischen Kunde und Bank.

---

32 Vgl. Scholz (2007).

Noch ein Wort zu „Herrn Mustermann" direkt: Wenn Sie, worüber ich mich freue, dieses Buch lesen, und sich wiedererkennen: Es hat Sie zufällig getroffen, es war in Ihrem Einzelfall womöglich eine Verkettung von Umständen und jeder Mensch, ich natürlich auch, hat seine Tagesform. Wenn Sie sich falsch dargestellt fühlen, rufen Sie mich an, ich rede gerne mit Ihnen. Und noch besser: Wir fangen nochmals von vorne an!

Ästhetik ist kein Luxus – es ist Verschwendung, auf sie zu verzichten!

3.4.1 Die drei Chancen der Ästhetik

a) Ästhetik ist ein Erlebnis an sich!
Wenn sich das Einkaufen zum Shoppingritual wandelt, sich das Fliegen zum Erlebnis steigert, der Anzug die Kleidung zur Ausstrahlung adelt, die Kontobeziehung zur Partnerschaft reift, dann ist Ästhetik daran wesentlich beteiligt.

Durch die Anreicherung einer Dienstleistung mit ästhetischem Mehrwert steigt der damit verbundene Kundennutzen und damit auch die Bereitschaft des Kunden, mehr für die Dienstleistung auszugeben. Umgedreht funktioniert es auch: Verzichtet der Discounter auf die Dekoration der Regale und der Gastwirt auf Tischdecke und Stoffservietten, wird es weniger ansprechend und billiger. Jedenfalls mindert das dann die Erwartung der Kunden.

Kann ein Bankbesuch ein Erlebnis sein? Selbstverständlich, auf jeden Fall! Immer wieder fragen mich Banker: „Wie sollen wir bei rationalen Geldgeschäften emotional sein, wir verkaufen eben kein Konsumgut? Da haben es die Verkäufer von AUDI oder APPLE leichter."

Da kann ich nur zurückfragen: Gibt es ein emotionaleres Thema als Geld? Woher kommt die Faszination der „Schatzinsel", woher die Phrase „Money makes the world go around"? Wieso weiß jeder, wer Dagobert Duck, und warum wissen Millionen, wer Gordon Gecko[33] ist?

Jeder Kontakt mit der Bank kann zum Erlebnis werden. Zu einem positiven Erlebnis, das diesem zentralen und emotionalen Thema „Geld" gerecht wird.

b) Ästhetik ist ein Indiz für Qualität!
Die Kunden sollen für etwas Geld ausgeben, das sie nicht sehen können und dessen Ergebnis nicht mit Sicherheit vorhergesagt werden kann. Die bereits beschriebenen Merkmale sind der erste Schritt dazu, immaterielle Dienstleistungen greifbar zu machen. Der zweite Schritt ist die Ästhetik: Sie ist für den Kunden ein Hinweis auf die Qualität der Produkte, der Prozesse und: der Dienstleistung „Beratung".

---
33 „Wall Street", Film von Oliver Stone, 1987, mit Michael Douglas als gieriger Börsenguru Gordon Gecko.

In der Summe ist die wahrgenommene Ästhetik ein Indiz für die Qualität der Bank. Ein Indiz, kein Beweis. Somit ist Ästhetik keine Garantie für eine gute Bank, könnte man einwenden. Stimmt. Was aber sagt uns die Antenne? Es gibt einen Erfahrungswert, der sagt: „Wer sich anzieht, wie es den Spielregeln entspricht, also mit Sakko in der Schalterhalle, wird sich auch sonst an die Spielregeln halten. Auch bei der Anlage meines Geldes." Oder: „Wer die Diskretion in der Schalterhalle wahrt, ist auch sonst verschwiegen." Natürlich auch: „Wer in einem ordentlichen, aufgeräumten Büro sitzt und sich auf den Termin vorbereitet hat, wird sich mit Sorgfalt um Aufbau und Erhalt meines Vermögens kümmern."

Naiv? Nein, ganz im Gegenteil!

Diese Erfahrungswerte oder Faustregeln – Psychologen[34] sprechen von Heuristiken – sind bewährte Abkürzungen durch die Komplexität. Ohne diese sind Menschen beim Entscheiden überfordert, zumindest aber extrem langsam.

Gerd Gigerenzer, Professor am Berliner Max-Planck-Institut, sagt dazu: „Wir beschäftigen uns mit den Mechanismen hinter der Intuition[35]. Wir wollen wissen, wie sie überhaupt funktioniert. Und dabei sind wir auf die ungeheure Bedeutung von einfachen Heuristiken gestoßen. Heuristiken sind allgemein wiederholbare Vorgehensweisen, nach denen Menschen in Lern-, Erkenntnis- und Problemlösungsprozessen handeln. Der Begriff leitet sich aus dem griechischen „heurisko" ab, „ich finde", und bedeutet so viel wie Findekunst oder Suchmethode. Das heißt, intuitiv schauen Menschen nach wesentlichen Faustregeln, die sie zu guten Lösungen führen."

Heuristiken sind einfach, aber nicht zweitklassig. Es gibt Studien am Max-Plank-Institut in Berlin, die zeigen: Einfache Heuristiken sind keine Notlösung, sie können effizienter und erfolgreicher sein als aufwändiges Nachdenken und -rechnen.

Ästhetik und ihre Wirkung löst Heuristiken aus, die der Bank entweder schaden oder nutzen können. Es handelt sich bei den „Kleinigkeiten" um große Erfolgsfaktoren für die Bank.

c) Ästhetik ist ein Differenzierungsmerkmal!

In der Hotellerie, auch einer Dienstleistung, gibt es verbindliche Standards, die zu einer Sterne-Auszeichnung führen. Alle Merkmale sind konkret beschrieben und werden konsequent umgesetzt: Minibar, Bügel- oder Zimmerservice. Wieso gehen Gäste dann lieber in das eine und nicht in das andere Hotel mit der gleichen Sterne-Auszeichnung? Andere Gäste wiederum bevorzugen aber das andere Hotel, verschmähen das eine? Es ist eine Frage des Geschmacks. Eine Frage der Ästhetik!

---

34 Vgl. Gigerenzer (2007).
35 Anm. des Autors: Intuition steckt hinter der Entscheidung, so die Argumentation von Grigenzer.

Wo der Rohstoff „Geld" austauschbar ist, ein Girokonto ein Girokonto ist und dieser eine Fonds bei jeder Bank gekauft werden kann, fehlen Fakten, um zu unterscheiden. Der Bankkunde ist überfordert, ratlos oder frustriert. Was soll er tun? Er achtet auf die Ästhetik, lässt sie auf sich wirken. Geschieht das nicht bewusst, regelt das sein Unterbewusstsein still und heimlich alleine.

Der Auswahlprozess für die richtige, die überzeugende Bank quält den Kunden. Dass so viele Kunden mehrere Bankverbindungen haben, hat viel mit Ästhetik zu tun. Da scheint keine Bank so richtig zu überzeugen, die Ästhetik ist austauschbar, oft austauschbar schlecht.

Oder einmalig gut: Da gibt es eine Bank, die hebt sich ab, obwohl auch sie die gleichen Produkte und Dienstleistungen anbietet wie jede andere Bank aus ihrer Organisation. Die Nächste ist nur 300 Meter entfernt. Wodurch hebt sich diese Bank so positiv ab? Durch das Lächeln der freundlichen Dame am Empfang; durch die aufgeklebte Briefmarke auf dem Rückumschlag; durch die spürbare Stimmung auf den Gängen. Ja, genau dadurch!

Nutzen Banken Ästhetik nicht als Differenzierungsmerkmal für ihre Kunden, suchen diese ein anderes: den Preis! Mehr dazu in Kapitel 5.

3.4.2 Ästhetik wirkt auch nach innen

Ästhetik beeinflusst Entscheidungen und damit Verhalten. Ästhetische Gestaltung hat immer das Ziel, ein bestimmtes Verhalten auszulösen: Zustimmung, Interesse, Engagement und vieles mehr.

Die Wirkungskette „Ästhetik – Entscheidungen – Verhalten" wirkt auch auf den „Menschen" im Vertriebsmitarbeiter.

Jeder Mensch fühlt sich entsprechend seiner Kleidung wohl. Das Selbstbewusstsein verändert sich proportional zur Qualität des Outfits. Für diese Erkenntnisse braucht es keine Stylingshows im Fernsehen.

Betrachtet man die Bank von innen, zeigt sich Folgendes: Die Motivation der Mitarbeiter wird größer, wenn die Schreibtische nicht nur aufgeräumt, sondern sauber sind; die Qualität der gesprochenen und geschriebenen Sprache ist so gut oder schlecht wie die der gehörten und gelesenen. Aus diesen Mosaiksteinen im Inneren wächst die Ausstrahlung des Vertriebsmitarbeiters nach außen. Spürbar ist dies in den Telefonaten, lesbar in den Texten der E-Mails, zu hören in den Kundengesprächen.

Es ist mir völlig unverständlich, wieso Banken an der Putzfrau sparen! Außer Kosten sparen fällt mir nichts ein. Hat ein Verantwortlicher die Opportunitätskosten gerechnet?

Die Einführung der neuen Beratungsmodule

Ich coache eine wichtige Gruppe von Spezialisten im Vertrieb einer Bank. Deren Arbeitsplätze sind schlicht dreckig, die Telefonhörer zum Teil ekelig. Die Vertriebsmitarbeiter haben sich offensichtlich daran gewöhnt, jedenfalls wird in diesem Umfeld gut gearbeitet. Aber es könnte SEHR gut sein!

Die Mitarbeiterbefragung einer Bank aus 2008 zeigt klar auf, dass die ästhetische Gestaltung der Arbeitsplätze unter dem Aspekt „Respekt" wahrgenommen wird. Eine schlechte Ästhetik wird als mangelnder Respekt empfunden. Und wer sich selbst nicht respektiert sieht, respektiert sowohl sein Umfeld als auch seine Kunden tendenziell weniger.

Wenn Mitarbeiter des Call Centers einer Direktbank in einem Umfeld arbeiten, das dem von Hennen in der Legebatterie entspricht, muss sich niemand über die Qualität der Telefonate wundern.

Vorbildlich ist die Bank, die für angemessene Arbeitsplätze sorgt; ihren Mitarbeitern eine Stil- & Farbberatung angedeihen lässt; den Vertriebsmitarbeitern mit Hilfe einer ausgebildeten Sängerin und Kommunikationsexpertin zu einer ausdrucksstarken Sprache verhilft.

In dem Maße, in dem Ästhetik an einem Arbeitsplatz verschwindet, schwindet auch das Menschliche im Umgang mit sich und Dritten. Mangelnde Ästhetik reduziert die Arbeit auf die nackte Funktion der Produktion. Das könnte man vernachlässigen, würden Sachgüter produziert werden. Vertriebsmitarbeiter produzieren aber keine Sachgüter, sondern „Ertragreiche Partnerschaften" mit Menschen!

Ohne Partnerschaften können sich Bankkunden gleich im Internet von Avataren[36] beraten lassen. Was mehr und mehr Kunden sicher tun werden, denn bald schon werden die ersten Erfolg versprechenden Angebote in der Praxis auftauchen.

Die Entwicklungen laufen auf Hochtouren – das Swiss Design Institute for Finance and Banking (www.sdfb.ch) arbeitet intensiv an der Erforschung der Interaktion zwischen Kunde und Finanzdienstleister im digitalen und medialen Zeitalter, so ein Artikel mit der Überschrift „Was Design mit Banking zu tun hat" in der SCHWEIZER BANK, Ausgabe März 2008.

Die Gestaltung der Ästhetik ist ein Meilenstein zum Vertriebserfolg!

---

36 Avatare sind künstliche, digital produzierte Personen oder Stellvertreter realer Personen in den virtuellen Welten des Internets. Oder man sieht sie im Kino in Animationsfilmen. Vorläufer sind die Comicfiguren aus den Printmedien.

3.5 Geschmack – Herausforderung und Chance der Ästhetik

3.5.1 Geschmäcker entscheiden über den Erfolg

Die Diskussion über Kundengeschmäcker und wie man diesen entgegenkommt, wird oft genug in den Managementrunden nur stiefmütterlich behandelt oder sie versandet ganz. Denn: „Über Geschmack kann man nicht streiten" – so die weit verbreitete Meinung. Das populäre Zitat drückt eine resignative Grundhaltung oder Ratlosigkeit zu der Vielfalt der Geschmäcker aus. Scheint es doch sinnlos, in bankinternen Diskussionen und Medienbeiträgen über Stilgefühl oder ästhetisches Empfinden bei der Einführung einer neuen Marketingkampagne, bei der Gestaltung der Filialen oder dem überarbeiteten Internetauftritt zu sprechen.

Die Diskussion in diesen Bereichen ist jedoch notwendig. Wird sie geführt, prallen meist unterschiedlichste Einschätzungen aufeinander, Wertungen und vor allem Abwertungen zerschlagen neue Ideen und hinterlassen Wunden bei Menschen, die diese neuen Impulse vertreten. „Man kann es eben nicht jedem recht machen" hört man am dann Ende der Diskussion, und neues Selbstbewusstsein wird mit der Bemerkung getankt, man könne und wolle nicht „Everybody's Darling" sein.

Eine ergebnisoffene, kritische und differenzierte Diskussion über Geschmack, den Geschmack der Kunden, aber tut not, ein „weiter so" führt in die Sackgasse. Geschmack entscheidet über „nicht kaufen" oder „kaufen" und zu welchem Preis gekauft wird. Geschmack entscheidet damit über die Größe des rentablen Marktanteils.

Beispiele großer Konsummarken wie Adidas oder Nokia zeigen die Schwierigkeiten, eine Marktposition zu halten. Sie zeigen, wie schnell ein etablierter Anbieter Marktanteile verliert, befriedigt er den Geschmack seiner Kunden nicht mehr. Vom „In-Produkt" zum „No-Go" ist es ein kurzer Weg; hier helfen auch gute Produkteigenschaften und bis dahin loyale Kunden nicht mehr.

Geschmack ist flüchtig, verändert sich über Nacht und kennt keine Loyalität
Kundenloyalität entspricht nur noch einem freiwillig gegebenen, zeitlich befristeten Versprechen, das in der Konsequenz dann auch nicht gebrochen wird, sondern einfach ausläuft.

Es geht auch anders: Kunden können gehalten, begeistert und neu gewonnen werden. Neue Formen, ein neues Geschäftsmodell, eine frische Kampagne treffen den Geschmack alter und neuer Kunden. Beispiele aus der Motorbranche beweisen es: Ehemals verstaubte BMW-Motorräder rasen – vom Imagegewinn beflügelt – zu Absatzrekorden. Opel gewinnt wieder Marktanteile mit „frechen Autos" und erstaunt mit seinem Marketing. Revolutionäres virales Marketing zeigt sich in Klickrekorden auf dem Videoportal Youtube und beschert einem Discounter ein gänzlich neues Image. Was gestern noch als stillos galt und Indiz für „schlechten Geschmack" war, ist heute angesagt und respektiert.

Beispiele finden sich auch in der Finanzdienstleistungsbranche. Humorvolle, selbstironische Werbespots am Strand oder im Spielzuggeschäft laden das scheinbar trockene Bankgeschäft mit Emotionen auf, eine Direktbank freut sich in Folge über stetige Marktanteilsgewinne. Eine joggende Mitarbeiterin im Kapuzenpulli beschert einer Bank Aufmerksamkeit und neue Chancen in der Kundenwahrnehmung – engagierte Diskussionen inklusive. Ein Schweizer Hypothekarvermittler erfrischt seine Kunden mit viel grünem Ambiente, verzichtet bewusst auf Designermöbel und praktiziert einen radikal anderen Beratungs- und Kooperationsansatz mit seinen Kunden als Baustein der inzwischen stabilen Marktführerschaft.

Was genau steckt hinter dem Erfolg, was genau hat es mit der Ästhetik, dem Geschmack und den positiven ökonomischen Folgen auf sich? Dazu dient in der Folge ein Exkurs in die Welt des Geschmacks:

Die in Kapitel 3.4 dieses Buches beschriebene Ästhetik fungiert als Sender, das Geschmacksempfinden der Kunden wird zum Empfänger. Die Ästhetik sendet Informationen, welche die Kunden hören, sehen, fühlen und vielleicht sogar schmecken oder riechen können: Produktunterlagen, Plakatmotive, Kaffee, Outfit der Mitarbeiter, Musik in der Telefon-Warteschleife, Farbe des Teppichbodens oder Wortwahl des Vertriebsmitarbeiters. Diese Wahrnehmungen werden direkt in die "Geschmackszentrale" im Gehirn geleitet. Völlig intuitiv, ohne Nachdenken decodiert der Empfänger die Informationen. Das Ergebnis äußert sich in „mag ich – oder nicht", „finde ich schön – oder hässlich", „langweilig – oder spannend", „abstoßend – oder begehrenswert" usw.

Kennen Sie einen Menschen, der keine Geschmacksurteile fällt?

Kennen Sie einen Menschen, der zu Bildern, Restaurants, Outfits oder Homepages kein wertendes Geschmacksurteil formulieren kann? Ich bin sicher, Sie kennen keinen; ich auch nicht. Menschen treffen ganz automatisch Geschmacksurteile. Und das ist gut so, denn Geschmacksurteile stabilisieren das Selbstwertgefühl von Menschen. In einer Gesellschaft, die geprägt ist von vertikaler Differenzierung, braucht es eine Instanz, die selbst dem jeweiligen Schlusslicht in jedwedem Ranking eine Chance eröffnet, sich doch noch gut zu fühlen. Diese Instanz ist das eigene Geschmacksempfinden und das damit verbundene Urteilsvermögen. Wenn andere Menschen die vermeintlichen Sieger sind, die scheinbar mehr besitzen oder schönere Reisen machen, woher sollen da Selbstwertgefühl und Selbstbewusstsein kommen? Verfügt man über weniger finanzielle Mittel, kompensiert man etwaige Minderwertigkeitsgefühle dann häufig mit Aussagen wie „Wie kann man nur ein so hässliches Auto fahren?". Die Rituale der sozialen Gewinner werden als „lächerlich" oder „aufgesetzt" beschrieben und verurteilt. Die abwertenden Urteile über Träger bestimmter Uhrenmarken, Designerhandtaschen oder die Fahrer bestimmter Automarken sind fester Bestandteil in der Kommunikation jeder sozialen Gemeinschaft. Über diese negativen Geschmacksurteile wird relativiert, die Augenhöhe wieder hergestellt.[37]

Die wertende ästhetische Verarbeitung von Information ist auch neurologisch belegbar. Experimente zeigen: Bei der Beurteilung von Geschmack ist eine Hirnregion aktiv, die mit jenen Regionen überlappt, welche beim Fällen vor moralischen und sozialen Werturteilen aktiv ist.

In seinem Buch „Ökonomie mit Geschmack" schreibt Ernst Mohr: „Niemand antwortet auf die Frage, ob er einen guten Geschmack habe, mit einem Nein. Die Praxis des Geschmackurteils ist allgegenwärtig. Kaum fällt das Wort 'Geschmack' oder befällt uns der Gedanke daran, ist das Geschmacksurteil schon da."[38] Und selbstverständlich hat jeder Mensch aus seiner Sicht einen guten, den einzig richtigen, universal gültigen, den einfach besseren Geschmack. Das Schöne dabei: Niemand ist bei diesem Spiel der Verlierer, können es ihm alle anderen doch gleichtun. Zusätzlich ermöglicht das Bekennen zum eigenen Geschmack jedem Menschen, sich mit einer von ihm gewählten Gruppe zusammenzuschließen, mit dabei zu sein, zu einer Gemeinschaft zu gehören. Damit untrennbar verbunden löst man sich gleichzeitig von anderen Menschen, gehört damit nicht mehr zu einer bestimmten Gruppe. Man fährt Harley Davidson und nicht Honda, reist auf eigene Faust mit dem Rucksack und bucht keinen pauschalen Cluburlaub, ist für erneuerbare Energien und gegen Atomkraft, präferiert das Fachgeschäft gegenüber dem Onlinehandel, praktiziert Yoga statt Gymnastik und vieles weitere mehr.

Alle Beispiele in diesem Kapitel zeigen: Über den Geschmack steuert und befriedigt der Mensch die Bedürfnisse „Selbstwertgefühl und Selbstdarstellung", „Zugehörigkeit zu einer Gruppe" und „Differenzierung der eigenen Persönlichkeit gegenüber Dritten".

Der Wirkmechanismus zwischen den einzelnen Faktoren kann vereinfacht wie folgt beschrieben werden: Produkte und Dienstleistungen wirken auf den Kunden und, wo immer sichtbar, auch auf dessen Umfeld. Dieses Umfeld wirkt über sein direktes und indirektes Feedback, welches ein Geschmacksurteil darstellt, auf den Kunden zurück.

Produkte und Dienstleistungen treffen den Geschmack der Kunden, deshalb hat er sie ausgewählt. Die Objekte bringen Struktur und auch Halt in das Leben der Kunden. Kunden nutzen die Objekte wie Kinder Legosteine: Sie bauen die Welt, wie sie ihnen gefällt, zerstören immer wieder alte Konstruktionen und bauen Neues auf. Das Beispiel „Legosteine" zeigt deutlich: Selten hält der Geschmack eines Menschen, eines Kunden, ein Leben lang. Der Geschmack verändert sich mit der Zeit, unterliegt Trends, passt sich dem Zeitgeist an und reagiert auf Einschnitte im Leben eines Kunden.

---

37 Vgl. Mohr (2014), S. 167.
38 Vgl. Mohr (2014), S. 90.

Nur weil sich ein Kunde vor Jahren entschieden hat, zu einer Bank zu gehen, heißt das noch lange nicht, dass diese Bank ihm immer noch „gefällt".

Die Abwanderung zu den inzwischen etablierten Non-Bank-Anbietern und den zahlreichen FinTech-Unternehmen zeigt deutlich, dass jedes neue Modell eine Chance hat – vorausgesetzt, es trifft den Geschmack der Zielgruppe.

3.5.1. Geschmack aus Sicht der Managements

Trifft das Institut den Geschmack seiner Kunden und Zielgruppen? Und wenn ja, woran merkt die Bank das? Was macht die Bank sicher, dass es sich nicht nur um Gewohnheit oder Trägheit handelt? Werden die Zahlen aus dem Controlling regelmäßig und differenziert hinterfragt? Sind die exogenen Faktoren berücksichtigt? Ist das Wachstum in einem Bereich weitestgehend einem aktuellen Trend geschuldet? Ist man im Moment „der Einäugige unter den Blinden"? Und in die andere Richtung gefragt: Konterkarieren die wirtschaftlichen Rahmenbedingungen die gute Arbeit aller Mitarbeiter? Trifft eine Filiale den Geschmack ihrer Kunden, und das Anlagevolumen schrumpft trotzdem? Diese Fragestellungen entscheiden über Marktanteil und Ertrag.

Viele Institute versuchen, über Kundenzufriedenheitsumfragen, Marktforschung, Trendforschung und auch Mitarbeiterumfragen den Antworten auf die Spur zu kommen. Erst wenige Banken erheben Zufriedenheitswerte chronologisch und auch prozessorientiert. Noch weniger Banken lassen die Ergebnisse in die variablen Gehaltsbestandteile einfließen. Und sehr selten lassen Banken ihre Vertriebsmitarbeiter die entsprechenden Fragen in die regelmäßigen Beratungs- und Betreuungsgespräche einbauen. Welche Bank arbeitet aktiv mit einem Kundenbeirat? Welche Bank arbeitet mit einer Kennzahl wie „Anzahl der Produkte, die jünger als zwei Jahre sind"?

Ist Zufriedenheit gleich Geschmack? Nein, ist es nicht. Nein, denn die Frage nach der Zufriedenheit ist rückwärtsgewandt. Zufriedenheit ist das Ergebnis der bisherigen Wahrnehmung eines Kunden.

Die Frage nach dem Geschmack und seiner Befriedigung ist nach vorn gerichtet.

Es geht um die Zukunft! Angenommen, eine Direktbank sendet ihren neuen TV-Werbespot im Vorabendprogramm, woran würde diese Bank merken, dass sie den Geschmack einzelner Kunden oder definierter Zielgruppen überdurchschnittlich gut trifft oder ob sie ihn morgen treffen wird? Am Volumen, an der Rentabilität, am Produktnutzungsgrad, an der Weiterempfehlungsquote? Oder an den Noten aus der Zufriedenheitsumfrage?

Welche Fragen lösen die Messergebnisse aus? Welche Reaktionen? Gibt es den Mut, bestehende Organisationsformen, Designs oder Produkte in Frage zu stellen?

Das Management gestaltet idealerweise die Ästhetik der Bank so, dass diese hautnah am Geschmack ihrer Kundengruppen agiert. Warum also nicht einmal Filialkonzepte neu denken: Wieso muss eine Filiale immer allen Kunden gefallen? Wieso gibt es nur das eine Corporate Design? Wieso gibt es nicht eine Filiale für Menschen über 50 Jahren? Wieso gibt es keine Filiale für Muslime, wieso keine Besprechungszimmer speziell für Familien? Warum immer die gleiche Musik, gleiche Buchstabengrößen, die gleiche Kleidung der Mitarbeiter oder gleiche Möbel? Wieso wird über die Filiale der Zukunft nicht nachgedacht? Wie soll sie sein? Gemütlich oder technisch und karg oder luxuriös, wieso wird nicht „sowohl als auch" statt „entweder oder" in Erwägung gezogen?

Der Soziologe Pierre Bourdieu formuliert: „Kurz, falls es eine universale Eigenschaft des Konsumenten gibt, ist es die, dass Konsumenten nicht universal sind, weil ihre Eigenschaften und insbesondere ihre Präferenzen und Geschmäcker das Ergebnis ihrer Positionierung und Bewegung im sozialen Raum sind und deshalb ihrer kollektiven und individuellen Geschichte."[39]

Wird der Geschmack getroffen, entwickelt sich Loyalität sehr viel intensiver als nur rein über „harte" Faktoren wie beispielsweise Produkteigenschaften und deren Nutzen. Darüber hinaus wird gleichzeitig die Preiselastizität vergrößert – ein wichtiger Punkt in einer Zeit, in der jeder Basispunkt der Cost-Income-Ratio zählt. Ernst Mohr stellt dazu fest: „Konsumenten überprüfen nicht bei jeder Relativpreisänderung ihre ganze objektbezogene Lebensgestaltung, wie das vom ökonomischen Modell eigentlich prognostiziert wird, weil das konsumierte Güterbündel in einem von der Entscheidung über die Lebensgestaltung abhängigen ästhetischen Gesamtzusammenhang steht. […] Preisunempfindlichkeiten über ganze Bereiche des Konsums hinweg werden so zum Normalfall des Konsumierens und nicht zu einer Absonderlichkeit wie zum Beispiel bei Drogenabhängigkeit." Das entspricht unser aller Lebenserfahrung: Menschen verzichten nicht so schnell auf ihren Lieblingswein, wenn dieser ein paar Euro teurer geworden ist; sie kaufen Biolebensmittel, obwohl sie teurer sind; sie akzeptieren die jährliche Preiserhöhung einer Luxusuhrenmarke, obwohl viele andere Menschen dazu ungläubig den Kopf schütteln.

Meine Empfehlung lautet daher. Erheben Sie „Geschmack" zu einer Priorität: machen Sie den Kundengeschmack und seine Befriedigung zu einer Querschnittsaufgabe zwischen Marketing und Vertrieb.

3.5.2 Geschmack aus Sicht der Vertriebsmitarbeiter
Trifft der Berater mit seiner Ästhetik den Geschmack seiner Kunden und Interessenten? Wenn ja, woran macht dieser Berater das fest? Glaubt er es, weil er es glaubt? Oder weiß er es, weil

---
39 Vgl. Mohr (2014), S. 169.

er gefragt hat? Ich bin sicher, dass es Beratern gelingt, genau den Geschmack ihrer Kunden zu treffen, diese so an die jeweilige Bank zu binden und damit die Erträge zu sichern. Ich bin aber auch sicher: Nicht allen Beratern gelingt das gleich gut und nicht bei gleich vielen Kunden.

Vertriebsmitarbeiter können ab sofort bei Beratungs-, Betreuungs- und Jahresgesprächen in die Geschmacksfrage einsteigen sowie regelmäßig selbstbewusst auf Spurensuche gehen: Treffen wir den Geschmack? Was gefällt, was ist reizvoll bei Dritten und was stört hier gegebenenfalls das Geschmacksempfinden? Und vor allem: Wie wird die persönliche Zusammenarbeit wahrgenommen?

Sicher ist: Menschen wissen genau, wie für sie das schöne Hotelzimmer eingerichtet sein muss, wie das Traummotorrad klingen muss und was man zum 75. Geburtstag der Mutter anziehen muss. Warum sollen Menschen also als Bankkunden kein Geschmacksurteil treffen können, keine Aussage darüber machen können? Es kommt auf die Gesprächsführung[40] und die Fragestellungen des Vertriebsmitarbeiters an! Führen Vertriebsmitarbeiter ein Gespräch über den guten Geschmack, erhalten sie zielführende Antworten. Erklären sie den Kunden auch noch den Sinn des Gespräches und moderieren die Fragen angemessen an, so bekommen sie ein stimmiges Bild der Geschmacksurteile über die eigene Bank.

Mögliche Fragen im Geschmacks-Gespräch sind:

- „Warum sind Sie denn damals zu unserer Bank gekommen?"

Und noch wichtiger:

- „Warum sind Sie geblieben? Bleiben Sie weiter?"
- „Wie sieht die ideale Bank aus Ihrer Sicht aus?"
- „Treffen wir denn Ihren Geschmack? Wo liegen wir auf einer Skala von Null bis Zehn?"
- „Was können wir tun, um Ihrem Geschmack umfänglich zu entsprechen?"

Der wertfreie Umgang mit den Antworten entscheidet über die Qualität der Impulse und die Bereitschaft, sich immer wieder diesen Fragen zu stellen. Dabei gewinnen alle: Der Kunde gewinnt Klarheit über seine Bedürfnisse und arbeitet als Co-Produzent einer Dienstleistung mit an der Befriedigung dieser Bedürfnisse. Der Berater stabilisiert seine Rolle, hat Freude an seiner Arbeit und erreicht seine Ziele mit höherer Wahrscheinlichkeit. Und die Bank bindet ertragreiche Kunden und erhöht den Share of Wallet.

---

40 Vgl. Mohr (2014), Seite 167.

4 Menschen und Prozesse machen den Unterschied

4.1 Mit Gelassenheit und Kooperation zum Erfolg

Im Herbst 2010 ist klar: Der Druck auf Vertriebsmitarbeiter in Banken ist nochmals gestiegen. In meinen Projekten und Vorlesungen schildern mir Mitarbeiter wie auch Führungskräfte ihre enormen Belastungen[41]. Gesetzliche Bestimmungen, gestiegener administrativer Aufwand und vor allem: Das veränderte Kundenverhalten. Besonders die kritische und vorsichtige Haltung der Kunden zu allen Ideen, Lösungsansätzen und Produkten stellen eine Herausforderung dar. Dabei reflektieren Kunden ihre Erfahrungen, gehen, von den Medien ermutigt, in einen spürbar skeptischeren Dialog mit ihren Beratern.

Management und Führungskräfte im Vertrieb haben in dieser Situation besondere Verantwortung[42] für ihre Mitarbeiter im Kundenkontakt. Diese sollen befähigt werden, ideal mit Kunden zu kommunizieren, diese zu binden, Kontakte auszubauen und neue zu akquirieren.

Nach über hundert protokollierten Kundengesprächen in den letzten Monaten, komme ich zum Schluss: Es fehlt, vor allem anderen, an der Gelassenheit der Vertriebsmitarbeiter und am Kooperationsverhalten der Kunden. Aufgrund dieser Defizite habe ich beobachtet, wie Gesprächssituationen zu schnell und unnötig eskalieren. Die Beratungsqualität ist häufig zu schlecht, zu oberflächlich, Kunden öffnen sich nicht genügend und gestalten nicht mit.

Gelassenheit – Die Fähigkeit mit schwierigem Verhalten konstruktiv umzugehen

---

Der tägliche Überfall am Telefon, per E-Mail oder direkt von Angesicht zu Angesicht: Es wird geschimpft, geklagt, provoziert, blockiert, abgewartet, gedroht und gefordert. Harmonische Gespräche mit Kunden finden auch noch statt, sicher, nur deutlich weniger! Kommen noch Vorwürfe im privaten Umfeld wie „Ihr Banker habt uns das Schlamassel doch eingebrockt" oder „Banker gleich Gangster" hinzu, mag das zwar häufig nicht ganz so ernst gemeint sein, raubt dem Vertriebsmitarbeiter trotzdem seine Gelassenheit.

Und so „beschädigt" soll dieser noch Vertrieb machen. Erfolgreich natürlich!

---

41 „Manager stoßen an ihre Grenzen". Das Handelsblatt Nr. 101, 28. Mai 2010, zitiert eine Studie mit den Worten: „Manager stoßen an ihre Grenzen. Die weltweite Krise hat viele deutsche Führungskräfte unter massiven Druck gesetzt. Jeder dritte deutsche Top-Manager räumt ein, dass er an seine Belastungsgrenze gestoßen ist."
42 „Der Kunde geht vor". Die Schweizer Bank, Nr. 5, Mai 2010 zitiert eine aktuelle Accenture-Studie mit der Aussage „In der Kundenorientierung besteht Handlungsbedarf. 78 Prozent der befragten Führungskräfte in Banken sind der Meinung, das Kundenerlebnis müsse verbessert werden."

Das ist eine psychologische Überforderung des Vertriebsmitarbeiters. Resignation oder Aggression ist daher in dessen Verhalten zu spüren. Beides ist der Tod jeder Beziehung. Was ist zu tun?

Wünschenswert ist eine gelassene Reaktion auf die „Überfälle" der Kunden. Ausgependelt zwischen „abhauen" und „draufhauen". Nur: Wie kommt Frau und Herr Vertriebsmitarbeiter zu diesem Verhalten? Über die innere Einstellung, den eigenen Blickwinkel auf die Kunden und deren Verhalten.

Hintergrund:

Heute sitzt ein Kunde im Besprechungszimmer der Bank und verbalisiert Vorwürfe, wie „Sie bekommen viel zu viel Geld für eine Stunde Beratung, ich wechsle die Bank!". Die Mehrzahl der Vertriebsmitarbeiter reagiert darauf verbal mit „So kann man das nicht sagen", der folgende Wortwechsel ist gespickt mit „Ja, aber"-Formulierungen und „Warum nicht"-Fragen. Die Situation eskaliert und endet für beide Seiten unbefriedigend.

Erst wenn der Vertriebsmitarbeiter seine innere Einstellung, seinen Blickwinkel auf den Kunden ändern kann, kommt es zu einem positiven Verhalten, einer konstruktiven Sprache.

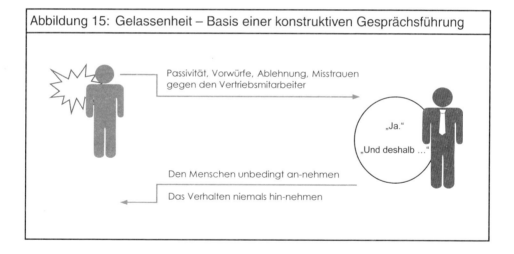

Betrachten Sie den Lebensweg Ihres Kunden als Zeitstrahl. Sie sehen diesen Menschen „Heute" an einem bestimmten Punkt seiner Entwicklung, und Sie können feststellen: Das Verhalten heute ist die Summe seiner Erfahrungen in der Vergangenheit und der daraus gezogenen Konsequenzen. Es ist kein Zufall, dass vom Erfahrungsschatz, nicht vom Vorrat, gesprochen wird. Hier kommt die Bedeutung der Vergangenheit zum Ausdruck, wertvoll für jeden Menschen, Basis seiner Zuversicht, die Zukunft gestalten zu können.

Jeder Mensch wehrt sich, wenn sein Erfahrungsschatz negiert, angegriffen oder abgewertet wird, empfindet er sein Verhalten doch als angemessen.

Der Erfahrungsschatz eines Kunden ist unantastbar, bereichern Sie ihn!

Ein „an-nehmen", sprich „akzeptieren", führt zu Entspannung und Offenheit im Dialog. Wird die Akzeptanz noch ohne Einschränkungen, „unbedingt" spürbar, ist der Boden für einen positiven Dialog gelegt. Das „An-nehmen" fällt jedem Vertriebsmitarbeiter leichter, wenn er erkennt, dass sich seine Akzeptanz immer auf die Vergangenheit bezieht. So wie die GuV zum 31.12. das vergangene Jahr abbildet. „Verhalten heute" und die Zahlen der GuV sind „richtig" – immer. Fehler sind menschlich und der Betrug die Ausnahme.

Vertriebsmitarbeiter sind keine Wirtschaftsprüfer, die nach Fehlern in der Vergangenheit suchen, sondern Unternehmensberater, die helfen, zukünftige Fehler zu vermeiden.

Psychologen bezeichnen diesen Erfahrungsschatz als Kontext. Entstanden ist dieser Kontext aus einer Kombination von genetischen Voraussetzungen, der Sozialisation als Kind und Schlüsselsituationen, die einen Menschen ab der Pubertät geprägt haben. Im Modell „Konstruktivismus"[43] wird der Einfluss des Kontextes auf das menschliche Verhalten ausführlich beschrieben. Neurologen sprechen von „somatischen Markern", abgespeichert in mehreren Arealen des menschlichen Gehirns, beispielsweise in der Amygdala oder dem limbischen System.

Diese „Bibliothek von Gefühlen" wird zu jeder Entscheidung herangezogen. Immer wieder neue Schlüsselsituationen verändern bis zum Lebensende den Inhalt dieser Bibliothek. Sie sind gleichsam neue bedeutende literarische Werke, die ab sofort zu Rate gezogen werden können.

Vertriebsmitarbeiter können neue Schlüsselsituationen für ihre Kunden schaffen, und verändern so den Kontext ihrer Kunden. Eine gelassene Reaktion in schwierigen Gesprächssituationen ist eine entscheidende Schlüsselsituation. Sie ermöglicht dem Kunden neue Blickwinkel auf die Zusammenarbeit mit seiner Bank und erhöht damit deren Vertriebschancen.

Jeder Vertriebsmitarbeiter ist aufgefordert, sich diese Zusammenhänge zu erarbeiten. Über das Durchdenken kann sich das Fühlen verändern, kann Gelassenheit entstehen.

---

43 Siehe auch Pfersich, „Neustart Bankberatung" (2014).

Nun ist ein aus innerer Überzeugung gewachsenes „an-nehmen" des Kunden alleine noch kein befriedigendes Ergebnis. Soll doch ein positiver Dialog zu einer guten Beratung und einem ertragreichen Abschluss führen.

Vertriebsmitarbeiter sollen selbstverständlich fachliche Missverständnisse klarstellen, dem Kunden neues Wissen vermitteln; nicht „hin-nehmen", was der Kunde bisher glaubt, sagt oder entscheidet.

Vertriebsmitarbeiter können die Situationen positiv gestalten, indem sie mit „Ja, das ist viel Geld und Sie fragen sich zu Recht nach dem Gegenwert. Dazu möchte ich Ihnen sagen, welche…." reagieren.

Der Dialog wird in Folge geprägt von Formulierungen wie „Da stellen Sie eine berechtigte Frage" und „Das ist verständlich, und deshalb werde ich gerne…". Das Ergebnis: Die Abschlussquote steigt signifikant.

Wer es schafft, kritisches Verhalten unbedingt „an-zunehmen", es aber nicht „hin-nimmt", wird die Mehrzahl der Dialoge positiv gestalten können. Dazu ein abschließender Gedanke: Vertriebsmitarbeiter sind verantwortlich – nicht schuldig. Sie übernehmen Verantwortung für einen Dialog, der Kunden weiterhilft, der Komplexität reduziert und neues Vertrauen schafft.

Kooperation des Kunden – unverzichtbarer Bestandteil guter Kommunikation!

Der wichtigste Unterschied zwischen einem Bäcker und einem Friseur ist welcher? Ein Bäcker kann sein ganzes Leben backen, ohne jemals einen Kunden zu sehen. Der Friseur sieht seine Kunden nicht nur, er braucht auch deren Mitwirkung beim Frisieren. In der Backstube ist eine solche Co-Produktion undenkbar. Dienstleistungen sind nicht nur immateriell und nicht lagerfähig, sondern auch integrativ: Zu ihrer Erbringung braucht es den Kunden als Co-Produzenten. Zwingend! Und Beratung ist eine Dienstleistung.

Die Mehrzahl der Kunden versteht die Beratungsdienstleistung falsch! Wie ein Serviceangebot wird Beratung von der Bank erwartet, gar gefordert, und soll ohne Anstrengung konsumiert werden können. Frei nach dem Motto: Ich bin Kunde, also gib mir – ich habe ein Recht darauf.

Kunden realisieren nicht, wie stark sie eine gute Leistung behindern. Erklären Sie es. Denn Ihre Kunden wissen im Grunde schon Bescheid: Diese setzen sich nämlich ins Taxi mit dem Wunsch „Fahren Sie mich schnell ins Hotel" und nennen dem Taxifahrer selbstverständlich Name und Anschrift des Hotels. Kunden gehen als Patienten zum Arzt mit der Bitte „Helfen Sie mir" und beantworten bereitwillig alle Fragen des Arztes. Da wie dort ist der Sinn der Kooperation offensichtlich.

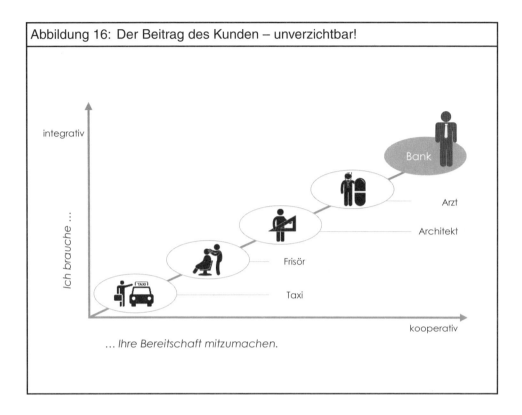

Abbildung 16: Der Beitrag des Kunden – unverzichtbar!

Um eine gute Beratungsleistung in Banken zu bekommen, muss der Kunde mitarbeiten. Das bedeutet in erster Linie: Maximale Offenheit und engagiertes Mitdenken. So kommt der Vertriebsmitarbeiter zum wichtigsten Rohstoff guter Beratung: Information!

Hintergrund:

Heute sitzt der Kunde im Besprechungszimmer und erzählt zu wenig von sich oder gibt Informationen preis, ohne zu wissen wofür. Er sitzt da, ohne von alleine mehr zu sagen, als gefragt wurde. Der Kunde antwortet, wenn überhaupt, nur auf die Fragen, die ihm gestellt wurden, und das sind oft zu wenig. Diese Art von Kommunikation hat sich etabliert. Ein alter Werbespot der Dresdner Bank bezog genau aus diesem Umstand seine Pointe: Ein irritierter Mann sagt zu seiner Frau nach einer Beratung, in der intensiv nachgefragt wurde: „Das ist doch nicht normal für eine Bank!"

Der Sinn der Kooperation wird nicht vermittelt – ein Armutszeugnis für jede Bank!

Formulierungen wie „Damit ich Sie gut beraten kann, brauche ich…" oder „Um die richtige Geldanlage für Sie zu finden, ist es wichtig, dass Sie mir sagen wie …", vermitteln nicht die Notwendigkeit von Kooperation. Auch wenn in der Kundenbroschüre einer Privatbank steht „Damit wir zu jeder Zeit verstehen, was Ihre Bedürfnisse sind, besprechen wir in regelmäßigen Abständen Ihre aktuelle Vermögenssituation sowie Ihre Ziele und Wünsche." ist der Sinn für den Informationshunger dieser Privatbank noch nicht klar zum Ausdruck gekommen.

Warum wollen Banken zu Recht maximale Informationen von ihren Kunden?

Nur über diese Informationen kann die Struktur, die „Architektur", das Konzept von Vermögensanlagen oder Finanzierungen gelingen.

Warum ist die Struktur so wichtig?

Nur über diese Struktur kann der langfristige Erfolg des Kunden erfolgreich gestaltet werden.

Der einzige Sinn von Beratung liegt darin, Strukturen zu erarbeiten. Getreu der universalen Gesetzmäßigkeit: Struktur schlägt Detail!

Diese Zusammenhänge zu vermitteln kann ganz ohne Fachbegriffe gelingen. Es braucht keinen Markowitz, keine Allokation, keine Korrelation oder Diversifikation. Fachtermini können im Einzelfall notwendig sein, in der Regel werden sie nicht gebraucht.

In den meisten Fällen reichen Analogien und Metaphern, um die Botschaft zu transportieren:

- Der individuelle monatliche Trainingsplan eines Sportlers ist für die Medaillenchancen wichtiger, als die Frage, ob er heute zehn oder fünfzehn Kilometer läuft.

- Der passende Grundriss eines Hauses ist für das Wohlbefinden einer Familie wichtiger, als die Quadratmeterzahl des zweiten Kinderzimmers.

- Die ausgewogene Ernährung insgesamt ist wichtiger für die Gesundheit eines Patienten, als die Frage, ob das Tortenstück heute mit oder ohne Sahne gegessen wird.

Anhand dieser „Geschichten" kann über Wechselwirkungen, Unabhängigkeit, Entzerrung, über „das Ganze ist mehr als die Summe seiner Einzelteile" gesprochen werden. Jedem Kunden wird so deutlich, auf welchem Weg Ziele wahrscheinlicher schneller erreicht, Chancen vermutlich realisiert und Risiken vernünftig berücksichtigt werden.

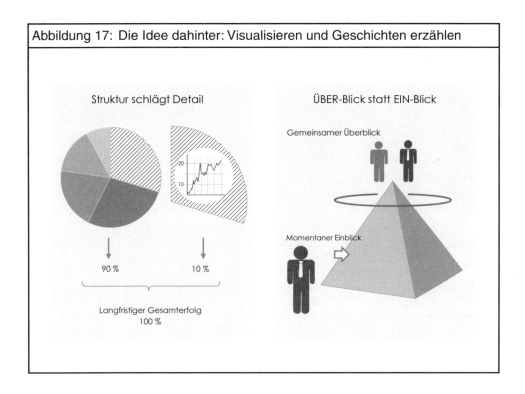

Abbildung 17: Die Idee dahinter: Visualisieren und Geschichten erzählen

Anhand dieser Geschichten kann darüber hinaus vermittelt werden, dass es niemals Garantien geben kann. Banker sind in guter Gesellschaft mit dem Trainer, dem Architekten oder dem Arzt. Zu groß sind die jeweiligen äußeren Einflussfaktoren, die nicht vom Spezialisten beeinflusst werden können. Konkret sind das für die Bank die Märkte und die Politik. Nicht zu vergessen, die „Schwarzen Schwäne"[44]. In 2010 sind das: Vulkanasche aus Island oder ein sprudelndes Erdölbohrloch im Golf von Mexico. In 2011?

Gute Trainer können keine Medaillen, Architekten keine glücklichen Familien und Ärzte kein langes gesundes Leben garantieren. Und sie garantieren es auch nicht. Aber Sie können mittels ihrer Beratung an Strukturen arbeiten, welche die Chancen ihrer Kunden entscheidend verbessern. Das können gute Vertriebsmitarbeiter ebenfalls – Kooperation immer vorausgesetzt.

---

44 Taleb (2007).

Was ist zu tun?

- Erarbeiten Sie sich mit interner oder externer Hilfe die Themenkomplexe Gelassenheit und Kooperation.

- Entwickeln Sie daraus einen Vortrag, einen Trainingsinhalt und Textbausteine mit Visualisierungen für den Vertriebsalltag.

- Diskutieren und trainieren Sie diese Inhalte mit den Führungskräften im Vertrieb und befähigen Sie diese für „Training-on-the-job" ihrer Vertriebsmitarbeiter.

- Integrieren Sie das neue Wissen der Bank in Ihre Vertriebskultur und verbessern Sie dadurch die Begeisterung Ihrer Vertriebsmitarbeiter.

4.2 Die Begeisterung des Vertriebsmitarbeiters

Szenenwechsel: Der Held geht auf seinen Widersacher zu, er hat seinen großen Auftritt, die entscheidende Szene: „Es ist genug, ich werde…" Die Stimme versagt, er hat seinen Text vergessen. Sein Mund bleibt stumm, der Kopf wird rot. Zu seiner Verzweiflung kommt die Enttäuschung über den Regisseur, der seine Änderungswünsche abgewiesen hatte. Ein einziges Gefühlschaos in ihm und Ratlosigkeit bei den Mitspielern um ihn herum. Peinliche Stille, dann fällt auch noch ein Scheinwerfer aus. Die Szene ist verdorben, die Handlung endgültig unterbrochen. Und die Konsequenzen?

Es kommt darauf an! Ob die Szene mitten in der Theateraufführung oder am Filmset stattgefunden hat. Ob die Chance auf eine Korrektur besteht oder nicht. Am Filmset unterbricht der Regisseur die Dreharbeiten mit „Fünf Minuten Kaffeepause für alle" und spricht mit dem Darsteller. Unangenehm, aber erträglich. Drei Stunden später, nach „Klappe, die Zehnte", wird die Szene im Kasten und der Film zwölf Wochen später im Kino sein.

Nicht so im Theater. Hier ist es eine Katastrophe, wenn die Schlüsselszene des Abends misslingt, es dem Ensemble nicht gelingt, den Aussetzer des Helden zu kaschieren. Eine Katastrophe für die Wirkung des Stückes auf das Publikum. Die Botschaft an die Zuschauer verpufft oder ist zumindest überlagert durch die Panne. Jeder im Saal hat sie registriert, der anwesende Redakteur des Feuilletons wird morgen darüber schreiben.

Filmset zu Theaterbühne verhält sich wie Autoproduktion zu Bankvertrieb. Am Filmset wie in der Autoproduktion kann die Qualität des Endproduktes kontrolliert und korrigiert werden, lange bevor ein Kunde es zu sehen bekommt. Auf der Theaterbühne wie im Bankvertrieb fallen Produktion und Nachfrage in Echtzeit zusammen. Die Qualität der Produktion – ob gut oder schlecht – wird sofort sichtbar. Die Korrekturmöglichkeit fehlt entweder ganz oder sie wird Zeit und Geld kosten. Im Zweifelsfall kostet sie den Kunden.

Das Theaterstück heißt „Bankvertrieb", im Publikum sitzen die Kunden der Bank. Sie sitzen nicht nur still im Saal und konsumieren, was ihnen vorgespielt wird. Nein, sie wollen, sie sollen mitmachen. Mitmachen, mit der Bank kooperieren und damit das Stück mitgestalten. Die Vertriebsmitarbeiter zur Spitzenleistungen treiben. Und die Kunden werden kooperieren, mehr denn je. Vertriebsmitarbeiter einer Bank erbringen eine Dienstleistung vergleichbar mit der eines Improvisationstheaters vor kritischem Publikum. Sind die Schauspieler schlecht gelaunt, sprachlich unbeholfen oder auch nur übermüdet, d.h., wenn sie keine Spitzenleistung bringen, ist es nur eine Frage der Zeit, bis die Theaterleitung das Stück absetzt. Denn das Publikum hat längst mit den Füßen abgestimmt, der Saal bleibt leer.

Alles, was die Regisseure für die Schauspieler tun, um diese zu fordern und zu fördern, nimmt wenige Stunden später das Publikum als Qualität deutlich wahr. Das Publikum, die Bankkunden, bekommen eine Topleistung genau dann, wenn sie diese nachfragen.

Die Vertriebsmitarbeiter können sich selbst voll zur Entfaltung bringen und die Angebote der Bank bestmöglich einsetzen. Durch ihren konstant hohen Beitrag zur Dienstleistungsqualität liefern sie einen maßgeblichen Anteil zur Gesamtleistung der Bank. Dies ist deshalb so entscheidend, weil das Verhalten der Kunden im Sinne der Bank nicht immer ideal ist und nicht wirklich durch die Bank gesteuert und kontrolliert werden kann.

Neben den definierten Merkmalen der Beratungsmodule ist die Ausstrahlung des Vertriebsmitarbeiters der wichtigste Indikator für die Qualität der Beratungsleistung der Bank. Für einen Großteil der Kunden wird der Vertriebsmitarbeiter sogar wichtiger sein als alle anderen Merkmale, die ihm von der Bank garantiert werden. Menschen lösen komplexe Probleme immer noch am liebsten mit Menschen.

Dem passionierten Theaterbesucher ist der Text der Handlung längst bekannt, hat er das Stück doch schon mehrfach in verschiedenen Interpretationen gesehen. Obwohl dem Kunden die Argumente und Produkte der Bank bekannt sind, werden sie dennoch von jeder Bank angeboten. Es gibt weder für Goethes Faust noch für die Altersvorsorge einen Exklusivvertrag, das Publikum ist anspruchsvoll und wählt streng nach der wahrgenommenen Qualität.

Den Schutz vor Nachahmung wird es nie geben! Der Schutz vor Marktanteilsverlust und vor Ertragseinbußen liegt in der Qualität der Aufführung des immer gleichen Stückes. Vorstellung für Vorstellung, Kunde für Kunde.

Versuche, sich durch Alleinstellungsmerkmale vom Wettbewerb abzugrenzen, sind entweder zu teuer oder werden schnell nachgeahmt. Verbrannter Ertrag der Bank.

> Der Eindruck, den der Vertriebsmitarbeiter beim Kunden erzeugt, ist eines der wichtigsten Differenzierungsmerkmale einer Bank!

Dieses Kapitel ist darum ein Appell an das Management der Bank!

4.2.1 Die Führungskraft als Regisseur für sein Team

Wie ein Theaterregisseur haben die Führungskräfte in einer Bank in erster Linie die Aufgabe, ihr Ensemble zur Spitzenleistung zu führen. Es ist die Aufgabe der Personalabteilung und der Führungskräfte im Vertrieb, ein Umfeld für Spitzenleistung zu schaffen.

Mit der positiven Einstellung eines Theaterregisseurs, der täglich dafür arbeitet, die Menschen im Publikum glücklich zu machen.

Mitarbeiterorientierung ist praktizierte Kundenorientierung!

Die Realität sieht häufig anders aus: „Wie oft muss ich das denn noch erklären?" oder „Die Mitarbeiter halten sich nicht an die Spielregeln" sind nur zwei Aussagen gestresster und enttäuschter Führungskräfte aus Banken. Wie oft noch erklären? Spielregeln nicht eingehalten? Woran liegt es, wenn erwachsene Menschen abends ihren Schreibtisch nicht aufräumen oder sich ihren Bankenlogo- und Namenssticker nicht an die linke und rechte Brust stecken?

Es macht aus deren Sicht keinen Sinn! Im Gegenteil: Mit der Verweigerung ist eine Botschaft verbunden: „Ich mache es nicht, denn ich rebelliere gegen die Forderung, mich zu verkleiden." Oder: „Es ist sinnlos, sich mit Logo und Namenschild den Kunden zu präsentieren, diese achten sowieso nicht darauf."

Andere Botschaften an die direkten Führungskräfte oder an das Topmanagement sind „Der Vertriebsdruck bringt mich um!", „Ich möchte meine Arbeit in Ruhe erledigen können!" oder „Die dauernde Kontrolle ist Schikane!" Diese und andere Botschaften werden täglich in den Banken gesendet. Nur wer hört sie?

Mangelnde Loyalität der Mitarbeiter bis zur Verweigerung ist das Ergebnis vieler aktueller Studien, nicht nur in Banken. Aber besonders in Banken wird deutlich, wie sehr die Beziehung zwischen Arbeitgeber und Vertriebsmitarbeiter gestört ist: Anonymisierte Interviews in Wirtschaftsmagazinen[45] mit Vertriebsmitarbeitern deutscher Banken zeigen das Ausmaß der Sinnkrise im Bankenvertrieb. Im Kreuzfeuer zwischen Umsatz- und Ertragsdruck einerseits sowie Schlagzeilen wie „Risiko Banker[46]" oder „Die Schuld der Banken[47]" andererseits vergeht mehr und mehr Vertriebsmitarbeitern die „Spielfreude" für dieses Theaterstück. Es wird wortwörtlich zum Drama.

---

45 Wirtschaftswoche, 02.02.2008.
46 Bilanz, Ausgabe 5/2008.
47 Die Zeit, 24.01.2008.

Und auch die Vorstände[48] vieler Banken beobachten die Schalterhallen: „Unzufrieden sind die Banken und Sparkassen vor allem mit der Qualität der Umsetzung, was Verkaufsleistung und Marktbearbeitung angeht. Neben gesetzlichen Hindernissen wie dem Kündigungsschutz hemmt insbesondere die mangelnde Veränderungsbereitschaft bzw. -fähigkeit der Mitarbeiter die konsequente Entwicklung hin zur Vertriebsbank." Die „Schuldigen" sind also identifiziert: Die Vertriebsmitarbeiter! Diese haben diesen Aussagen zufolge keine Lust oder nicht den nötigen Willen, nicht die Intelligenz, das Nötige zu tun!

Das ist Unsinn! Das gegenseitige Misstrauen hat sich schon so tief in die Köpfe und Herzen eingegraben, dass mehr als Schuldzuweisungen nicht mehr möglich sind. Vertriebsmitarbeiter schimpfen auf das Management und dieses konstatiert die Mängel der von ihm selbst eingestellten Mitarbeiter.

Das Theaterstück „Bankvertrieb" ist zum Possenspiel verkommen – zum derben Witz, der seine Pointen aus den immer gleichen Klischees erzeugt! Verantwortlich, nicht schuldig, dafür sind die Führungskräfte in den Personalabteilungen und in erster Linie die Führungskräfte im Vertrieb selbst. Wer sonst? Die Verbraucherschützer, die Medien, der Gesetzgeber? Natürlich tragen alle Beteiligten gemeinsam die Verantwortung für das Ergebnis, auch die Vertriebsmitarbeiter. Aber die Initialzündung geht immer von den Führungskräften aus. Sie pflegen, fordern, schützen, leiten, vertrauen, begrenzen, befreien und feuern. Sie führen. Sie müssen führen – gerade heute!

Das ist leichter gesagt als getan, zumal diese Führungskräfte nicht selten selbst Getriebene sind. Getrieben von phantastischen Vorgaben ihrer Vorstände oder Konzernzentralen. Mit Zielen, die im Markt mit harter und guter Arbeit zu erreichen sind, haben diese Vorgaben oft nicht das Mindeste zu tun.

Wer als Führungskraft den Ehrgeiz hat und den Mut, lässt die Opferrolle hinter sich und wird zum Täter.

Ab in die Garderobe! Intendanten, Regisseure und Schauspieler. Vorstände, Führungskräfte und Vertriebsmitarbeiter. Reden wir über eine Vertriebskultur, die allen Spaß macht – der Bank, den Vertriebsmitarbeitern und den Kunden. Dass das möglich ist, zeigen heute schon einzelne Banken. Aber noch sind es zu wenige.

Unterhalten wir uns über die Voraussetzungen für eine begeisternde Ausstrahlung der Vertriebsmitarbeiter. Darüber, was Führungskräfte tun können; wofür Vertriebsmitarbeiter Verantwortung übernehmen müssen. Und reden wir auch über die Kultur, das Klima, in dem wir arbeiten wollen. Eine Kultur, die Peter F. Drucker mit „Engagement plus Freiheit" umschreibt.

---

48 Bankpraktiker, Ausgabe 04/2007.

4.3 Die Bedeutung der Unternehmenskultur für den Vertriebserfolg

Bankvertrieb ist wie ein anspruchsvolles Theaterstück. Es ist nicht geeignet, mal auf die Schnelle gespielt zu werden. Nicht beim heutigen Publikum. Bankvertrieb ist ein komplexes System. Die Vielschichtigkeit wird angesichts der zahlreichen Teilsysteme schnell deutlich.

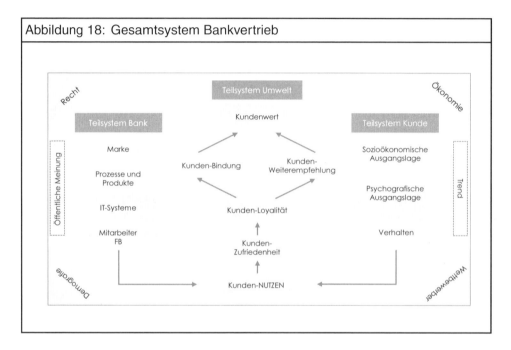

Abbildung 18: Gesamtsystem Bankvertrieb

Die Teilsysteme und ihre Elemente beeinflussen sich direkt oder indirekt; dabei unterscheiden sie sich in der Stärke und Wirkungsrichtung: Beispielsweise verändern neue Vorschriften wie MiFID im Teilsystem Umwelt die administrative Belastung der Vertriebsmitarbeiter und machen neue Prozesse der Bank nötig. Oder es reduzieren sich durch die vermehrte Nutzung des Internets die persönlichen Kontakte zwischen Kunden und Vertriebsmitarbeitern. Das wiederum kann die persönliche Distanz zwischen Kunde und Vertriebsmitarbeiter erhöhen. Die Hemmschwelle für aktive Akquisition wird nun für den Vertriebsmitarbeiter höher. Wenn die Bank ihr Entlohnungssystem verändert, entsteht eine Wirkung auf die Zufriedenheit der Vertriebsmitarbeiter und deren Ziele in den Kundengesprächen.

Das System Bank muss im Alltag so robust sein, dass es die ständigen Veränderungen wie auch die großen und kleinen Fehler aller Beteiligten wegsteckt: Keiner im Publikum hat es gemerkt. Und das funktioniert nur mit „Kultur"! Im Folgenden verdeutlichen einige Beispiele aus der Bankpraxis, was mit „Kultur" gemeint ist:

Regeln alleine und deren Kontrolle führen zu nichts, wenn die Kultur fehlt: Die Menschen werden immer findig genug sein, einem Kontrollsystem auszuweichen, wenn sie sich nicht mit der Bank verbunden fühlen. Kultur schafft die notwendige Bindung.

Ohne Kultur verpufft auch die Wirkung neuer Banksoftware, sie wird nicht oder sogar bewusst falsch benützt. Kultur vermittelt Verantwortungsgefühl.

Variable Entlohnungssysteme werden zum Keil zwischen den Kollegen, Neid trennt. Kultur stiftet Konsens und ein gemeinsames Verständnis von unternehmerischem Handeln in der Bank.

Ein Vorstand schreibt wöchentliche E-Mails an seine Vertriebsmitarbeiter, in denen er Fragen stellt, Ideen formuliert und Neues vorstellt. Da die Kultur fehlt, antworten nur zehn Prozent der Vertriebsmitarbeiter. Neunzig Prozent geben keine Antwort auf die in der E-Mail gestellten Fragen, äußern keine Meinung, schon gar keine konstruktive Kritik. Kultur motiviert zum Mitmachen, erhält den Spaß am Lernen und mobilisiert die Beteiligten.

Auf einer Tagung werden die mittelfristigen Ziele der Bank vorgestellt. In den Pausen werden die vermittelten Inhalte interpretiert: Sind sie gut oder schlecht? Machbar oder unrealistisch? Was bedeutet dieses oder jenes für den Alltag ab morgen? Ohne Kultur leidet die schnelle Umsetzung in den Alltag der Bank. Kultur ermöglicht Orientierung .Wird sie gelebt, fallen schon von vorneherein viele Organisations-, Führungs- und Kontrollaufgaben weg.

Ohne Kultur? Richtig muss es heißen: Mit der *falschen* Kultur. Kultur ist wie das Klima: Immer existent. Es ist nur die Frage, in welcher Ausprägung Kultur vorhanden ist.

Ich verstehe unter Klima die Stimmung oder den Geist einer Organisation. Das spürbare, aber nie objektiv messbare Phänomen, unsichtbar und doch zu beobachten. Kultur ist die Summe aller Einstellungen, Grundannahmen, Gebote, Regeln oder Maßstäbe, die in einer Organisation, einer Bank gelten. Alle geschriebenen und ungeschriebenen Gesetze, die von den Mitarbeitern befolgt oder missachtet werden. Das Verhalten der Mitarbeiter, insbesondere das der Führungskräfte, nimmt Einfluss auf diese Regeln oder Gebote, die sichtbar oder verborgen im Unternehmen gelten. Die Kultur[49] ist also gleichzeitig Ergebnis und Ursache für das beobachtbare Verhalten. Das folgende Beispiel verdeutlicht, wie wichtig das „Vorleben" einer Überzeugung für die Vertriebskultur ist:

Ein Vorstandsmitglied prägt die Kultur seiner Bank, indem er die Auszubildenden an deren erstem Arbeitstag persönlich begrüßt, es zur „Chefsache" erklärt. Wenn er die Tasse Kaffee persönlich einschenkt, wenn er sein Namensschild am Revers trägt, und seine Augen leuchten, wenn er von der Kundenorientierung der Bank spricht, prägt er die Wertvorstellungen dieser

---
49 Vgl. Scholz (2000), 9.2.4 Kulturprinzpien.

jungen Menschen. Die vorgelebten Werte „Respekt" und „Kundenorientierung" werden zur universell geltenden „Programmierung" dieser zukünftigen Vertriebsmitarbeiter. Sie sind auf diese Weise Auslöser für das Verhalten der Berufsstarter in der Zukunft: Es wird für sie selbstverständlich, ihre Kunden mit Namen zu begrüßen, aufmerksam mit den Fragen der Kunden umzugehen und sorgfältig zu analysieren und beraten, bevor sie verkaufen. Sie verinnerlichen ein Verhalten, das direkt positiv auf den Vertriebserfolg der Bank wirkt! Die Vertriebskultur einer Bank ist damit das effizienteste Steuerungsinstrument für den Vertrieb der Bank!

4.3.1 Ohne Vertriebskultur gibt es keine Vertriebsbank

Das Ziel einer im Vertrieb erfolgreichen Bank ist eine positive Wirkung, die Ausstrahlung auf die heutigen und zukünftigen Kunden der Bank. Diese sollen sich wohl fühlen, Vertrauen haben, kooperieren, kaufen und weiterempfehlen. Damit das passiert, müssen Kunden etwas zu sehen bekommen: Lächelnde Gesichter, Namensschilder, aufgeräumte Schreibtische, fehlerfreie Briefe, Gerbera in der Vase und geputzte Schuhe der Vertriebsmitarbeiter.

Und Kunden müssen etwas hören können: Ihren Namen, die angemessene Wortwahl, das stumme Handy ihres Vertriebsmitarbeiters, das freundliche Lachen am Empfang und die Gelassenheit am Telefon.

Und Kunden müssen etwas erleben: Eingehaltene Versprechen, pünktliche Besuche, spannende Veranstaltungen, reservierte Parkplätze und aufgehaltene Türen.

Alles, was Kunden sehen, hören und erleben, sind Ausdrucksformen der Vertriebskultur. Sie sind Ausdruck der, im wörtlichen Sinne, unsichtbaren Werte, die in der Bank gelebt werden. Der Duden übersetzt „Wert" mit „Grundsatz", „Vorstellung", oder „Qualität" einer Sache oder einer Beziehung.

Diese Werte sind nach zwei Teilkulturen der Vertriebskultur zu unterscheiden: Erstens der Kultur der Gewinner und zweitens der Kultur der Wertschätzung. Beide Teilkulturen sind nötig. Würde eine fehlen, könnte eine ideale Vertriebskultur nicht entstehen.

Die Kultur der Gewinner wird geprägt durch:

- die Vorstellung, mit Kunden eine Partnerschaft zu leben: Es wird keine devote Haltung eingenommen und das pauschale Motto „Der Kunde ist König" gelebt, sondern vielmehr die Überzeugung „Manche Kunden werden unsere Partner". Kunden die zur Bank passen, und zu denen wiederum die Bank passt, werden von Vertriebsmitarbeitern partnerschaftlich behandelt. Für diese Kunden bringen die Vertriebsmitarbeiter ihren vollen Einsatz, mit dem Ziel, den Nutzen der Kunden zu mehren. Dafür bekommt die Bank vom Kunden Erträge, Loyalität und Weiterempfehlungen.

- den Willen zur bestmöglichen Leistung. Dabei gilt der Grundsatz: Qualität ist das, was der Kunde dafür hält! Und wenn es eine Chance gibt, ein sinnvolles Geschäft zu machen, setzen Vertriebsmitarbeiter alles daran, es auch abzuschließen. Die Vision der Bank beinhaltet, in ihrem Segment oder in ihrem Marktgebiet zu den besten Banken zu gehören. Wenn viele Kunden diese Bank für die „Beste" halten, ist das Anerkennung und Ansporn zugleich.

- die Einstellung „Täter", nicht „Opfer" zu sein, eine Situation so gut zu gestalten, wie es die Bedingungen zulassen. Dabei sind Fehler unvermeidlich, aber sie gehören dazu. Wer keine Fehler macht, handelt nicht. Der Anspruch, Verantwortung zu übernehmen und nach Lösungen zu suchen, prägt die Zusammenarbeit in der Bank. Neues wird nach dem Grundsatz bewertet: Es kann gehen, wenn…! Der Ansatz „Es geht nicht weil…" ist kein tauglicher Ansatz für eine neue Lösung.

Gewinner handeln partnerschaftlich und sind leistungs- und handlungsorientiert! Um diese Kultur der Gewinner zu implementieren, gehört es unbedingt zu den Aufgaben der Führungskräfte, ihre Vertriebsmitarbeiter zu fordern.

Die Kultur der Wertschätzung wird geprägt durch:

- Neugier! Insbesondere die Neugier auf die Kunden der Bank: Vertriebsmitarbeiter sind ernsthaft daran interessiert zu erfahren, was diese Kunden vorhaben, welche Meinungen und Ziele sie haben, was in ihrem Umfeld passiert und welche Veränderungen in der Gesellschaft sich auf die Kunden auswirken. Darüber hinaus nehmen sie an Produktentwicklungen teil, was sich ebenfalls unmittelbar auf die Arbeit mit den Kunden auswirkt. Eine breite Allgemeinbildung ist für die Vertriebsmitarbeiter selbstverständlich.

- das Team, denn Vertrieb ist eine Teamleistung! Einzelkämpfer und Gockel auf dem Misthaufen haben keine Chance. Gegenseitige Hilfe, wo immer sie hilfreich ist: Fachlich, bei der Urlaubsvertretung und immer dann, wenn sich jemand im Team als Verlierer fühlt.

- Respekt voreinander! Jeder toleriert mindestens, besser noch akzeptiert, die Andersartigkeit der Menschen. Die der Kollegen, die der Kunden sowieso. Kritik wird als konstruktiver Impuls verstanden, mutiges Feedback und Klarheit sind Bestandteile der Zusammenarbeit.

Menschen, die andere und anderes zu wertschätzen wissen, sind neugierig, teamorientiert und verhalten sich respektvoll! Im Zusammenhang mit der Kultur der Wertschätzung sehe ich die Führungsaufgabe „Fördern" der Vertriebsmitarbeiter.

Beide Teilkulturen werden in erster Linie verbunden durch das Management der ersten Ebene sowie durch die weiteren Führungskräfte in der Bank. Die „7 Naturgesetze positiv wirkender Führung", die im Abschnitt 4.4.3 dieses Kapitels dargestellt werden, bieten Orientierung für deren Arbeit mit den Vertriebsmitarbeitern.

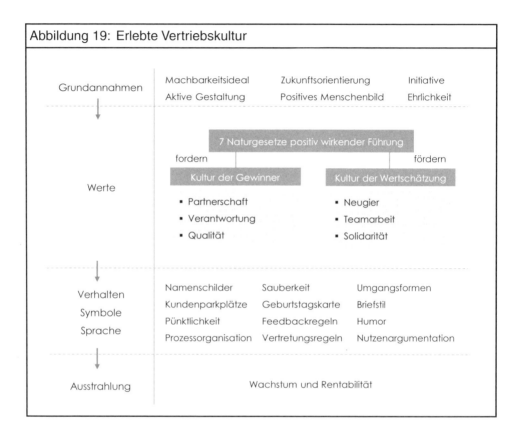

Abbildung 19: Erlebte Vertriebskultur

Getragen werden die Teilkulturen und die Arbeit der Führungskräfte durch die Grundannahmen, die verborgen hinter den Werten liegen. Grundannahmen sind die gemeinsamen Überzeugungen, der einende Glaube, der nicht mehr diskutiert werden muss: Der Glaube an die Zukunft und daran, sie positiv zu gestalten. Als sicher gilt, dass es immer eine Chance gibt, mögen die Probleme auch übermächtig scheinen. Es ist der Glaube an den komplexen Menschen, der sich immer wieder ändern und entwickeln kann. Es herrschen die Überzeugung und der Wille, Konflikte lösen zu können, ohne dass einer der Beteiligten sein Gesicht verlieren muss.

4.3.2 Die Veränderung zur starken Vertriebskultur

Am einfachsten ist eine starke Kultur dann zu prägen, wenn eine neue Bank gegründet wird. Vergleichbar mit dem Neubau eines Hauses kann man die Grundannahmen und Werte von Anfang an so prägen, dass sie zu der gewünschten Vertriebskultur führen. Neu aufgebaute

Direktbanken sind reale Beispiele dafür. Die Veränderung einer bestehenden Bank zu einer Vertriebsbank ist schwieriger, aber die Regel.

Die Entwicklung hin zu einer Vertriebskultur ist schwierig, aber es geht doch! Drei Schritte führen zum Ziel:

Erster Schritt: Tauen Sie die alte Bank auf – erschüttern Sie die Bank bis in ihr Fundament! Begründen Sie hieb- und stichfest, warum sich bestimmte Dinge radikal ändern müssen. Zeichnen Sie ein Szenario, das die kommenden Veränderungen in Markt und Gesellschaft vorwegnimmt. Beschreiben Sie die Chancen, wie die Bank aus den kommenden Veränderungen im Markt Nutzen ziehen kann. Und vor allem: Verbreiten Sie keine Angst, sondern im Gegenteil: Vertrauen und Gelassenheit! Verdeutlichen Sie den unbedingten Willen und die Notwendigkeit, sich zu verändern, um übermorgen erfolgreich zu sein – Change Management beginnt mit dem Vertrauen in die Eliten der Bank.

Zweiter Schritt: Verändern Sie die Bank mit allen Beteiligten gemeinsam! Lassen Sie alle mitarbeiten: In Workshops, mittels Meinungsumfragen und bei Kundenveranstaltungen. Setzen Sie veränderungsbereite und -fähige Mitarbeiter ein, um die noch ängstlichen oder trägen Mitarbeiter mitzuziehen. Und setzen Sie unübersehbare Signale im Vorstand und den oberen Managementebenen: Kleinere Dienstwagen, Veränderungen in den Zuständigkeiten oder auch Sanktionen bei Nichtkooperation sind unübersehbare Signale für den Wandel. Ersetzen Sie das Senioritätsprinzip durch das Leistungsprinzip: Auch wenn ein junger qualifizierter Mitarbeiter recht „unkonventionell" daherkommt, z.B. mit gepflegtem langen Haar, kann er dennoch Chef der Firmenkundenabteilung werden. Ja, das gab es noch nie! Eben deshalb ermöglichen Sie es ja auch.

Dritter Schritt: Verankern und stabilisieren Sie die Vertriebskultur in der Bank. Führen Sie die angefangenen Projekte konsequent zu Ende, Zusagen in Meetings müssen eingehalten werden. Eine Liste noch offener Punkte sollte fester Bestandteil jedes Protokolls sein. Die erarbeiteten Ergebnisse zu den Fragen wie „Was bedeutet Partnerschaft mit Kunden genau?" und „Wieso sind wir unsere Preise auch wert?" werden in der Bank kommuniziert, hängen buchstäblich an der Wand. Solange, bis die Ergebnisse im Verständnis der Mitarbeiter verankert sind und die Visualisierung damit überflüssig geworden ist. Und: Belohnen Sie, loben Sie und verleihen Sie Prestige den Mutigen und Fleißigen in der Bank.

Im Folgenden sind einige Praxistipps und Beispiele aufgeführt, die verdeutlichen, wie wichtig die so genannten „Kleinigkeiten" sind; die klar machen, wie wichtig es insbesondere für Führungskräfte ist, ein Gespür und Bewusstsein für die Signalwirkung ihres eigenen Verhaltens zu entwickeln. Denn eines ist sicher: Die Glaubwürdigkeit des Managements ist so schnell dahin, wie ein Gerücht Zeit braucht, bis es sich herumgesprochen hat.

Mit dem Tretroller ins Büro zu fahren, die Krawatte wegzulassen, zeigt den Vertriebsmitarbeitern: „Der neue Vorstand ist locker drauf, unkonventionell und einer von uns." Da passen das distanzierte Vorzimmer und die sehr teure Armbanduhr nicht dazu. Ebenso wenig passen dazu einsame Entscheidungen oder solche, die den Eindruck erwecken, schlicht unbegründet zu sein. Die Folge davon wäre eine Irritation bei den Vertriebsmitarbeitern. Die neuen Werte schmeckten schal und die Visionen mutierten zu Kantinenwitzen. Widersprüche und aufgesetzt wirkendes Verhalten ist Gift im Veränderungsprozess! Paul Watzlawick schrieb schon 1969: „Man kann nicht nicht-kommunizieren." Es ist zwingend notwendig, nur das zu tun, was authentisch und glaubwürdig ist – diese stille Kontrollfrage kann sich eine Führungskraft nicht oft genug stellen.

Genauso schädlich sind erzwungene Symbole für eine angeblich gelebte Unternehmenskultur. Das erzwungene Tragen eines Stickers mit dem Firmenlogo am Revers zerstört Kultur, anstatt sie aufzubauen. Die Pflicht zu einem bestimmten Kleidungsstil führt zur Rebellion, sofern sich das Management nicht genauso kleidet. Symbole und Verhalten erfüllen dann ihren positiven Zweck, wenn sie begehrt und freiwillig sind. Wenn es zur Auszeichnung wird, z.B. einen Firmenwagen mit Logo zu fahren, ist das Ziel erreicht.

Wieso fährt der Devisenspezialist im Wagen mit Bankenschriftzug durch die Stadt, der Vorstand dagegen im neutralen Wagen? Ich finde, wenn es schon einen Unterschied in der Optik der Wagen geben soll, dann sollte der Vorstand im Wagen mit Logo fahren.

Ein Organigramm ist schnell entworfen und ein Unternehmensleitbild noch schneller gedruckt – passiert ist dann aber noch nichts. Erst durch das Verhalten der Menschen wird der Wandel in der Bank spürbar, die Menschen leben die Kultur und steuern damit den Ertrag. Die Begeisterung der Menschen macht den Unterschied.

4.4 Kompetenzen von Mitarbeitern und Führungskräften für erfolgreichen Bankvertrieb

4.4.1 Die richtigen Mitarbeiter für den Vertrieb finden

Es ist einleuchtend, dass es klüger und billiger ist, gleich von Anfang an die „richtigen" Mitarbeiter als Vertriebsmitarbeiter einzusetzen. Auch im Theater fängt alles mit dem Casting an. Nur wenn der Bewerber tanzen und singen kann und die Ideen des Regisseurs versteht, ist er der „Richtige". Alle nachfolgenden Schritte zur Aus- und Weiterbildung kosten Zeit, Geld und nicht selten die Motivation aller Beteiligten.

Es macht daher Sinn, bestimmte Schlüsselqualifikationen[50] von Bewerbern zu messen. Solche können sein: Intelligenz-Anpassung, Intelligenz-Organisation, Umstellungsbereitschaft,

---

50 Gute Erfahrungen konnte ich mit dem Testverfahren JOBFIDENCE machen, das meine Netzwerkpartnerin Anna Dollinger erfolgreich umsetzt: www.noesis-online.de.

Leistungsmotivation, Stressstabilität und Hartnäckigkeit. Das Profil eines Menschen wird durch Messungen klarer und ergänzt sinnvoll den persönlichen Eindruck, den ein Personalverantwortlicher und eine spätere Führungskraft im Gespräch mit dem Bewerber gewinnen.

Das Gegenstück zum Bewerberprofil ist eine genaue Aufgaben- und Stellenbeschreibungen, die Klarheit über Aufgaben und Ziele der Position schaffen. Hierfür lohnt es sich, den gleichen Aufwand zu betreiben wie für das Erstellen des Bewerberprofils!

Es wird eine große Chance vertan, wenn für vermeintlich gleiche Stellen stets ähnliche Standardtexte Verwendung finden, die das jeweilige exakte Anforderungsprofil gar nicht widerspiegeln können. Kann es doch weder einen Standard für alle Stellen noch ein anzustrebendes Ideal geben. Aufgaben im Bankvertrieb sind zu unterschiedlich: Hier der Mitarbeiter im Call Center einer Direktbank, dort der Wertpapierspezialist einer Genossenschaftsbank. Es liegen Welten zwischen den Aufgaben eines Firmenkundenbetreuers einer Großbank einerseits und dem Vertriebsmitarbeiter im Wealth Management einer Privatbank andererseits. Innerhalb dieser Bereiche gibt es wieder feine Unterschiede: Einmal mehr Outbound-, dann wieder mehr Inboundgespräche oder es geht einmal mehr um Neukundenakquisition und ein anderes Mal um die Betreuung von Stammkunden.

Erfolgreiche Banken treiben entsprechend einen hohen Aufwand, dessen Effekt sich an Vertriebserfolgen und der Mitarbeiterzufriedenheit klar ablesen lässt. Berechnet man die Kosten eines Mitarbeiterwechsels, als Faustregel gilt ein Jahresgehalt, relativiert sich der Aufwand endgültig.

Die Personalabteilung ist die wichtigste Vertriebsunterstützung innerhalb der Bank!

Jede Führungskraft im Vertrieb kann die Chancen, den richtigen Bewerber zu identifizieren und einzustellen, steigern, indem sie die neun folgenden Fragen beantwortet. Diese Fragen sind alle nicht mit Ja oder Nein zu beantworten. Es geht vielmehr bei jeder Antwort um die vorhandene Ausprägung bzw. das Potenzial, die Qualifikation positiv zu verändern.

1. Welche Werte und Annahmen hat dieser Mensch, wie passen diese zu den Werten und Annahmen der Bank?
2. Wird der Kundenkontakt mit all seinen Höhen und Tiefen auf Dauer und unter Ergebnisdruck Freude machen?
3. Wie breit ist das Allgemeinwissen, wie umfassend die Bildung dieses Menschen jenseits des Fachwissens?
4. Welche Fachkompetenz ist vorhanden und hat der Bewerber schon Berufserfahrung?
5. Kann der Bewerber komplexe Themen einfach und bildhaft erklären?

6. Ist dieser Mensch neugierig? Neugierig auf Menschen, Gesellschaftstrends und Wirtschaft?
7. Ist dieser Mensch mutig, hat er Zivilcourage?
8. Kann dieser Mensch sorgfältig arbeiten, genau sein und sich an ein System halten?
9. Wie steht es mit Ausdauer und Frustrationstoleranz?

Bewerten Sie die Antwort im Zusammenhang mit der momentanen oder geplanten Vertriebsaufgabe und stellen Sie das Ergebnis in Bezug zu dem von Ihnen ausgewählten Auswahl- oder Messverfahren. Und dann glauben Sie Ihrer Intuition, aber erst dann!

Die sorgfältige Auswahl der Mitarbeiter für den Vertrieb ist für alle Beteiligten lohnenswert: Einem Menschen bleiben Misserfolge erspart, die Bank vermindert Fluktuation und deren Kosten; für die Kunden bedeutet die richtige Mitarbeiterauswahl Konstanz in der Betreuung und langfristige Beziehungen.

Die neun vorgestellten Fragen sind alle gleichermaßen relevant für den dauerhaften Vertriebserfolg eines Mitarbeiters. Wenn auch in nur einer Frage die momentane Ausprägung gleich null ist und auch keine Perspektive erkennbar ist, dass dieses Manko behoben werden kann, wird dieser potenzielle Vertriebsmitarbeiter maximal durchschnittliche Ergebnisse erreichen – wenn er Glück hat. Also keine Kompromisse eingehen – die werden teuer.

Allerdings gibt es eine Ausnahme: Frage vier, die Frage nach Fachwissen. Fachwissen ist, überspitzt formuliert, das unwichtigste Element einer Persönlichkeit im Vertrieb. Angenommen, die Messwerte zu den Schlüsselqualifikationen entsprechen den Anforderungen: Dann wird jeder Vertriebsingenieur, jede Hotelfachfrau und jeder Konditormeister in der Lage sein, das notwendige Fachwissen für eine Vertriebsaufgabe schnell zu lernen. Und wenn die übrigen acht Antworten überzeugend sind, hat die einstellende Bank in wenigen Monaten einen sehr erfolgreichen Vertriebsmitarbeiter in ihren Reihen.

4.4.2 Wie setzt sich der Beitrag der Vertriebsmitarbeiter zusammen?

In meinem Kleiderschrank hängt eine dunkelblaue Krawatte. Sie hängt dort seit 1985, ist mir seit über zwanzig Jahren eine Mahnung, um nie zu vergessen, wie schlechte Führung im Vertrieb Bindung und Motivation eines Vertriebsmitarbeiters zerstört. Zerstört durch eine primitive Form von Belohnung, nicht sehr unterschiedlich von der berühmten Karotte, die dem ziehenden Esel vor die Nase gehalten wird. Was war passiert? Eine große deutsche Bausparkasse hatte einen Verkäuferwettbewerb für ihre Bezirksleiter ausgelobt. Bei Erreichung bestimmter Mindestanteile einzelner Bauspartarife am Gesamtumsatz eines Quartals gab es etwas zu gewinnen: Eine Jeepsafari in Tunesien! Damit einhergehend Anerkennung und das Prestige des Gewinners. Die Preisverleihung war für die Jahrestagung geplant.

Ich war damals Bezirksleiter und habe um die Zielerreichung gekämpft, war fleißig und habe nichts unversucht gelassen, die Zielmarke zu schaffen. Und doch habe ich verloren, die Marke um Haaresbreite verpasst. Enttäuscht ging ich zur Jahrestagung und bekam als Trostpreis: die blaue Krawatte! Ich habe sie kein einziges Mal getragen. Wieso?

Heute, aus der Distanz, erkenne ich, was geschehen war: Ein junger, hungriger Vertriebsmitarbeiter wurde verführt. Und was noch schlimmer war: Er wurde für zu dumm gehalten, die Beweggründe der Bausparkasse für diesen Wettbewerb zu verstehen. Und er wurde als zu unwichtig erachtet, als dass man es für notwendig gehalten hätte, ihm die Erklärungen zu geben. Es gab nicht einmal den Versuch einer Erklärung durch die Führungskräfte. „Wir wollen diesen Anteil, und deshalb haben wir folgenden Wettbewerb…" so damals mein direkter Vorgesetzter.

Heute sehe ich das negative, von Misstrauen und mangelnder Wertschätzung geprägte Verhalten dieses Vertriebsmanagements deutlich. Man unterstellte damals, dass ein Vertriebsmitarbeiter nur dann den vollen Beitrag zum Gelingen leistet, wenn man ihm einen zusätzlichen Anreiz bietet.

Wieso glaubt ein Vertriebsmanagement, dass sich nur dann etwas bewegt, wenn zusätzlich zur normalen Vergütung ein Reiz gesetzt wird? Weil es die Vertriebsergebnisse immer wieder zeigen? Nach dem Motto „Mit Speck fängt man Mäuse"? Vertriebler sind eben so? Oft stimmt das. Es stimmt deshalb, weil man die Vertriebsmitarbeiter so erzogen, geprägt hat. Wie Teenager, die als Kinder mit Schokolade und Hausarrest zum Lernen „motiviert" wurden: Bevor sich diese Teenager heute bewegen, stellen sie die Frage: „Was bekomme ich dafür?" Und wer trägt die Verantwortung für dieses Verhalten? Teenager sind eben so? Ein Armutszeugnis – für die Eltern!

Wird heute besser geführt? Vertrauen die Manager ihren Vertriebsmitarbeitern heutzutage mehr? Im April 2008 konnte ich hören und sehen, wie den Vorständen einer Bankengruppe im Zuge der Jahrestagung die Fusion ihrer Versicherungstochter mit einer anderen Versicherungsgruppe erläutert wurde. Der Topmanager machte die Hintergründe und die Konsequenzen für den Vertrieb mit einer Präsentation deutlich, um am Ende zu sagen: „Für die Schaltermitarbeiter und die Vertreter müssen wir uns noch ein paar Incentives einfallen lassen, damit wir schnell vorwärts kommen." Das ist Bankvertrieb 2008!

Wie viele Vertriebsmitarbeiter heute noch, fühlte ich mich damals nicht ernst genommen und unfair behandelt. In einer Mischung aus Frustration, Wut und Trotz habe ich beschlossen, die Krawatte niemals zu tragen, habe mich verhalten wie ein Teenager.

Was war 1985 der Grund für meine von mir als solche empfundene Niederlage? Was war der Grund für mein Ergebnis, das nicht ganz so war, wie es sich die Bausparkasse gewünscht hatte? Einige Kollegen sind damals tatsächlich nach Tunesien geflogen. Wieso haben die es geschafft, ich jedoch nicht?

Meine *Bereitschaft*, mich einzusetzen, war groß, dessen bin ich mir heute noch sicher. Was meine *Fähigkeiten* anging, bin ich mir nicht sicher: Hatte ich in den Kundengesprächen die richtigen Fragen gestellt? Bin ich mit Einwänden richtig umgegangen oder konnte ich die Vorteile des Tarifes plausibel argumentieren? Heute vermute ich, dass meine Fähigkeiten noch nicht ideal waren. Und wie war es um die *Möglichkeiten* bestellt, das Ziel zu erreichen? Eine der mir zugeordneten Banken war grundsätzlich gegen die Bausparkasse, eine andere lehnte bestimmte Formen der Immobilienfinanzierung ab. Damit war mein theoretisches Potenzial praktisch halbiert. Ich hätte keine Karotte, sondern Unterstützung gebraucht.

Verkaufswettbewerbe sind Ausdruck der Hilflosigkeit des Vertriebsmanagements – jedenfalls immer dann, wenn sie das Hauptinstrument der Führungsarbeit sind. Verkaufswettbewerbe sind wie Schminke im Theater: Sie kann auch nur schmücken und betonen, was schon da ist, niemals aber ein Defizit kaschieren. Und: Verkaufswettbewerbe produzieren immer einige Gewinner – aber noch viel mehr Verlierer.

Jeder Mitarbeiter ist grundsätzlich in der Lage, den von der Bank gewünschten Beitrag zu leisten. Davon sollte man ausgehen können, warum sonst wurden diese Mitarbeiter für diese Aufgaben eingestellt?

Wenn es nun doch zu einer Differenz zwischen dem Soll und dem Ist kommt, liegt der Grund in mindestens einer der drei Facetten: Bereitschaft, Fähigkeit und Möglichkeit. In der Summe dieser drei Facetten entsteht der Beitrag, den ein Vertriebsmitarbeiter zum Vertriebserfolg leisten kann.

Abbildung 20: Den Beitrag zur Vertriebsleistung optimieren

100 % Beitrag	Verantwortlich sind alle Beteiligten	
	Bank	Mitarbeiter
Die Möglichkeit zum Beitrag	• Freiraum • Organisation	• Zuverlässigkeit • Selbstmanagement
Die Fähigkeit zum Beitrag	• Werkzeuge • Wissen	• Verantwortungsgefühl • Disziplin
Die Bereitschaft zum Beitrag	• Führungsverhalten • Kultur	• Persönliche Ziele • Fleiß

- Die Bereitschaft einen Beitrag zu leisten:

Menschen haben die Bereitschaft, sich zu engagieren, sich einzubringen. Diese Bereitschaft kann sich zu Lust entwickeln, manche Menschen sprechen sogar davon, von einer Mission beseelt zu sein. Die einen klettern durch die Eiger-Nordwand, andere entwickeln Kleinkreditformen für Schwellenländer und wieder andere stehen jeden Tag um drei Uhr nachts auf, um Laugenbrezeln zu backen. Es geht hier nicht um die Bereitschaft *des* Menschen, sondern um die Bereitschaft *dieses* Menschen! Dieses Menschen, mit dem sich eine Führungskraft im Vertrieb gerade beschäftigt. Die individuelle Bereitschaft, sich voll einzubringen: Dafür tragen Banken und ihre Vertriebsmitarbeiter selbst die Verantwortung. Im Dialog sollten Aspekte wie erlebtes Führungsverhalten, familiärer Hintergrund, Gesundheit, Ästhetik des Arbeitsplatzes oder das Entlohnungssystem besprochen werden. Alle diese Aspekte sind relevant für das Aufrechterhalten der Bereitschaft, insbesondere wenn es um die „Lust bei der Arbeit" geht. Denn die Lust kann einem schnell vergehen.

Die Bereitschaft des Mitarbeiters ist weder Bring- noch Holschuld: Sie ist eine Mischung aus beidem! Beide, Bank und Vertriebsmitarbeiter, können und müssen an dem Grad der Bereitschaft arbeiten. Das ist keine Frage von Arbeitsvertrag oder Fürsorgepflicht des Arbeitgebers.

Das ist Ausdruck eines positiven Menschenbildes, das, ohne in Naivität abzugleiten, an das Gute im Menschen glaubt.

- Die Fähigkeit, einen Beitrag zu leisten:

Alleine die Bereitschaft reicht noch nicht, um auf den Gipfel des Eigers zu kommen. Ausgeprägte Fähigkeiten wie Muskelkraft, Bewegungstalent, Kondition und Durchhaltewillen sind nötig. Dieser Ansatz mentaler und körperlicher Fitness lässt sich auf den Vertrieb übertragen. Fachliche Kompetenz einerseits und sicheres Auftreten andererseits sind typische Aspekte von Fähigkeiten im Vertrieb. Sind Produkt- und Prozesskenntnisse auf dem notwendigen Stand, um die Vertriebsfunktion auszufüllen? Ist das Allgemeinwissen umfangreich? Wie steht es mit der Fähigkeit, sich auszudrücken? Um eventuelle Lücken in der Beraterkompetenz zu schließen, helfen individuelle Maßnahmen: Klassisches Verkaufstraining für die Einwandbehandlung; Coaching am Arbeitsplatz, um die Neukundenakquisition zu üben; Vermittlung von Fachwissen über das Intranet. Seminare über Präsentationstechnik vermitteln Sicherheit für Kundenveranstaltungen; unterschiedlichste Inhalte und Lernansätze vermitteln und festigen die notwendigen Fähigkeiten für die jeweilige Vertriebsaufgabe.

„Es gibt nur eine Sache auf der Welt, die teurer ist als Bildung: Keine Bildung." Dieses Zitat von John F. Kennedy verdeutlicht die Aufgabe der Führungskräfte: Einerseits müssen diese an den Fähigkeiten ihrer Vertriebsmitarbeiter konsequent arbeiten, denn ohne Bildung im Sinne von Fähigkeiten geht es nicht. Andererseits verursacht Bildung hohe Kosten. Damit stellt sich die Frage nach der Rentabilität von Bildung. Rechnen sich Maßnahmen, um die Fähigkeiten zu verbessern? Wie schnell rechnen sie sich und wie überprüft man das Ergebnis? Nur durch eine enge Verzahnung der Personalentwicklung[51] mit der Vertriebsleitung einer Bank können diese Fragen geklärt werden. Elementar ist dabei, die Gießkannenmethode durch gezielte Maßnahmen zu ersetzen. Ein Verkaufstraining für alle Vertriebsmitarbeiter kann nur die Basis dafür sein, ein gemeinsames Grundverständnis schaffen.

Vorausgesetzt, es gibt eine Stellen- und eine Aufgabenbeschreibung, kann daraus ein Anforderungsprofil abgeleitet werden. Dieses Anforderungsprofil steht dem Fähigkeitsprofil gegenüber. Im Vergleich wird der Grad der Übereinstimmung deutlich. Ist eine Fähigkeitslücke sichtbar, können genau auf diese Lücke abgestimmte Maßnahmen organisiert werden.

Sind diese Maßnahmen fachlich und didaktisch professionell gestaltet, steht der Praxisbezug im Vordergrund. Werden die daran beteiligten Menschen akzeptiert, werden die fehlenden Fähigkeiten mit einer hohen Chance schnell vermittelt.

---

51 Scholz (2000), Seite 505 f. „Personalentwicklung".

Wenn der Vertriebsmitarbeiter darüber hinaus die persönlichen Voraussetzungen wie Intelligenz, Veränderungsbereitschaft und Fleiß mitbringt, ist er in der Lage, die vermittelten Fähigkeiten in den Vertriebsalltag zu integrieren.

Das Führungsverhalten der direkten Führungskräfte, die Kultur im Vertrieb insgesamt und die Marktsituation entscheiden mit, wie schnell und in welcher Höhe die neuen Fähigkeiten in Euro messbar sind.

Diese vereinfachte Darstellung erhebt nicht den Anspruch, sämtliche Dimensionen der Personalentwicklung en detail dazustellen, da dies den Rahmen der Publikation sprengen würde. Sie zeigt aber den Weg auf, an dessen Ziel ein Vertriebsmitarbeiter steht, der alle notwendigen Fähigkeiten besitzt, seinen Beitrag zum Vertriebserfolg der Bank zu leisten.

- Die Möglichkeit, einen Beitrag zu leisten:

Was macht ein Bergsteiger, der Lust auf die Eiger-Nordwand hat, körperlich fit ist, aber momentan mitten in Hamburg sitzt? Er fährt in die Döhrnstraße 4, in das DAV Kletterzentrum. Dort klettert er an Kunstfelsen, bis er keine Lust mehr hat. Das ist das Beste, was er im Rahmen der Gegebenheiten machen konnte. Jetzt ist er müde, was aber hätte er leisten können, wäre er morgens nicht in Hamburg, sondern in Grindelwald aufgewacht? Hätte er dann ein Team, die Ausrüstung und das passende Wetter vorgefunden? Alles nur Wunschdenken! So bleiben Bereitschaft und Fähigkeiten zum Großteil ungenutzt. Der Bergsteiger ist frustriert.

So frustriert, wie manche Vertriebsmitarbeiter. Sie würden so gerne leisten und sie könnten es auch, aber die Möglichkeiten sind eingeschränkt: Bürokratie und Administration rauben viel Zeit; die Vertriebsgebiete sind geographisch zu groß, die Vertriebsmitarbeiter sitzen im Auto statt beim Kunden; der Freiraum, eigene Entscheidungen zu treffen, ist minimal, die Entmündigung droht; im Lärm des Großraumbüros ist die Konzentration auf ein wichtiges Telefonat unmöglich. Die Liste ließe sich leicht verlängern.

Um im Bild „Bergsteiger" zu bleiben: Die Führungskräfte im Vertrieb und das Personalmanagement sind diejenigen, die das Basislager für die Bergsteiger einrichten! Sie sind an dieser Stelle die Dienstleister für die Vertriebsmitarbeiter, sie organisieren ein perfektes Umfeld. Die Fragen lauten: Wie müssen sich Banken organisieren, damit sie die Versprechen an ihre Kunden ideal erfüllen können? Wie müssen sich Banken organisieren, damit Vertriebsmitarbeiter das tun, wofür sie bezahlt werden: Beziehungen aufbauen, beraten und verkaufen? Und das jeden Tag!

Klar ist: Das Wetter lässt sich genauso wenig organisieren, wie gesetzliche Vorschriften oder die Entwicklungen im Finanzmarkt. Aber der Umgang damit lässt sich durchaus organisieren. In der Effizienzsteigerung der internen Prozesse liegt enormes Ertragspotenzial.

Die Möglichkeit, einen Beitrag zu leisten, bedeutet Motivation – nicht die Bereitschaft und nicht die Fähigkeit!

Auch für die Möglichkeit, seinen Beitrag zu leisten, ist nicht nur das Unternehmen, sondern auch der Vertriebsmitarbeiter verantwortlich: Mit Freiraum umzugehen heißt, Selbstverantwortung und Zuverlässigkeit zu demonstrieren.

Die folgenden Praxistipps verdeutlichen den Umgang mit der Bereitschaft, Fähigkeit und Möglichkeit für den Beitrag der Vertriebsmitarbeiter:

Eine einfache, keine leichte Formel für das Mitarbeitergespräch rund um den Beitrag des Vertriebsmitarbeiters:

$B = Q \times Q$
Beitrag ist gleich Quantität mal Qualität.

Diese Formel verdeutlicht den Anspruch „Weg von einer verkürzten quantitativen Betrachtung der Arbeit des Vertriebsmitarbeiters hin zu einer fairen, fordernden und fördernden Betrachtungsweise". Es ist also nicht alleine die Anzahl der Besuche oder die Höhe des Neugeldeingangs, die die Qualität des Beitrages eines Vertriebsmitarbeiters ausmacht. Zwei Aspekte zur Bewertung des Beitrages sind wesentlich:

1. Ein Beitrag ist immer relativ. Relativ zu der Planung, dem Vorjahr, dem Marktumfeld, den Beiträgen der Kollegen oder auch dem Gesundheitszustand des Vertriebsmitarbeiters. Getreu den Grundsätzen für ein erfolgreiches Feedbackgespräch soll zu Beginn der Diskussion zwischen Vertriebsmitarbeiter und Führungskraft klar werden, wie die Bezugspunkte sind. Beide können dann ihre Schlussfolgerungen zu der beschriebenen Relativität und ihre Gefühle dazu äußern.
2. Es sind objektive, unstrittige Kennzeichen nötig, an denen die Quantität wie auch die Qualität der Vertriebsarbeit gemessen werden können. Diese Kennzeichen müssen transparent und akzeptiert sein: Die Anzahl betreuter Kunden, geführte Gespräche, Empfehlungsadressen, betreutes Anlagevolumen, Produkte pro Kunde, Erlöse pro Kunde, gewährte Sonderkonditionen, Kundenverluste oder auch die Anzahl der Besuche. Diese Liste ist weder vollständig noch gibt es eine allgemein gültige Zuordnung zu Qualität oder Quantität. Entscheidend ist, mit den Vertriebsmitarbeitern gemeinsam solche Kennzeichen festzulegen. Ausgehend von dieser Liste können individuelle Zahlen gemessen und diskutiert werden. So findet man Optimierungsansätze für die Steigerung oder die Stabilisierung des Beitrages.

Wenn Vertriebsmitarbeiter die drei Facetten des Beitrages zum Vertriebserfolg und die Formel B = Q x Q kennen und verstanden haben, können sie mit ihren Führungskräften konstruktiv und wertschätzend darüber sprechen. Dann wird die Bank in wenigen Monaten spüren: Sie verdient mehr Geld mit zufriedenen Kunden!

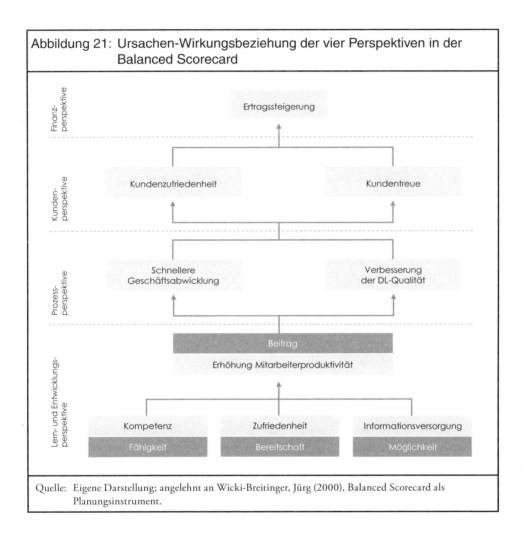

Abbildung 21: Ursachen-Wirkungsbeziehung der vier Perspektiven in der Balanced Scorecard

Quelle: Eigene Darstellung; angelehnt an Wicki-Breitinger, Jürg (2000), Balanced Scorecard als Planungsinstrument.

4.4.3 Die 7 Naturgesetze positiv wirkender Führung auf dem Weg zur erfolgreichen Vertriebsbank

Bücher zu Führung, Motivation und Personalmanagement füllen mühelos meterlange Regalreihen. Das Seminarangebot, die „goldenen Regeln" oder Checklisten sind überall präsent, wenn es um die Aus- und Weiterbildung von Führungskräften geht. Um das Konzept des BeratungsDreiecks erfolgreich umzusetzen, braucht es fähige Führungskräfte, Regisseure. Es sind Könner erforderlich, die ihrer Verantwortung gerecht werden. Was aber ist ein Könner? Und wie wird man einer? „Können ist Wissen plus Training plus Individualität", schreibt Gabriele Fischer, Chefredakteurin von BRAND EINS[52]. Eine pointierte Beschreibung, denn: Es ist noch kein Meister vom Himmel gefallen, es sei denn, er ist ein seltenes Genie. Ohne Üben, ohne Fehler und deren Korrektur erreicht niemand ein höheres Niveau. Wer zu früh zufrieden ist, landet im Mittelmaß. Also ist Training unumgänglich.

Individualität ist die Art und Weise eines Menschen, sein Wissen in die Tat umzusetzen – anders, nicht besser. Malen nach Zahlen ist eine Sackgasse, produziert es doch nur austauschbare Ergebnisse. Mit dem eigenen Stil erhebt man sich aus der Masse der Nachahmer.

Die Basis für die Tat ist das Wissen. Welcher Regisseur könnte überzeugende Arbeit leisten, ohne zu wissen, in welchem historischen Kontext Goethe schrieb; ohne zu wissen, wie ein Schauspieler ideal atmen sollte, oder welche Gesetze der Akustik auf dieser Bühne gelten. Wissen ist die Basis einer Arbeit, die minutenlangen Applaus zur Folge hat.

Die nachfolgenden „Naturgesetze" sind die Quintessenz dessen, was mich in Literatur und Vortrag überzeugt und dem Praxistest im Vertriebsalltag standgehalten hat.

Positive und negative Beobachtungen in zahlreichen Banken verbinden sich mit den Lebenserfahrungen von Peter F. Drucker, dem Wissen Klaus Dopplers, der Arbeit von Christian Scholz oder den Quergedanken Reinhard Sprengers. Es gibt kaum etwas Spannenderes und Sinnvolleres, als die Gemeinsamkeiten in deren Arbeiten zu finden und sich an Widersprüchen zu reiben. Um es mit Fredmund Malik[53] zu sagen: „Ich schlage vor, Management als Beruf zu sehen. Management kann erlernt werden; es muss aber auch erlernt werden."

Die Gedanken zu den „Naturgesetzen" bilden die ersten Schritte, das Basiswissen, diesen Beruf zu erlernen oder das Gelernte einer kritischen Überprüfung zu unterziehen. Sie sind Richtschnur, an der die Aus-/Weiterbildung der Führungskräfte in Personalabteilung und Vertrieb ausgerichtet werden kann.

Vor allem aber sind sie die Mindestanforderungen für das Entstehen einer Vertriebskultur, die stabile und ertragreiche Kundenbeziehungen zum Ziel hat.

---

52 Brand Eins, Ausgabe 11/2007.
53 Malik (2003), Seiten 46 f.

1. **Vertrauen verleiht Flügel**
   Menschen blühen auf, wenn sie spüren, dass ihnen Vertrauen entgegengebracht wird. Vertrauen ist ein Kompliment, sagt es doch: „Du bist okay." Empfangenes Vertrauen macht stolz. Mit diesem Selbstwertgefühl gehen Menschen an ihre Grenzen und wachsen darüber hinaus. Menschen übernehmen Verantwortung und erledigen an sie delegierte Aufgaben mit Engagement.

   Auch für Vertrauen gilt die Regel: Man zieht an, was man ausstrahlt: Wer Vertrauen schenkt, dem wird Vertrauen geschenkt. Misstrauen wird als mangelnde Wertschätzung empfunden, provoziert Auflehnung. Vertrauen kann wachsen, wenn sich Menschen offen begegnen: offen für andere Meinungen oder ungewöhnliche Vorgehensweisen. Dritte zu akzeptieren, ohne sie zu **be**urteilen, gar zu **ver**urteilen, fördert Vertrauen. Und das Wichtigste ist Integrität: Nicht nur sagen, was man denkt, sondern das, was man sagt, auch tun!

2. **Ohne Kontrolle ist Vertrauen sinnlos**
   Vertrauen ist eine mächtige Kraft, und die will in die richtigen Bahnen gelenkt sein. Der Regisseur vertraut und kontrolliert, muss er doch den Gesamteindruck auf der Bühne im Blick behalten. Er vertraut auf die Spielfreude seiner Schauspieler, mit dieser alleine gewinnt man aber kein Publikum. Ein Kunde wird nicht nur mit Freude am Kundenkontakt gewonnen, da braucht es zum Beispiel eine professionelle Gesprächsführung oder das umfassende Fachwissen. Die Kontrolle der Führungskraft macht aus Vertrauen messbaren Erfolg!
   Viele Menschen wollen nicht gerne kontrolliert werden, Kontrolle schadet oft der Motivation. Ursache ist aber nicht, dass kontrolliert wird, sondern wie kontrolliert wird: wie häufig, wie offen, wie eng und mit welcher Botschaft. Wenn die Intervalle, die Bandbreiten stimmen und wenn die grundsätzliche Wertschätzung in der Rückmeldung deutlich wird, wird aus Kontrolle gern angenommene Hilfe.

3. **Nur das Ergebnis zählt**
   Wir sind nicht zum Spaß auf der Bühne! Am Ende zählt nur eines: Ist das Theater ausverkauft? Sind wir am Markt so erfolgreich, dass die Bank ihre Ziele erreichen kann? Es sind Resultate, die Freude schenken, nicht die Handlung an sich. Es ist das Bild, das zählt, nicht der Pinselstrich. Die Worte auf der Bühne sind nicht wichtig; was sie bewirken, ist entscheidend. Der erste Satz, den ein Theaterbesucher sagt, wenn der letzte Vorhang gefallen ist, ist entscheidend. Was die Schauspieler die letzten zwei Stunden dafür auf der Bühne geleistet haben, ist ohne Bedeutung.
   Nur der ökonomische Erfolg zählt, kann doch nur ein wirtschaftlich erfolgreiches Unternehmen am Markt überleben – wie auch eine Bank nur überlebt, die ausrei-

chenden Gewinn erwirtschaftet. Wer wollte das bezweifeln?
Was aber ist mit den sozialen Aspekten, der Verantwortung gegenüber Gesellschaft und Umwelt? Der Umgang mit diesen Fragen und dem damit beschriebenen Zielkonflikt ist entscheidend für den Erfolg der Bank. Weicht eine Führungskraft bei diesen Fragen aus, verliert sie Vertrauen und die Kontrolle wird zum Machtinstrument.

4. **Wer das Warum kennt, kann das Wohin verstehen**
Keine Maßnahme ist sinnvoll ohne eine vorherige Diagnose. Das unterscheidet die Aktivität von Aktionismus. In dem Moment, in dem Vertriebsmitarbeiter nachvollziehen können, warum etwas passieren soll, können sie sich mit dem Ziel identifizieren. Erkennt ein Vertriebsmitarbeiter die Auswirkungen der demographischen Entwicklung auf die staatlichen Renten- und Gesundheitssysteme, kann er das Ziel verstehen, Vorsorgeprodukte mit den Kunden zu besprechen und zu verkaufen.
Wer seine Arbeit in einen größeren Zusammenhang stellen kann, wird besser und zufriedener arbeiten. Auf die Frage an Vertriebsmitarbeiter: „Was machen Sie beruflich?" gibt es unterschiedliche Antworten: „Ich verdiene mein Geld am Schalter einer Bank." Oder: „Ich bin Vertriebsmitarbeiter einer sehr guten Bank, die jedes Jahr viele neue Kunden gewinnt." Oder sogar: „Ich bin Vertriebsmitarbeiter einer Bank und wir helfen unseren Kunden, in ihrem Leben finanziell klarzukommen." Mit der zweiten, erst recht mit der dritten Antwort kann eine Bank die Welt in ihrem Marktgebiet verändern!

5. **Wer das Wohin versteht, hat Mut für den Weg**
Sich zu entwickeln kostet Mut. Mut, um Neues anzupacken; Mut, den Tatsachen ins Gesicht zu schauen und Mut, einen Rückschlag zu erleben. Es erfordert großen Mut, es nochmal zu probieren! Dieser Mut resultiert aus Zielen, die Sinn stiften. Der Reiz, das Ziel zu erreichen, ist stärker als die Widerstände auf dem Weg dahin.
Wenn die Führungskraft die Schritte und Methoden auf diesem Weg gut begründen kann, steigt die Akzeptanz seitens der Mitarbeiter weiter an. Wenn darüber hinaus in der Organisation Menschen mit Kompetenz und Einfluss den Vertrieb der Bank bei seinem Vorgehen unterstützen, bekommen die Vertriebsmitarbeiter den nötigen Rückhalt, den Mut, die Veränderungen als Beteiligte umzusetzen.

6. **Aus der Stärke resultiert der Beitrag**
Es ist eine Binsenweisheit: Niemand hat einen Arbeitsplatz, weil er versprochen hat, an seinen Schwächen zu arbeiten, diese gar komplett abzustellen. Jeder Mitarbeiter hat einen Arbeitsplatz auf Grund seiner Stärken, seiner Talente, seiner Fähigkeiten bekommen. „Man kann nur mit seinen Stärken etwas erreichen. Mit seinen Schwächen erreicht man nichts", so ein Zitat eines Managers im Buch von

Elisabeth Haas Edersheim[54] über das Lebenswerk von Peter F. Drucker. Im Ideal bedeutet das: Die Aufgabe wird dem Menschen, genauer seinen Stärken angepasst. In der Vertriebspraxis kann nicht jeder Vertriebsmitarbeiter eine zu 100 Prozent auf ihn zugeschnittene Vertriebsaufgabe bekommen. Was aber sehr wohl umsetzbar ist: In jeder Filiale, in jedem Call Center und in jedem hoch qualifizierten Spezialistenteam kann eine Führungskraft anstreben, Arbeitsschwerpunkte zu setzen, Kundengruppen oder Produktgruppen nach Stärken der Vertriebsmitarbeiter einzuteilen. Im Dialog mit den Vertriebsmitarbeitern werden die Stärken analysiert, im Team besprochen und die Aufgaben daran angepasst. Und es ist mehr möglich, als man am Anfang einer solchen Überlegung glaubt.

7. **Ohne Konflikt keine Übereinstimmung**
„Lebendige Kommunikation" fordert Klaus Doppler in seinem Buch „Change Management[55]". Stimmt. Mit einer Kommunikation, die weit über reine Information hinausgeht, gewinnt man Menschen, macht man aus Betroffenen engagierte Beteiligte. Führungskräfte im Vertrieb suchen bewusst den Dialog mit den Vertriebsmitarbeitern. Alle Themen, die für den Vertriebserfolg wichtig sind, werden angesprochen. Dialog beinhaltet auch immer ein gewisses Maß an Konflikt. Es wäre ja Zufall oder Gehirnwäsche im Spiel, wären alle Beteiligten der gleichen Meinung, teilten alle die gleichen Wünsche bezüglich Vorgehensweise oder hätten alle übereinstimmende Erwartungen an das Ziel.

Wenn Führungskräfte eine Übereinstimmung im Sinne eines Commitments, eines freiwillig gegebenen Versprechens erreichen wollen, müssen sie die Wünsche, Fähigkeiten, Bedenken berücksichtigen, nicht ignorieren. Sie müssen mittels Überzeugung ihre Leute gewinnen, sie können nichts und niemanden erzwingen.

Der Dialog und die damit verbundenen Konflikte tragen dazu bei, etwa vorhandene Ängste sichtbar zu machen und sie durch Information zu beseitigen. Das führt so weit, dass die Maßnahmen von den Vertriebsmitarbeitern konstruktiv kritisiert und Lösungen mitgetragen werden. Der angestrebte Grad an Akzeptanz bewegt sich zwischen Ablehnung und Euphorie.

In Kapitel 3 wurde die Einführung der Beratungsmodule mit den konkreten Merkmalen besprochen. Papier ist geduldig, und der schönste Katalog nützt nichts, wenn das Erleben der Merkmale durch die Kunden nicht von engagierten Vertriebsmitarbeitern gestaltet wird. Das Finden, Entwickeln und Führen von Vertriebsmitarbeitern ist zentrale Aufgabe des Managements einer Bank. Wenn die Vertriebsmitarbeiter ihre drei Rollen im Theaterstück „Bankvertrieb" nicht spielen, sondern leben, ist das ein Indiz für die erstklassige Arbeit eines Bankvorstandes und seiner Führungskräfte.

---

54 Haas Edersheim (2007).
55 Doppler/Lauterburg (2002).

Mensch, Berater und Verkäufer sind anspruchsvolle Rollen und wollen täglich neu erarbeitet werden. Das kostet eine Menge Schweiß, und bringt noch mehr Freude. Allen!

4.5 Die Prozesse der Vertriebsbank aus Kundensicht

Hier sollen die Prozesse geschildert werden, die die aus Sicht der Kunden wahrgenommene Qualität begründen. Am Anfang dieses Kapitels 4 hatte der Held im Theaterstück nicht nur seinen Text vergessen, es fiel auch noch der Scheinwerfer aus. Nichts war mehr zu sehen. Kunden sehen häufig auch nur die dunklen Seiten der Bank: Eine Kreditentscheidung dauert sehr lange; während der Krankheit des Vertriebsmitarbeiters ist der Vertreter auf das Kundengespräch nicht vorbereitet; eine Vermögensaufstellung ist nicht zu sehen, obwohl sie versprochen war; die Abrechnung des Kontos ist fehlerhaft.

Mal ist der Sitzungsrhythmus des Vorstandes schuld, dann liegt es an der fehlenden Zeit oder es ist mal wieder „der Computer", sprich „heute ist wieder alles so langsam". Das Dunkel wird mit ernster Miene erklärt: „Das geht nicht, weil…!"

In der Vertriebsbank gilt: Kundenorientierung! Alle Prozesse und die daraus abgeleitete Organisation folgen den Anforderungen des Vertriebes, so wie dieser den Bedürfnissen der Kunden folgt.

Aus Kundensicht sollen die Prozesse die folgenden Bedürfnisse mehr als befriedigen. In allen Aktivitäten der Bank soll die Kundenorientierung spürbar werden:

- Pünktlichkeit und Zuverlässigkeit spiegeln sich in der Aussage:
  „Wir halten jeden Termin;
  wir machen keine Fehler, wenn doch, dann suchen wir eine schnelle Lösung;
  wir halten unsere Versprechen unbedingt!"

- Schnelligkeit und Flexibilität äußert sich in dem Versprechen:
  „Wir sind für Sie da, wann Sie wollen;
  wie Sie wollen;
  wo Sie wollen!"

- Bequemlichkeit und Vereinfachung verspricht die Aussage:
  „Wir arbeiten für Sie, damit Sie möglichst wenig Zeit und Kraft für Ihre Bankgeschäfte einsetzen müssen;
  wir sagen Ihnen, was Sie wissen wollen und wissen müssen
  und sagen es Ihnen so, dass Sie es gut verstehen können."

Zuweilen erscheint es, als stünden gesetzliche Vorschriften, technische Zwänge oder Vorgaben der Rechenzentren der idealen Erfüllung der Kundenbedürfnisse im Wege. Insider der Bankenbranche, die sich intensiv mit den Prozessen der Banken beschäftigen, gehen jedoch davon aus, dass mindestens die Hälfte aller Prozesse einer Bank von deren Management beeinflusst werden kann.

Es gibt damit eine Menge Chancen, die Prozesse der Bank im Sinne der Kundenorientierung auf den Prüfstand zu stellen und die bewährten Regeln der Profis[56] zu nutzen. Ein Beispiel: Die Prozesse an jedem einzelnen Arbeitsplatz im Vertrieb können schnell optimiert werden, wenn fünf einfache, einleuchtende Regeln eingehalten werden:

1. Aussortieren.
2. Sichtbare Ordnung schaffen.
3. Sauber halten.
4. Standardisieren.
5. Selbstdisziplin leben.

Was trivial klingt, war vor Jahren der Beginn einer Revolution in der Automobilindustrie und ist heute eine Perspektive für Banken. Diese Einschätzung teilt auch Wolfgang König, Professor für Wirtschaftsinformatik an der Universität Frankfurt. Er geht davon aus, dass Banken gegenüber der Automobilindustrie 15 Jahre Rückstand haben.

Toyota und Porsche sind Beispiele dafür, was entsteht, wenn ein Unternehmen Kundenorientierung einerseits und Kostenbewusstsein andererseits mittels ihrer Prozesse verbindet: Ertragreicher Umsatz.

Die Wirtschaftlichkeit der Prozesse ist mit Blick auf den Ertrag der Bank zwingend. Theoretisch kann man sich für Kunden mehr als zwei Beine ausreißen; das kostet eine Menge Geld. Deshalb ist der Blick auf die Prozesskosten sinnvoll und unverzichtbar. Betrachtet man die Kosten alleine, sagen diese noch nichts über die Wirtschaftlichkeit der Prozesse aus. Ob sich ein Prozess für die Bank rechnet, hängt letztendlich von der Bereitschaft der Kunden ab, Geld für den Nutzen dieser Prozesse auszugeben.

Menschen und Prozesse sind so effektiv wie ein Patent – sie schützen Umsatz und Ertrag der Vertriebsbank.

Menschen und Prozesse der Bank machen den Unterschied – auch bei den Preisen. Kunden bezahlen nur die wahrgenommene Qualität – sonst nichts. Wird die Erwartung der Kunden nicht nur erfüllt, sondern übertroffen, werden Kunden auch höhere Honorare und Provisionen bezahlen.

---

56 Mein Netzwerkpartner Ingenics AG, Ulm, Spezialist für Effizienzsteigerung durch Prozessoptimierung.

5 Die Preisgestaltung der Beratungsmodule – entscheidend für die Ertragslage der Banken

5.1 Von Schnäppchenjägern zu cleveren Kunden

Es begann vor zwanzig Jahren. Unauffällig, wie ein Riss im Staudamm, fing es an und wurde zur Flut, die alle alten Strukturen wegriss. Beim Optiker, im Reisebüro, im Lebensmittelhandel und im Fachgeschäft für Unterhaltungselektronik: Das Brillengestell, der Flug nach New York, die Tiefkühlpizza „Vier Jahreszeiten" und erst recht der neue PC: Billig musste es sein! Das Attribut „Geil" wird inzwischen vornehmlich mit Euro und Cent in Verbindung gebracht. Industrie und Handel waren die ersten, die von den Jägern des ausgehenden 20. Jahrhunderts heimgesucht wurden. „Billig" ist heute überall präsent, keine Branche, die nicht davon umgewälzt worden wäre.

Banken packte es endgültig ab 1995: Direktbanken wurden gegründet, mit hohen Ambitionen ins Rennen um Kundengelder geschickt. Der Erfolg ließ auf sich warten. Ihr Durchbruch gelang erst, als die Konditionen[57] in den Mittelpunkt des Marketings gestellt wurden. Die traditionellen Banker hatten ein neues „Feindbild" und die Direktbanken verdienen heute Geld. Der Preisdruck ist auch bei den Banken angekommen.

Mancher Banker hat in den letzten Jahren gegenüber seinen nun preissensiblen Kunden argumentiert: „Die Direktbanken können sich diese Konditionen leisten, sie haben ja nicht die Kosten der Filialen zu tragen." Geholfen hat es ihnen wenig, denn die Direktbanken alleine sind nicht verantwortlich für die für Banken ungewohnte Situation: Preisdruck und abwandernde Kunden.

Nach Jahrhunderten im Reservat, hinter den hohen Schutzwällen der Traditionen sind Banken im Dschungel des Marktes angekommen. Sie werden respektlos angegriffen, Kunden fressen ungeniert die Marge auf und Preisgespräche gehören zum Überlebenskampf der Vertriebsmitarbeiter.

Im Detail sieht dieser Dschungel so aus:

- Der Wettbewerb der Banken um die Preise ist aggressiver geworden, weil neue Anbieter um Marktanteile kämpfen: Isländische Banken oder Kaffeeröster, um nur einige zu nennen.

- Schon ein Mausklick bringt die Wettbewerber auf den Schirm. So schnell konnten sich

---

57 „Konditionen" wird synonym zu „Preise" verwendet.

Kunden noch nie einen Überblick verschaffen: Direkt beim Anbieter oder bei einem der zahlreichen „billiger.de-Dienstleister".

- Die wirtschaftliche Situation wird für viele Haushalte schwieriger. Der finanzielle Druck auf die Mittelschicht wächst: sinkende Reallöhne, Preissteigerungen an der Zapfsäule und beim Croissant. Selbst die vermögenden Privatkunden achten heutzutage mehr auf ihre Kosten, was Firmenkunden schon lange tun.

- Der Gesetzgeber und die Rechtsprechung fordern über die MiFID- und WpHG-Regeln mehr Transparenz über Provisionen und Rückvergütungen, sollten Banken Produkte Dritter verkaufen und daraus Erträge generieren. Der wachsende Erklärungsdruck lenkt den Blick abermals auf die Preise.

Das alles ist für Banken schon problematisch genug, aber das Entscheidende kommt noch:

Erstens: Kunden können in den Leistungen der Banken keine Unterschiede erkennen. Hier weisen Banken eine Gemeinsamkeit mit fast allen anderen Branchen auf. Produkte und Dienstleistungen sind nahezu identisch: Bagger oder Navigationsgerät, Autovermietung oder Zeitarbeitsunternehmen, Unterschiede sind Mangelware. Kunden vergleichen die fast identischen Leistungsangaben und wissen dann immer noch nicht, was sie kaufen sollen. Das Schmücken mit Testsieger-Logos und Prüfsiegeln ist so zahlreich geworden, dass es auch keinen Unterschied mehr macht. Erst das Preisschild zeigt einen Unterschied der Alternativen. Der ratlose Kunde sagt sich: „Wenn alle das Gleiche können, kaufe ich das Billigste."

Zweitens: Es gibt zu viel Misstrauen gegen Banken und ihre Konditionen. Die Intensität der kritischen Berichterstattung in den Medien, die berechtigten, die übertriebenen und die falschen Vorwürfe gegen Banken wirken sich deutlich auf die Wahrnehmung der Kunden aus. Diese vermuten ein Übervorteilen, ein „Abzocken" oder sogar unrechtmäßige Bereicherung durch die Banken. Eine Branche steht unter Generalverdacht. Dazu kommen noch astronomische Vergütungen einzelner Bankvorstände, ein kritischer Bundespräsident, und die ablehnende Haltung der Kunden ist perfekt.

In der Konsequenz reagieren Banken mit der „Flucht nach vorne" und überbieten sich vor der Tagesschau mit attraktiven Zinssätzen, die lebenslange „Gebühren-Null" für ein Wertpapierdepot kann gar nicht groß genug sein.

Wie präsent das Thema Konditionen heute ist, zeigt eine Stichprobe unter den an einem durchschnittlich großen Bahnhofskiosk im Mai 2008 erhältlichen Publikationen: In 15 Magazinen und Zeitschriften fanden sich 78 Anzeigen von Banken, davon betonten 43 Institute ihre Konditionen, knapp die Hälfte warb mit „Leistung" oder „Kundenorientierung".

Die Preisgestaltung der Beratungsmodule – entscheidend für die Ertragslage der Banken

Die Brisanz dieses Themas bestätigt sich auch in Studien[58], die sich mit den Erfolgsfaktoren im Bankvertrieb beschäftigen: Von abgefragten 44 Kriterien erwiesen sich 13 Kriterien als entscheidend für das Verhalten der Bankkunden. Die „Konditionengestaltung" der Banken steht mit Abstand auf dem ersten Platz. Für diese 13 Kriterien wurde jeweils der Unterschied zwischen „Erwartungen" und „erlebter Realität" untersucht:

Das Ergebnis der Studie zeigt ganz deutlich, dass Kunden eine erhebliche Diskrepanz empfinden zwischen den annoncierten Preisen und den Preisen, die sie tatsächlich zahlen müssen. Konkret weicht die wahrgenommene Realität in 42 Prozent der Fälle von den beworbenen Versprechen ab. Kunden wollen entweder das „Billigste" oder den „Höchsten Zinssatz" – aber bekommen ihn nicht! Das ist jedenfalls die Wahrnehmung der Kunden.

Im Gegensatz dazu erweist sich der Faktor „Räumliche Nähe zu einer Bank", eines der 13 Kriterien, als nachrangig. Hier beträgt die Abweichung zwischen „Erwartungen" und „erlebter Realität" nur 8 Prozent. Mit Filialen scheint das Land wirklich gut genug versorgt zu sein.

Mit Konditionen bzw. Preisen können Banken schlecht umgehen: „Um den optimalen Preis zu bestimmen, muss ein Bankmanager die Preis-Absatz-Funktion kennen. Unter Berücksichtigung der Kosten und der Wettbewerbsreaktion kann er dann den Preis ermitteln, der den höchsten Gewinn bringt. Doch viele Manager kennen die Preis-Absatz-Funktion nicht." schreibt Dr. Georg Wübker[59] in seinem Buch zur Preisgestaltung in Banken. Den „Preis" als Resultat aus Angebot und Nachfrage könnten Banken besser gestalten, einzig es fehlt an Wissen, Mut und Übung.

Das sind schlechte Ausgangsbedingungen für die Gestaltung von Gewinn bringenden Konditionen, erst recht für Preiserhöhungen oder gänzlich neue Preise, wie sie zum Beispiel für die Beratungsmodule eingeführt werden müssen.

Das ist die Chance für Banken mit Preis-Intelligenz!

Dieser lebensfeindliche Dschungel ist gleichzeitig ein Lebensraum, der vor Vitalität und Wachstum vibriert: In allen Branchen gibt es Überlebenskünstler, die ertragreichen Umsatz mit zufriedenen Kunden machen. Da gibt es Werften, Waschmaschinenhersteller, LKW-Ersatzteilhändler und Bäckerfamilien, die täglich zeigen: Es geht doch, auch wenn alle anderen jammern und sich nicht anders zu helfen wissen, als ihre Preise weiter zu senken.

Mutige Banken werden zu den erfolgreichsten Unternehmen gehören, da es doch Kunden[60]

---

58 Hellenkamp (2006).
59 Wübker (2006), Seite 37.
60 Trendletter, 02/2008, Seite 2.

gibt, denen „billig" längst nicht mehr alles bedeutet. Diese Kunden wollen ein vernünftiges Preis-Leistungsverhältnis, mit Betonung auf Leistung. Das sind Kunden, die sagen: „Es zählen nicht meine Bedürfnisse und Werte, sondern nur mein Geld; ich werde vom Anbieter nicht ernst genommen; das kostet mehr Zeit, als es mir Zeit spart; das beleidigt Auge, Ohr und Verstand."

Immer mehr Kunden entdecken, dass Lebensqualität nicht vom Preis alleine abhängt: „Ich will echte Qualität; Dinge die mein Wissen vermehren; ich will positiv überrascht werden; alles, was mein seelisches Wohlbefinden fördert; alles, auf das ich mich wirklich verlassen kann".

In diesen bitteren Erfahrungen der Kunden liegt die Chance für Banken, ihre Preise intelligenter zu gestalten: Sie können die Leistungen und Vorteile, insbesondere die Beratungsmodule, den Kunden so darstellen, dass diese ihren Nutzen erkennen.

Die o.g. Studie zum Kundenverhalten macht deutlich, was Kunden neben angemessenen „Konditionen/Preisen" im Wesentlichen von ihrer Bank erwarten:

- bezüglich der Bankprodukte:

  Transparenz der Produkte,

  Verständlichkeit der Angebote, Unterlagen, Verträge.

- in Hinsicht auf die Beratung:

  Objektivität,

  bedarfsorientierte Beratung,

  Fachwissen,

  Entscheidungskompetenz,

  Schnelligkeit in der Geschäftsabwicklung.

- von der Bank allgemein:

  Vertrauen,

  Glaubwürdigkeit,

räumliche Nähe,

Öffnungszeiten,

Angebot an Geldautomaten.

Zwischen den Kundensegmenten selbst gibt es sicher unterschiedliche Gewichtungen und Erwartungen an diese einzelnen Anforderungen. Zusammenfassend lässt sich aber mit Sicherheit sagen:

Kunden spüren oder wissen ganz genau, dass sie ohne eine leistungsstarke Bank ihre finanziellen Herausforderungen nicht meistern können. Ob es sich um die Altersvorsorge von Max Mustermann oder um die Devisenabsicherung der Maschinenbau AG handelt: Kunden wünschen eine Premiumleistung – aber sie wollen nichts dafür bezahlen! Zu allen 13 Kriterien, die das Kundenverhalten maßgeblich beeinflussen, wurde gefragt, ob sich bei einer Verbesserung des entsprechenden Bankangebotes die Zahlungsbereitschaft der Kunden ändern werde: „Angenommen, eine Bank verbessert ihr Angebot in dieser Hinsicht, wären Sie bereit, mehr dafür zu bezahlen?" Unterm Strich lautete die Antwort: „Nein!" Es gibt über alle 13 Kriterien hinweg eine geringe Bereitschaft der Kunden, mehr als bisher an ihre Bank zu bezahlen. Kunden scheinen sich zu fragen, wieso sie für etwas bezahlen sollten, das sie entweder voraussetzen dürfen (Fachwissen) oder nicht kontrollieren können (Objektivität)? Also: „Nein!"

Und für Beratung? Dafür wollen Kunden überhaupt nichts bezahlen – hier sei das NEIN besonders ausgeprägt, so liest man immer wieder in der Literatur oder in einschlägigen Fachartikeln. Das ist falsch! Und es spiegelt die Vergangenheit. Denn gerade beim Kriterium „Bedarfsorientierte Beratung" wären entsprechend der Studie im Durchschnitt 44 Prozent der Kunden bereit, mehr Geld an die Bank zu bezahlen.

44 Prozent waren es zum Zeitpunkt der Studie Ende 2004. Wie viel sind es heute nach der Immobilien-Kredit-Krise, unzähligen MiFID-Unterschriften und Gerichtsurteilen zu Zinstausch-Geschäften? Ich gehe davon aus, dass es sehr viel mehr sein werden. Aus allen Blickwinkeln wird Kunden deutlich: Ohne ein neues Verständnis der Kunde-Bank-Beziehung geht es nicht. Immer mehr Kunden erkennen: Nur mit Vorwürfen gegen Banken bleiben alle Beteiligten in der Sackgasse, in der sie schon zu lange feststecken. Eine wachsende Zahl von Honorarberatern oder die Kunden der Quirin Bank beweisen: Mehr Kunden denn je verstehen, dass sie für die gewünschte Beratungs- und Produktqualität Geld bezahlen müssen.

Clevere Kunden bezahlen Geld, damit sie Geld verdienen!

Und es werden noch mehr Kunden bezahlen, wenn Banken die Beratungsmodule mit ihren Merkmalen einführen; lernen, Preise kundenorientiert zu gestalten und zu erklären.

In der Bankenlandschaft wird sich wiederholen, was auch in anderen Branchen nach der Billig-Flut geschehen ist: Es entstehen völlig neue Strukturen. Wir erleben gerade den Anfang vom Ende der Bankenlandschaft, wie wir sie heute kennen. Es wird neuartige Angebote alter und neuer Anbieter zu völlig neuen Bedingungen geben.

Und der Preis, nicht der Gesetzgeber oder eine andere Kraft in der Gesellschaft, wird diesen Wandel bewirken.

Preise entscheiden über die Zukunft der Banken.

Das Einführen und Vermitteln der „neuen" Preise erfolgt über die Beratungsmodule, über den Dialog, den Streit, die Diskussionen, die diese auslösen werden. Endlich sprechen Banker mit ihren Kunden nicht mehr nur über Produkte, sondern über die Bank selbst und was sie zu leisten im Stande ist. Darüber, was Leistung kostet. Darüber, dass Qualität produziert werden muss, und Produktion kostet Geld.

Das sorgt für Selbstbewusstsein in und für Klarheit außerhalb der Bank. Beratung und Preise gehören zusammen: Beratung ohne Preise ist nicht finanzierbar. Preise ohne Beratung werden nicht bezahlt.

Beratung und Preise zu kombinieren, ist überfällig. Das Beratungshonorar in Banken wird Realität.

5.2 Die Preise für die Beratungsmodule entwickeln und im Markt einführen

5.2.1 Preise sind ein Gewinntreiber für die Bank

Vier Faktoren bestimmen den Gewinn einer Bank: Die Absatzmenge, das kann das Kredit- oder das Anlagevolumen, die Stückzahl der Girokonten oder der verkauften Zertifikate sein. Der Preis der Dienstleistungen sowie fixe und variable Kosten. Die bekannte Formel für den Gewinn lautet: Absatzmenge mal Preis minus der Summe aus variablen und fixen Kosten. Banken managen alle vier Faktoren und gestalten sie positiv im Sinne ihres Gewinns. Wirklich? Tun sie das?

Meine These lautet: Der größte Verbesserungsbedarf besteht bei den Preisen, bei deren Festlegung, Einführung und Umsetzung im Bankvertrieb. Die Begründung für diese These ist dreigeteilt:

Die Preisgestaltung der Beratungsmodule – entscheidend für die Ertragslage der Banken

Erstens: In der Vergangenheit haben Banken über ihre Preisgestaltung nur schlecht kommuniziert. Diese traurige Wahrheit bestätigen Forschung und Praxis. Bankkunden haben mehrheitlich nicht das Gefühl, von ihrer Bank fair behandelt zu werden. Die Art und Weise, wie Preise genannt, erklärt und verhandelt werden, erweckt bei der Mehrzahl der Kunden Unzufriedenheit und Misstrauen. Diese Rückmeldung[61] vom Markt ist hart und nicht zu ignorieren, zumal sie doch nicht nur von Max Mustermann kommt.

Zweitens: Die Preis-Absatz-Funktion[62] und ihre Wirkung sind Bankern zu wenig bekannt und ihre Umsetzung findet kaum statt. Die Funktion zeigt, wie sich die Marktnachfrage nach einem Gut in Abhängigkeit vom Preis verändert. Ihr Hauptzweck besteht darin, den gewinnmaximalen Preis zu ermitteln. Vereinfacht besagt die Funktion: Je höher (niedriger) der Preis ist, desto niedriger (höher) ist die verkaufte Menge. Also gilt es, den Preis zu finden, der einen relativ hohen Preis und eine relativ hohe Menge verbindet, sprich: Im Ergebnis den höchsten Umsatz und Ertrag ergibt.

Drittens: In der Führung der Vertriebsmitarbeiter werden häufig Ziele einseitig vorgegeben und Ergebnisse des Controllings werden nur teilweise genutzt. Zwar wird der Nettoneugeldeingang von Kunden der Vertriebsmitarbeiter gemessen und belohnt. Gleichzeitig aber geben Vertriebsmitarbeiter zu schnell zu viel Rabatt, was nicht sanktioniert wird. Das führt in Summe zu einer Übergewichtung der Absatzmenge und einer Untergewichtung des Preises: Eine Verminderung der Erträge ist sicher.

5.2.2 Preise sind ein Signal für Kunden und Vertriebsmitarbeiter

Hohe Preise signalisieren Knappheit, wecken Begehren und versprechen einen hohen Wert. Die reinen Leistungsmerkmale scheinen dem Kunden überdurchschnittlich zu sein. „Der Besitz verspricht Prestige" schlussfolgern die potenziellen Käufer.

Der Preis als Signal für Leistung und Qualität wirkt dabei im Innenverhältnis der Bank auf die Vertriebsmitarbeiter. Diese sind stolz, ein teures und damit wertvolles Gut zu repräsentieren und zu verkaufen – so wie der Vertriebsmitarbeiter von HILTI stolz ist auf die Qualität im roten Koffer. Und diese Qualität hat ihren Preis. In diesem Selbstverständnis führen die Vertriebsmitarbeiter ihre Verkaufs- und Preisgespräche.

Niedrige Preise signalisieren allgemeine Verfügbarkeit, werfen kritische Fragen auf und lassen einen niedrigen Wert vermuten. Die Floskel „Was nichts kostet, ist nichts wert" treibt diesen Zusammenhang auf die Spitze. Wenn Kunden alles für „Null" nachgeworfen wird, folgern diese zu Recht: „Entweder ist es nichts wert, oder es ist ein Haken daran." „Wo verdienen die an mir, dass sie es sich leisten können, mir etwas zu schenken?" Jeder hat gelernt: Der Drucker ist deshalb so billig, weil die Druckerpatronen dafür umso teurer sind.

---

[61] Süddeutsche Zeitung, 08.05.2008, Seite 21, Millionäre misstrauen Bankern.
[62] Vgl. Wübker (2006), Seite 35.

5.2.3 Preise lenken Menschen dahin, wo es sinnvoll ist

Ziel der Banken ist es, kompetente und verantwortungsbewusste Vertriebsmitarbeiter zur Zusammenarbeit mit Kunden zu motivieren, die sich ihrerseits aufmerksam und kooperativ verhalten. Der richtige Preis bringt die Beteiligten zusammen, hilft entscheidend mit, dieses Ziel zu erreichen.

Die besten Vertriebsmitarbeiter gehen zu den Unternehmen, wo sie ein attraktives Einkommen, angenehme Arbeitsbedingungen und eine viel versprechende Perspektive finden. Und das sind nicht die Unternehmen, die ohne Phantasie nur an den Kosten sparen. Diese können oder wollen sich diese Vertriebsmitarbeiter gar nicht leisten. Es sind die Unternehmen, die mit den richtigen Preisen Umsatz und Ertrag erarbeiten.

Die begehrten Kunden werden zu den Unternehmen gehen, bei denen sie ein faires Preis-Leistungs-Verhältnis vorfinden. Dahin, wo ihnen der Preis schon vor dem Kauf signalisiert, dass es sich lohnt. Sie gehen dorthin, wo ihnen beim Kauf der Gegenwert der Leistung plausibel erklärt wird und sie nach dem Kauf den Gegenwert erleben. Diese Kunden werden mit einem Vertriebsmitarbeiter kooperieren, ihm Informationen geben, den Umgang mit dem Produkt erlernen, ehrliche Rückmeldungen geben und das Unternehmen weiterempfehlen. Zum Beispiel HILTI.

Durch die Preisgestaltung können Banken Kunden in ihre Richtung lenken, bzw. können Kunden mit der für sie passenden Bank zusammengebracht werden.

Die Preise lenken in letzter Konsequenz nicht nur zu einer Bank hin, sondern auch weg von einer Bank. Genau das kann von einer einzelnen Bank dann gewollt sein, wenn bestimmte Kundensegmente nicht angesprochen werden sollen. Das können Kunden aus einem definierten Segment sein, die auf Grund ihrer speziellen Wünsche, ihrer Einkaufsmentalität oder ihres Einkommens nicht zum Leistungsprofil der Bank passen. Denn ohne jede Arroganz kann gesagt werden, dass nur solche Kunden willkommen sein können, die der Bank eine Chance auf Ertrag bieten. Wenn ein „Daytrader", ein „Billigheimer" oder ein „Start-up-Unternehmer" eine Bank suchen, wird jeder eine geeignete Bank finden, es kann nur nicht für alle dieselbe sein.

Die Beratungsmodule bieten über ihre Bepreisung den großen Vorteil, dass sich auch einer der „ausgegrenzten" Kunden bei dieser Bank Wissen einkaufen kann. Das ist neu! Leistet sich ein Kunde den gewünschten Zugang, bekommt er ihn, unabhängig von Einkommen, Vermögen oder Lebenssituation.

Darüber hinaus strahlen Preise und der Umgang mit ihnen auch die Werte einer Bank, ihre Haltung, ihre Kultur aus. Und zu dieser Kultur müssen auch die passenden Kunden gefunden werden. Arbeitet die Bank mit zu vielen „falschen" Kunden zusammen, zerstören diese die Kultur von außen. Auch dies ist ein Aspekt der Lenkungsfunktion der Preise.

5.2.4 Wie findet man den „richtigen" Preis pro Modul?

Das Preismanagement, ausgerichtet an der Strategie der Bank, entscheidet über den Erfolg der Preisgestaltung. Im ersten Schritt erarbeitet das Innovationsteam als „Preis-Komitee" die Preismodelle für die Beratungsmodule. Danach kann sich im zweiten Schritt das Preismanagement für alle Produkte und Leistungen der Bank auf Vorstandsebene etablieren.

Um den vermeintlich „richtigen" Preis für ein Beratungsmodul zu identifizieren und fixieren, bieten sich die Anwendung diverser Hilfsmittel und die Analyse bestimmter Eckdaten und Vergleichswerte an:

- **Preis-Absatz-Funktion:**

Den richtigen Preis über die Analyse der Preis-Absatz-Funktion zu finden, ist anspruchsvoll: Dazu ist eine empirische Untersuchung im Markt erforderlich. Unter anderem können die eigenen Mitarbeiter diskutieren und Wettbewerber beobachten sowie Max Mustermann direkt befragen. Darüber hinaus können sie Conjoint-Analysen[63] durchführen. Doch lohnt sich der Aufwand?

Ja, er lohnt sich! Berechnet man den Minderertrag, der dadurch entsteht, dass die Preise zu niedrig sind, also erhöht werden könnten, ohne dass Kunden abwandern würden, wird klar: Kleine Veränderungen am Preis verändern das Ergebnis deutlich.

Umgekehrt ausgedrückt: Berechnet man den nicht realisierten Ertrag, der deshalb nicht entsteht, weil ein Preis zu hoch ist und viele potenzielle Kunden nicht kaufen, relativiert sich der Aufwand sofort.

100 € Ertrag pro Kunde mehr im Jahr, oder fünf Prozent mehr Neukunden pro Jahr und Vertriebsmitarbeiter: Was bedeutet das unter Berücksichtigung der Kosten für die Bank? Es bedeutet einen Ertragssprung! Eine genaue Überprüfung der Details führt zu der Erkenntnis: Der Preis beeinflusst den Gewinn stärker als die Kosten. Die Floskel „Der Gewinn liegt im Einkauf" ist nur dann richtig, wenn der Verkaufspreis stimmt. Nur das Rechnen im Einzelfall schafft Klarheit. Dann sind es möglicherweise bescheidene 85 € pro Kunde oder aber sensationelle 1.245 € in der letzten Excel-Tabellenspalte.

- **Vergleiche mit anderen Referenzwerten:**

Der richtige Preis muss aus Sicht der Kunden fair sein. Was aber halten Kunden für fair? Es kommt darauf an: auf den Bezugspunkt, den Referenzwert, den ein Kunde für seinen Vergleich wählt. Welche Referenzwerte sind denkbar?

---

63 Conjoint-Analyse: Vorgehensweise zur Messung der Bewertung eines Gutes und seiner Leistungsmerkmale.

a) bekannte Stundenhonorare in vielen Berufen:

- Steuerberater 80-120 €,

- KfZ-Mechatroniker 40-110 €,

- Berater in Verbraucherzentralen 70-90 €,

- freie Vermögensberater 80-150 €,

- Psychotherapeuten 90-120 €,

- international tätige Wirtschaftsprüfer 300-500 €.

b) der gefühlte Wert eines immateriellen Gegenwertes:
Diese Vergleiche sind sehr subjektiv, da jeder Kunde den Preis für die Dienstleistung an unterschiedlichen Maßstäben bemisst. Insofern entspricht der Preis einem hypothetischen Gegenwert, zum Beispiel den Urlaubserlebnissen, dem Anblick des restaurierten Oldtimers, dem Glück nach bestandener Abschlussprüfung oder dem funktionierenden Computernetzwerk.

c) die Preise der Wettbewerber:
Die Konditionen der Bank nebenan, die Finanzierungsangebote vom Autohaus mit dem Stern, die der unabhängigen Finanzdienstleister, der Kreditkarten oder die des ADAC bieten eine gewisse Orientierung für die angemessene Größenordnung der akzeptierten Preise.

d) weitere individuelle Bezugspunkte könnten sein:
Der Preis für einen Finanzratgeber[64] in Buchform zum Preis von 99 € für vier Bände; die Kosten einer Wagenaufbereitung für das eigene Auto für 280 €; die Reparaturkosten einer mechanischen Uhr zum Preis von 1.220 €. Oder der Kunde vergleicht Preise von Produkten und Dienstleistungen, die er im Rahmen seines Berufes selbst verkauft.

e) das Versprechen, das der Kunde von einer Bank bekommen hat und das Veranlassung für den Kunden ist, sich für diese bestimmte Bank zu interessieren.

Beispiele sind in zufälliger Reihenfolge aufgeführt:

- Die Vermögensexperten

- Leistung aus Leidenschaft

---

[64] Vgl. Beike/Letzgus (2008).

- Wir machen den Weg frei

- COMMITTED TO EXCELLENCE

- Wir gehen von dem Prinzip aus, dass jeder Kunde unser einziger Kunde ist

- Partnerschaft. Made in Germany. Auch über einen Vertrag hinaus

- Leistung ist im Süden zu Hause

- Rufen Sie uns an, wir sind gerne für Sie da

- Wir machen mehr aus Ihrem Vermögen

Hinzu kommen die Versprechen der Vertriebsmitarbeiter selbst, welche die Erwartungen der Kunden weiter nach oben schrauben. Das Einhalten dieser Versprechen, die vom Kunden erlebte Realität, bildet den Bezugspunkt für den Preis.

f) der Nutzen, der dem Kunden entsteht
Dies ist der beste und wichtigste Bezugspunkt für den Kunden und steht daher im Mittelpunkt der Überlegungen!

Der Nutzen, den der Kunde durch die Beratung erzielt.

Im Abschnitt 5.3.4 wird anhand konkreter Beispiele beschrieben, welche Bedeutung bei der „Preis-Erklärung" der in Zahlen ausgedrückte Kundennutzen für den Kunden hat. Der „Nutzen" ist deshalb der wichtigste Referenzwert für die Preise der Bank, da es am Ende unerheblich ist, was eine Leistung kostet. Es kommt vielmehr darauf an, was sie bringt.

- **differenzierte Preismodelle:**

Konkrete Unterschiede in den Merkmalen der Beratungsmodule erlauben und erfordern klar begründete Preisabstände. Der Preis ist Symbol für den Wert, den Kunde und Bank den Merkmalen beimessen.

Die Koppelung des Beratungshonorars mit den Preisen der Bankprodukte ist eine der Möglichkeiten, Preise für bestimmte Zielgruppen zu entwickeln. Eine andere Möglichkeit ist es, das Beratungshonorar an ein „Familienangebot" zu koppeln. In diesem Falle könnten also auch Familienmitglieder von den Konditionen profitieren und die Bank würde ihren Kundenkreis automatisch erweitern. Eine weitere Variante, die Kunden aus anderen Branchen kennen, ist die Verbindung des Beratungshonorars mit dem Depotvolumen des Kunden oder mit dem Kauf weiterer Produkte.

Wo immer der richtige Preis am Ende liegt, Voraussetzung für dessen Akzeptanz ist, dass er dem Kunden klar sein muss. Der Kunde muss ihn schnell verstehen können und der Preis muss für eine bestimmte Zeit gelten, damit er gelernt werden kann. Ein positives Beispiel für die Durchsetzung von Preismodellen ist McDonald`s, ein negatives Beispiel ist die Deutsche Bahn AG.

Um die Entscheidung für das eine oder andere Preismodell zu treffen, muss klar sein, dass eine eindeutige Bezugsgröße nötig ist. Für was bezahlt der Kunde? Für die Handlungen, die Leistungsmerkmale der Bank? Oder für das Ergebnis der Handlungen, für den finanziellen Erfolg? In jedem Fall muss in den Preismodellen genau an dieser Stelle klar unterschieden werden:

Banken können das *Ergebnis* ihrer Arbeit „entlasten", indem sie die *Handlung* selbst konkret mit einem Preis versehen. Wie im ersten Kapitel dieses Buches am Beispiel der Kreuzfahrt beschrieben: Der Kunde bezahlt zum einen die *Handlung* selbst, die Reise mit allen Merkmalen aus dem Reisekatalog. Zum anderen „bezahlt" der Kunde für das *Ergebnis* der Reise, einen schönen Urlaub mit Erholungswert.

An diesem Beispiel wird deutlich: Kein Reiseveranstalter wird sich am Markt durchsetzen, wenn seine Arbeit nicht in ausreichender Menge zum Erholungswert seiner Kunden führt. Andererseits ist eine Bezahlung ausschließlich nach Beendigung des Urlaubs, abhängig vom dessen Erholungswert, zu riskant für den Reiseveranstalter. So wie einzelne Banken keinen Einfluss auf die Entwicklung an den Finanzmärkten haben, hat der Reiseveranstalter keine Kontrolle über das „gewünschte" Wetter, so dass das Ergebnis „Erholungswert" in seiner Ausprägung unsicher ist.

Deshalb werden Reiseveranstalter unabhängig vom Wetter allein für die Leistungsmerkmale und Handlungen bezahlt. Banken machen das i.d.R ebenso: Unabhängig vom Ergebnis verlangen sie den vollen Preis. Das stößt auf stark zunehmenden Widerstand der Kunden. Würden Banken nun genau das Gegenteil machen, sich nur abhängig vom Ergebnis bezahlen lassen, wäre das Risiko für Banken unangemessen hoch.

Banken sind daher aufgefordert, Preismodelle zu entwickeln, die den Preisanteil für die Handlung und das Ergebnis ausbalancieren. Die Käufer des Beratungsmoduls wie auch die beratende Bank müssen eine partnerschaftliche Lösung finden, welche die Kunde-Bank-Beziehung unterstützt. Unabhängig davon, wie sich die Finanzmärkte entwickeln.

5.2.5 Wie führt man neue Preise ein?

Ziel der Einführung der Preise ist eine faire Bewertung durch die potenziellen und bestehenden Kunden der Bank. Die Einführung der Preise hat deshalb Adressatenkreise: Potenzielle und bestehende Kunden einerseits und Vertriebsmitarbeiter der Bank andererseits. Vertriebsmitarbeiter sind es, die in künftigen Kundengesprächen die Preise nennen und erklären werden. Vertriebsmitarbeiter beeinflussen dabei die Bewertung der Preise seitens der Kunden am stärksten, stärker noch, als es die Werbung oder der Vortrag eines Vorstandes je könnten. Die Vertriebsmitarbeiter müssen richtige und ehrliche Preisgespräche führen können, und dazu brauchen sie Unterstützung, wie sie in Kapitel 5.4 beschrieben wird.

Für alle Botschaften nach innen und außen gilt der Anspruch: „Absolute Ehrlichkeit und Transparenz!"– Es gibt diese Chance nur einmal, denn wenn das Vertrauen erst einmal enttäuscht wurde, ist es sehr schwierig und kostspielig, es wiederherzustellen.

Deshalb muss die Bank mit all ihren Bemühungen daran interessiert sein, diese eine Botschaft an ihre Kunden zu senden:

„Wir bieten Vertrauen und Fairness!"

Im ersten Schritt werden alle Kunden auf die Preise vorbereitet. Das kann gut im Zusammenhang mit der Einführungskampagne der Beratungsmodule erreicht werden. Im Rahmen des Marketings der Bank sind alle Mittel und Medien denkbar:

- Veranstaltungen im Marktgebiet,

- Zeitungsartikel in der regionalen Presse,

- Fachbeiträge in Magazinen,

- Vorträge auf Generalversammlungen,

- persönliche Anschreiben,

- Werbung in allen angemessenen Formen.

In allen Beiträgen und Botschaften muss der Kundennutzen im Vordergrund stehen und die Frage beantwortet werden, welchen Gewinn der Kunde aus den Preisen und Beratungsmodulen zieht. Es muss dem Adressaten klar werden, dass er bewusst eine Beratungsleistung gegen Honorarzahlung einkauft. Es muss klar werden, dass die Bank nichts versteckt, nicht mogelt und schon gar nicht im „Kleingedruckten" eine Hintertüre für sich offen hält. Es gilt die absolute Transparenz über die Leistungsmerkmale und deren Preise.

Das Einhalten der damit verbundenen Versprechen, gekoppelt mit den Werbeslogans der Bank, schafft neues Vertrauen. Vertrauen in die Institution „Bank" und in *diese* Bank im Speziellen.

Um zusätzliches Vertrauen und Wissen der Kunden aufzubauen, wären Seminare zum Thema „Bank- und Finanzwissen für Kunden" gut vorstellbar; ebenso wären Projekte mit Schulen oder Fachhochschulen mit dem Ziel, ein attraktives Bild der Banken in der Öffentlichkeit zu schaffen, sehr sinnvoll. Ich bin überzeugt, dass Banken auf eigene Initiative hin auf Kunden zugehen sollten, um die Institution Bank als wertvolles Mitglied in Gesellschaft und Wirtschaft zu positionieren.

Als Beteiligte in der Gesellschaft haben Banken eine hohe Bedeutung und müssen daher Verantwortung übernehmen. Um dieser Verantwortung gerecht werden zu können, soll man ihnen Fairness unterstellen und Vertrauen entgegenbringen können.

Ihrem Lieferanten und Partner HILTI bringen Handwerker ein hohes Vertrauen entgegen. HILTI verspricht ihnen: „Mehr Leistung. Mehr Zuverlässigkeit." Beim Einführen einer neuen Bohrmaschine zu einem bestimmten Preis kann HILTI Vertrauen direkt in einen höheren Preis ummünzen.

5.2.6 Kunden benötigen eine klare Aufteilung der Bankleistung

Die Leistungen der Banken sind nicht klar voneinander abgegrenzt. Vielmehr erscheinen sie dem Kunden als ein diffuses Durcheinander, das kein Vertrauen erzeugt. Bildlich gesprochen erscheint die Beratung als „schwarze Flecken" in der Gesamtleistung der Bank.

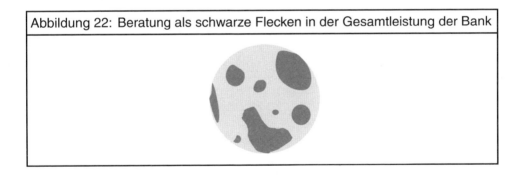

Abbildung 22: Beratung als schwarze Flecken in der Gesamtleistung der Bank

Über die Darstellung der Preise muss dem Kunden klargemacht werden, dass Preise für Beratung einerseits und Preise für Produkte, Abwicklung und Service andererseits nichts gemeinsam haben. Sie sind wie Äpfel und Birnen: nicht zu vergleichen.

Der Preis für Beratung ist wie ein Architektenhonorar, das klar von den Kosten für den eigentlichen Hausbau abgegrenzt ist. Ein anderes Beispiel ist das der Arbeitsstunden in der Autowerkstatt: Sie werden getrennt von den Kosten für Bremsbeläge auf der Rechnung ausgewiesen. In beiden Beispielen wird durch die genaue Zuteilung der Preise erreicht, dass Kunden die verschiedenen Leistungen auch einzeln wahrnehmen und wertschätzen.

Preise bzw. Konditionen in der Bank werden daher wie folgt in zwei Kategorien getrennt dargestellt:

1. Preise für das Finanzprodukt, die Abwicklung und den Service:
Kreditzinsen, Guthabenzinsen, Provisionen für die Lebensversicherung, Jahrespreise der Kreditkarte, Abschlussgebühren für Bausparverträge oder die Ausgabeaufschläge der Fonds. Ebenfalls fallen in diese Kategorie die Depot-, Konto- und Transaktionsgebühren, Preise für Sonderleistungen rund um den Zahlungsverkehr oder rund um das Immobiliengeschäft.

Zusammengefasst sind damit also sämtliche Preise für solche Leistungen, die in Rechenzentren produziert oder an Finanzmärkten von Lieferanten gekauft werden müssen. Im übertragenen Sinn bezeichnet diese Kategorie demnach die körperliche Arbeit einer Bank. Für den Kunden beinhaltet dieser Preis das „nötige Mittel zum Zweck".

2. Preise für Wissen, Erfahrung, Kreativität und Analyse:
Je nach Beratungsmodul werden die Preise in Euro oder Prozent fixiert. Honorare werden bezogen auf die Anzahl der Beratungsstunden, Depotvolumen, Personen oder Zeiträume.

Es handelt sich demnach um Preise für alles, was für den Kunden geplant, variiert, konstruiert oder analysiert werden kann. Es sind die Preise für Antworten, Ratschläge und Tipps. Im übertragenen Sinn also für die geistige Arbeit, die „Denkleistung" einer Bank. Für den Kunden beinhaltet dieser Preis „den Weg zum nötigen Mittel".

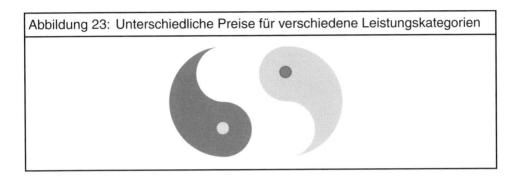

Abbildung 23: Unterschiedliche Preise für verschiedene Leistungskategorien

Nur was im ersten Schritt als eigenständige Leistung wahrgenommen wird, kann im zweiten Schritt zu einem Paketpreis verbunden werden. Entsprechend wird zum Beispiel in der Baubranche ein Haus zum Festpreis „schlüsselfertig" angeboten oder in der Autowerkstatt ein „Bremsenservice" zum Komplettpreis durchführt. Bildlich gesprochen fügen sich im Kreise der Beratungsleistungen die Kategorien zu einem runden Ganzen.

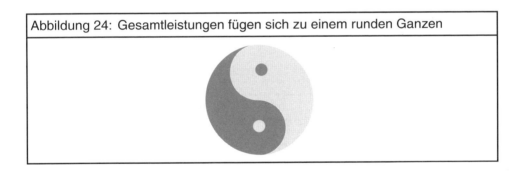

Abbildung 24: Gesamtleistungen fügen sich zu einem runden Ganzen

Verbindet die Bank die Module samt entsprechender Preise wieder zu produktübergreifenden Angeboten, kann sie damit das Cross Selling fördern, ohne den Bedarf des Kunden außer Acht zu lassen. Sie wird zum Partner, der die Stärken beider Kategorien zu einer „runden Sache" verbindet. Die Leistung einer Bank ist erst jetzt komplett.

MiFID ist erst der Anfang! Kunden wollen Transparenz über die Kalkulation der erbrachten Leistung, wollen wissen, wofür sie wie viel bezahlen. Und das ist gut so. Nur über die Auflösung der Leistung und der damit verbundenen Entzerrung der Preise besteht für Banken die Chance, ihre Kernleistung, Wissen und Erfahrung ihrer Mitarbeiter fair zu verkaufen.

Wie eingangs dieses Abschnittes dargestellt wurde, sind es im Wesentlichen die Vertriebsmitarbeiter, die die Wahrnehmung der Preise seitens der Kunden maßgeblich beeinflussen und steuern. Insofern muss die Bank in all ihren Bemühungen daran interessiert sein, auch und insbesondere ihren Vertriebsmitarbeitern unmissverständlich eine Botschaft zu vermitteln:

Angst vor der Preisverhandlung ist unbegründet!

Viele Banker haben Angst vor Preisen, wie Vertriebsmitarbeiter aller Branchen. Es ist die Angst, in Gesprächssituationen zu geraten, in denen man zu scheitern fürchtet. Es ist die Angst, vom Kunden moralisch angegriffen zu werden, die Angst, den Kunden zu verlieren, die Angst vor der Kritik des Vorgesetzten, sollte sich der Kunde beschweren. Es ist die Angst, kein guter Banker zu sein, wenn man Kunden mit diesen „zu hohen Preisen" übervorteilt. Diese Ängste sind weit verbreitet, ob sie ausgesprochen oder verschwiegen werden.

Die eigene Angst vor dem „Preis" im Kundengespräch projiziert der Vertriebsmitarbeiter auf den Kunden, damit ist der Verkaufserfolg von Anfang an beschränkt. Angst hemmt, entsprechend werden die Beratungsmodule nicht angesprochen, oder die Angst führt zu Fehlern in der Gesprächsführung. Ablehnende Kundenreaktionen wären die Folge und der Beweis: „Die Kunden wollen die Beratungsmodule nicht – sie sind ihnen zu teuer!" Ein typischer Fall der sich selbst erfüllenden Prophezeiung.

Richtig und wichtig ist es daher, Vertriebsmitarbeitern zu vermitteln, dass diese Ängste unbegründet sind! Denn:

- die Einführung der Beratungsmodule ist sinnvoll, leitet sie doch die nächste erfolgreiche Phase dieser Bank ein,

- die festgelegten Preise sind fair, da die Kunden einen echten Gegenwert bekommen,

- die Umsetzung im Kundengespräch wird mit Verkaufshilfen, Training und Coaching vorbereitet und begleitet,

- sollte die Bank Kunden verlieren, so ist das von ihr gewollt. Die Verantwortung des Vertriebsmitarbeiters liegt in der bestmöglichen Umsetzung im Kundengespräch,

- bei Beschwerden der Kunden kann der Vertriebsmitarbeiter auf loyale Führungskräfte vertrauen,

- die Bank lernt aus jedem Kundengespräch und entwickelt die Beratungsmodule und Preismodelle ständig weiter.

Vertriebsmitarbeiter sind im übertragenen Sinne die ersten „Abnehmer" der Beratungsmodule und von deren Preisen. Behandelt die Bank sie so aufmerksam, wie sie ihre Kunden behandelt, werden Vertriebsmitarbeiter Mut, Ausdauer und Wissen einsetzen, um die Beratungsmodule zum Erfolg zu führen.

5.2.7 Wie setzt man Preise für Beratungsmodule erfolgreich um?

Den Kunden und Mitarbeitern neue Preise mitzuteilen und diese zu bewerben, ist nur eine Seite der Medaille „Beratungsmodul". Die andere Seite ist die Umsetzung der Preise, d.h. die wirkliche Befähigung der Vertriebsmitarbeiter und Kunden, diese Preise zu bewerten und damit umzugehen.

1. Durch die Integration der Preise in die Verkaufsunterlagen, den Beratungskatalog, werden diese als normales Produktmerkmal dargestellt und sollen auch genau so gesehen werden. Den Preisen wird nicht mehr diese Sonderrolle zugeschrieben, indem sie im Kontext der übrigen Leistung dargestellt werden. Nicht grell und laut wie die Preise der Billiganbieter, denn diese wollen über den „billigen" Preis verkaufen. Anderseits werden sie auch nicht unscheinbar und leise dargestellt, denn das signalisiert Schwäche oder Scham.

2. Mit Training und Begleitung der Vertriebsmitarbeiter werden diese für das Preisgespräch fit gemacht. Die in Kapitel 5.3 beschriebenen Inhalte sind das Rückgrat der Vertriebstrainings und Einzelcoachings, die Vertriebsmitarbeitern das nötige Handwerkszeug vermitteln. Verbunden mit dem Wissen um die komplette Gesprächsführung, dargestellt in Kapitel 6, sind sie die Schlüsselqualifikation zur Einführung der Beratungsmodule zu fairen Preisen.

3. Mit der klaren Zuteilung der Kompetenz zur Vergabe von Rabatten können Führungskräfte und Mitarbeiter im Vertrieb effektiv arbeiten. Extreme Varianten in der einen oder anderen Richtung sind für den Vertriebserfolg in jedem Falle schädlich: Liegt die Kompetenz, Rabatte einräumen zu dürfen, nur beim Vorgesetzten, schadet man dem Vertriebsmitarbeiter. Seine Position beim Kunden ist mangels Kompetenz schwach. Er strahlt nicht die nötige Souveränität aus, um als Partner vom Kunden ernst genommen zu werden.

   Liegt die Kompetenz in vollem Umfang beim Vertriebsmitarbeiter, hat auch das negative Auswirkungen: Mancher Vertriebsmitarbeiter gibt zu schnell und zu hohe Rabatte, ohne sich über die Auswirkungen klar zu sein. Damit vermindern sie erheblich den Ertrag.

   Da es kein Patentrezept für alle Banken geben kann, sucht jede Bank ihre Lösung: Abhängig von der Kultur, dem Ausbildungsstand des Vertriebsmitarbeiters und dem Ertragswert des Kunden wird die Kompetenz, Rabatte zu gewähren, zwischen den Beteiligten im Vertrieb aufgeteilt.

4. Das Entwickeln eines Preisinformationssystems ist unerlässlich. Denn ungenaues, intuitives Einschätzen der Situation ist gerade beim Preismanagement fatal. Nur durch ein professionelles Preisinformationssystem können Banken relevante und tragfähige Kennzahlen entwickeln, die eine Optimierung der Preise ermöglichen. Die Vielschichtigkeit des Preismanagements ist vergleichbar mit der des Risikomanagements und benötigt daher auch vergleichbare Ressourcen.

5. Durch eine Vertriebskultur, wie sie in Kapitel 4 beschieben ist, können Banken ein Umfeld schaffen, das den Vertriebgedanken in jeder Hinsicht fördert – so auch die Preisgespräche. Diese sind die Königsdisziplin in jedem Vertrieb; hier entscheidet sich, ob die Bank ihre Ertragsziele erreicht. Genau jetzt, hier, an dieser Stelle: Die Nachfrage koppelt an das Angebot an. Die Kupplung ist das Preisgespräch; der Bolzen, der verbindet, ist der Preis. Ob diese Verbindung stabil ist, der Belastung standhält? Die Vertriebskultur entspricht in diesem Bild dem Stahl der Kupplung. Von seiner Qualität ist abhängig, ob die Verbindung hält.

Damit sind die Bedingungen für die Einführung und Umsetzung der bezahlten Beratungsleistung in Banken im Überblick beschrieben. Jetzt liegt es an den Vertriebsmitarbeitern selbst, die Preise in den Kundengesprächen zu nennen, sie zu erklären und, wenn nötig, sie zu verhandeln.

5.3 Die Preise für die Beratungsmodule erfolgreich verkaufen – die taktische Ebene

5.3.1 Das Bewusstsein des Vertriebsmitarbeiters über die Bedeutung seiner Wertschöpfung für den Kunden

Für was bezahlt ein Kunde wirklich? Für das Produkt, die Dienstleistung? Nein! Für die Merkmale der Beratungsmodule? Nein! Für das Fachwissen des Vertriebsmitarbeiters? Nein!

Ein Kunde zahlt ausschließlich für den Nutzen, den er sich verspricht. Ist dieser Nutzen hoch, empfindet er den Preis als angemessen und fair.

Beratung durch den Vertriebsmitarbeiter einer Bank macht den Kunden reich. Ohne Zynismus: Reich an Erfahrung. Ist doch Beratung nichts anderes als die Weitergabe von Erfahrung. Mit dieser Erfahrung wird der Kunde auch in monetärer Hinsicht reich. Immer vorausgesetzt, dass er die Beratung in Handlung umsetzt, d.h. sein Depot umschichtet, früh einen Devisenkurs absichert, einen Vertrag über ein Forward-Darlehen abschließt, die Laufzeiten klug kombiniert, alle Fördermittel beantragt oder zum ersten Mal eine Limit-Order für seine Aktien nutzt.

Durch diese Handlungen vergrößert der Kunde seine Chancen und verringert die Risiken. Chance und Risiko sind die zwei möglichen Auswirkungen einer jeden Entscheidung. Der kluge Umgang mit diesen Chancen und Risiken ist Geld wert, macht arm oder reich.

Drei Beispiele verdeutlichen, was das für den Kunden ausgedrückt in Euro und Cent (ohne Betrachtung der individuellen Steuern) bedeutet:

Erstens: Angenommen, das Vermögen eines Kunden beträgt 500.000 € und ist in verschiedenen Anlageklassen investiert: ein Haus, Lebensversicherungen, ein Aktiendepot und Festgelder. Unterstellen wir weiterhin einen Anlagezeitraum von 30 Jahren, eine konsequente Wiederanlage der Erträge und einen durchschnittlichen Ertrag von fünf Prozent pro Jahr. Dann beträgt das Ergebnis rund 2.160.000 €. Würde dieses Vermögen bei sonst gleichen Bedingungen nur ein Prozent mehr Ertrag pro Jahr erarbeiten, betrüge das Ergebnis rund 2.870.000 €. Das entspräche einem Mehrertrag für den Kunden in Höhe von rund 710.000 €, bzw. 33 Prozent.

Zweitens: Nach einer Studie der Universität Mannheim aus dem Jahr 2004 ergibt sich bei Investitionen in Aktien bei einer Auswahl unter 70 europäischen Standardwerten folgendes Bild: Wählt man, per Zufallsprinzip, irgendeine dieser Aktien aus und legt sie in ein Depot, beträgt die Standardabweichung im Schnitt 40 Prozent. Wählt man, wieder zufällig, 35 dieser Aktien aus und legt das investierte Kapital zu gleichen Teilen in diesen 35 Aktien an, beträgt die Standardabweichung im Schnitt 20 Prozent. Auf 500.000 € bezogen bedeutet das für den Kunden ein Verlustrisiko von 200.000 € im ersten und 100.000 Euro im zweiten Fall. Dies bedeutet eine Differenz von 50 Prozent.

Drittens: Ein Annuitätendarlehen über 500.000 € wird mit zehn Jahren Zinsbindung, 5,0 Prozent Nominalzins und 1,5 Prozent Tilgung abgeschlossen. Nach Ablauf der zehn Jahre Zinsbindung wurden 228.000 € Zinsen bezahlt. Beträgt der Nominalzinssatz bei sonst gleichen Bedingungen 6,0 Prozent, sind in den zehn Jahren 272.000 € Zinsen zu bezahlen. Der Kunde bezahlt das eine Prozent Zinsunterschied mit 44.000 €.

Ähnliche Summen können relevant sein für das Risiko einer möglichen Berufsunfähigkeit, oder wenn die geerbte Wohnung verkauft wird. Im Firmenkundengeschäft kommen ähnliche Summen ins Spiel: Bei entsprechendem Devisenvolumen oder Kreditengagement lässt sich durch die Gestaltung der Währungs- und Zinsrisiken viel Geld für ein mittelständisches Unternehmen erarbeiten. Große Summen, es geht auch kleiner: Denkt man an gesparte Versicherungsbeiträge, wenn unnötige Versicherungen gekündigt werden; an den Kursgewinn, der aus kleinem Vermögen gewonnen werden kann, wenn der Kunde frühzeitig investiert; den Kursverlust, den ein unerfahrener Kunde vermeidet, weil er rechtzeitig verkauft. Wer anfängt zu rechnen, kommt auf erstaunliche Beträge. Diese Beträge machen reich oder arm. Die Bank hat nicht zu viel versprochen.

Jeder Vertriebsmitarbeiter sollte täglich beim Zähneputzen fünf Minuten über den Wert seiner Arbeit nachdenken. Über den Wert, der für Kunden entsteht, verbindet er täglich Verantwortungsgefühl, Kompetenz und Ausdauer.

Bisher ging es nur um Geld. Stellt man sich vor, was mit Geld alles bewirkt werden kann, denkt man an Werte einer ganz anderen Dimension: Kinder werden ausgebildet, Firmen werden gegründet, Lebensstandard wird abgesichert, Operationen werden bezahlt, Berufsstress wird beendet, Häuser werden renoviert, Schulden werden getilgt.

Auf die Spitze getrieben bedeutet das: Es geht um das individuelle Glück des Kunden, das ohne Geld so nicht möglich ist. Und dafür sorgen die Vertriebsmitarbeiter der Banken und können stolz darauf sein!

5.3.2 Das Wissen um die Wirkung der Rabatte

Die Wirkung von Rabatten ist dramatisch. Die Auswirkungen auf die Ertragslage eines Unternehmens sind viel größer als gedacht, kennen doch die Wenigsten die Folgen der Rabatte.

Ein Beispiel, das die Dramatik beschreibt: Eine Schreinerei macht zwei Mio. € Umsatz, kalkuliert mit einer Umsatzrendite von fünf Prozent. Aus den kalkulierten 100.000 € Gewinn soll das Eigenkapital verzinst und der Unternehmergewinn bezahlt werden. 1.900.000 € sind die Summe aller variablen und fixen Kosten. Durch einen Rabatt in Höhe von durchschnittlichen zwei Prozent auf alle Aufträge reduziert sich der Umsatz um 40.000 €, die Kosten bleiben mit 1.900.000 € unverändert. Bleiben für den Unternehmer nur noch 60.000 € für Gewinnausschüttung und Eigenkapitalverzinsung. Es sei unterstellt, dass der Schreinermeister aber 100.000 € benötigt, um nicht in Schwierigkeiten zu kommen. Um wie viel müsste er den Umsatz erhöhen? Überlegen Sie kurz, die Antwort finden Sie in der Fußnote[65]. Diese Umsatzsteigerung ist schlicht unrealistisch, da der Markt doch offenbar so schwierig war, dass Rabatte gegeben werden mussten. So erklärt sich ein großer Teil der finanziellen Schwierigkeiten von Handwerksbetrieben.

Ein Beispiel aus einer Bank bestätigt die erhebliche Auswirkung von Rabatten: Bei einer zehnprozentigen Preissenkung und einer Cost-Income-Ratio von 0,75 muss die Absatzmenge um 67 Prozent steigen, damit der gleiche Deckungsbeitrag in Euro ausgewiesen werden kann. Das könnte funktionieren, muss aber vorher über die Preis-Absatz-Funktion überprüft werden. Ist der Preisnachlass von zehn Prozent nur das ungeplante Ergebnis der Preisgespräche, ist es für die Bank dramatisch. So erklärt sich ein großer Teil der unbefriedigenden Eigenkapitalrenditen von Unternehmen, auch von Banken.

5.3.3 Verständnis für die Skepsis des Kunden

Seminarszene: „Wieso müssen Kunden immer am Preis feilschen, auch wenn sie es finanziell nicht nötig hätten?"

„Sie können nicht anders! Sie wurden so geprägt, und haben doch nur ein Ziel: Sie wollen die richtige Kaufentscheidung treffen", antwortete ein Trainer in einem Seminar mit dem Titel „Preisgespräche erfolgreich führen" einem seiner Seminarteilnehmer.

---

[65] Erst bei einem Umsatz von rund 3,3 Mio. € käme er bei einer Umsatzrendite von drei Prozent wieder auf 100.000 € für Unternehmergewinn und Eigenkapitalverzinsung. Eine Umsatzsteigerung von rund 66 Prozent.

Stimmt, Kunden wollen eine gute, eine wirtschaftlich sinnvolle Entscheidung treffen. Der Preis ist die Stellschraube, an der Kunden drehen, um das Geschäft für sich zu optimieren. Aus Sicht der Kunden gibt es keine andere. Im vorgestellten Beratungskonzept jedoch erarbeiten Banken in Zukunft eine Vielzahl von Stellschrauben, über die der Kunde seinen Ertrag optimieren kann. Damit es gerade im Einstieg in ein Preisgespräch nicht zur Eskalation kommt, ist die Reaktion des Vertriebsmitarbeiters auf kritische Kundenfragen zum Preis wichtig. Reagiert der Vertriebsmitarbeiter „getroffen" oder „genervt", kann es zu keinem konstruktiven Gespräch kommen.

Sprachlich reagieren Vertriebsmitarbeiter heute und morgen mit Gelassenheit:

- „Stimmt, Sie investieren etwas mehr, und das… ."
- „Richtig, hier bekommen Sie weniger Zinsen, und das… ."
- „Berechtigte Frage, wieso sollten Sie mehr bezahlen? Das… ."

Formulieren Sie Ihr Verständnis für die Bedenken des Kunden. Aus seiner Sicht, geprägt durch seine bisherigen Erfahrungen mit Banken, kann er nicht anders, als der Bank gegenüber skeptisch zu sein. Dazu kommt der Druck aus Werbung und Medien. Scheinbar ist ja jeder „blöd", kauft er nicht das Billigste. Der Kunde ist nicht aggressiv, er verhält sich vielleicht so. In Wirklichkeit ist der Kunde nur eins: verunsichert. Er hat Angst. Angst, Sorge oder Skepsis, das Falsche zu tun.

Das „Zu teuer" ist kein Vorwurf, sondern vielmehr eine Frage des Kunden an den Vertriebsmitarbeiter: „Mache ich das Richtige? Wieso soll ich mehr bezahlen? Warum sollte ich auf mehr Zinsen verzichten?"

Und auf diese Fragen braucht der Kunde eine Antwort, eine Erklärung. Eine Entschuldigung oder Verteidigung ist nicht nur fehl am Platz, sondern für den Kunden auch keine Entscheidungshilfe.

Preisgespräche haben nur ein Ziel: Das faire Preis-Leistungs-Verhältnis deutlich zu machen.

5.3.4 Das Preisgespräch

Der Kunde hat im Preisgespräch immer eine unsichtbare Waage im Kopf: Er wägt ab zwischen dem, was er verliert, seinem Geld, und dem, was er gewinnt, seinem Nutzen. Über der gedanklichen Waage steht die Frage: „Macht die Sache Sinn?" Vertriebsmitarbeiter können im Gespräch klarmachen, dass die rechte Waagschale „sinnvoll" ist.

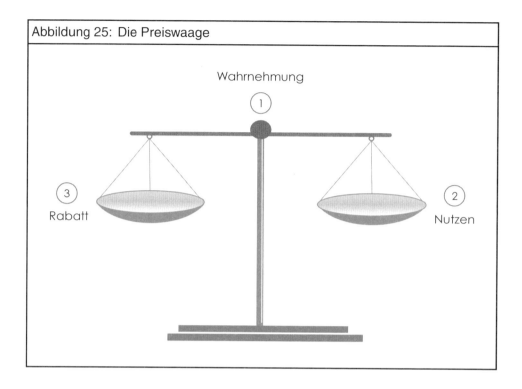

Abbildung 25: Die Preiswaage

Dabei bietet es sich an, im Kundengespräch die Thematisierung der Preisfrage in drei Schritten zu unternehmen:

1. Die Preisnennung
Was wird eher wahrgenommen? Was es kostet oder was es bringt? Was wiegt schwerer?

Diese Wahrnehmung entspricht dem Mittelpunkt der Waage. Die Frage nach dem Preis stellt sich in jeder Branche, bei allen Produkten und Dienstleistungen.

Und jetzt kommt die Sprache, die Gesprächsführung ins Spiel: Der Kunde fragt: „Was kostet ein Darlehen, zehn Jahre Zinsfestschreibung?" Ein Vertriebsmitarbeiter antwortet: „Dieses Darlehen kostet fünf Prozent." Ein anderer antwortet dagegen: „Sie bekommen dieses Darlehen mit fester Monatsrate, volle zehn Jahre lang, für fünf Prozent. Wann wollen Sie denn über den Betrag verfügen?"

Der Unterschied in der Wortwahl ist entscheidend für die Wahrnehmung des Kunden. Und die entscheidet über den Fortgang der nun folgenden Preiserklärung und damit über den beim Abschluss erzielten Preis.

Erfolgreiche Preisnennung ist eine Frage des Trainings der Vertriebsmitarbeiter. Erfolgreiche Vertriebsmitarbeiter aller Branchen beweisen es jeden Tag.

2. Die Preiserklärung

Die eisern einzuhaltende Grundregel für die Preiserklärung lautet: Der Kunde bezahlt nie für Produktmerkmale, sondern für die daraus entstehenden Vorteile und seinen Nutzen!

Er zahlt nicht für die 340 PS des Baggers, er bezahlt für die Effizienz auf der Baustelle. Oder noch kürzer: Ein Kunde bezahlt nicht für den Bagger, sondern für das Loch. Um so argumentieren zu können, muss der Vertriebsmitarbeiter im Baumaschinenhandel wissen, wo der Bagger eingesetzt wird. In der Kiesgrube, im Tunnelbau oder in der Frankfurter Innenstadt? Ohne dieses Wissen ist eine Nutzenargumentation nicht möglich.

Es geht um die Auswirkung einer Kaufentscheidung! Die Auswirkung, nicht der Preis, wird erklärt!

So bezahlt ein Bankkunde auch nicht für die Zweigstelle, das Rating der Bank, die Erfahrung des Fondmanagements oder für die solide Ausbildung der Vertriebsmitarbeiter. Er bezahlt für das, was er davon hat.

Bleibt die Preiserklärung *„leicht-fertig"* und besteht aus den banküblichen Phrasen wie „hohe Rendite", „volle Flexibilität" oder „sichere Anlage", neigt sich die Waage nach links. Der Preis wiegt *schwerer* als der wahrgenommene Nutzen. Dessen *Gewicht*, insbesondere der Unterschied zwischen Vorteil und Nutzen, wird in Kapitel 6 erarbeitet.

Die Preiserklärung in Banken ist einer der größten Hebel für die Ertragssteigerung, entscheidet sich doch hier, ob ein Rabatt gegeben werden muss.

3. Die Preisverhandlung

Die Regel für die Preisverhandlung lautet: Ein Rabatt wird erst dann gegeben, wenn alle Möglichkeiten der Preiserklärung ausgeschöpft sind. Verboten ist der Sprung direkt von der Preisnennung in die Preisverhandlung. Die Aussage des Kunden „Zu teuer" ist der Beginn, nicht das Ende der Arbeit. Wenn diese Arbeit getan ist, das Geschäft dann immer noch gewollt und möglich ist, gilt:

Den Rabatt so ertragreich wie möglich gestalten.

Wenn schon ein Rabatt gefordert wird, dann sollte er so gering wie nötig ausfallen, um aus Kundensicht ein faires Geschäft zu machen. Was nach „Orientalischem Basar" klingt, ist in Wirklichkeit nüchternes Kosten-Nutzen-Denken. Geht man davon aus, dass der dem

Kunden genannte Preis aus interner Kostensicht richtig ist und aus Sicht der Preis-Absatz-Funktion dem Wert angemessen entspricht, dann stellt sich die Frage, warum die Bank unter diesen Preis gehen sollte, und ob sie überhaupt unter diesen Preis gehen kann! Tut sie es, verliert sie notwendigen Ertrag, und was noch schlimmer ist: Sie verliert Glaubwürdigkeit im Markt. Aber noch gravierender ist, dass sie das Selbstbewusstsein ihrer Vertriebsmitarbeiter untergräbt. Denn diese fragen sich, noch vor den Kunden: „Wenn wir im Preis runtergehen, wie viel sind wir dann vorher hochgegangen? Ist das seriös, kundenorientiert, einer Bank angemessen?" Nein, ist es nicht!

Die radikale Schlussfolgerung daraus ist, dass überhaupt keine Rabatte gegeben werden. An niemanden, niemals. Dafür gibt es Beispiele außerhalb der Banken. Populär ist der Hotelier Klaus Kobjoll vom Schindlerhof bei Nürnberg: Er spricht eine „Fairnessgarantie" aus und verspricht jedem Gast: „Wir garantieren Ihnen, dass niemand unsere Gastfreundschaft zu einem anderen Preis erhält als Sie!" Das geht, der Schindlerhof ist seit Jahren eine Erfolgsgeschichte. Und schön ist es dort auch.

Ist diese Alternative von der Bank nicht gewollt, bleibt nur, den Rabatt intelligent zu verhandeln. Damit wird der monetäre Verlust reduziert und der psychologische Schaden vermieden. Das funktioniert aber nur über den Mechanismus „Geben und Nehmen". Es wird nur so viel Rabatt gegeben, wie die Bank im Gegenzug dafür bekommt. Was sie „bekommt", ist die Mitarbeit des Kunden. Seine Gegenleistung sorgt dafür, dass der Ertragsverlust der Bank minimiert oder ausgeglichen wird – über größeres Volumen, den Kauf weiterer Produkte, die Akzeptanz der Preise anderer Bankprodukte, Empfehlungen innerhalb der Familie oder des Freundeskreises, Mitwirkung im Innovationsteam der Bank, das Beteiligen an Meinungsumfragen, ein Vortrag bei der Veranstaltung der Bank, das schnellere Einreichen bestimmter Unterlagen. Der Phantasie zur Umsetzung in die Praxis sind keine Grenzen gesetzt. Es kostet nur eines: Mut. Mut, dem Kunden zu sagen: „Eine Möglichkeit sehe ich. Können Sie…?" oder den Kunden zu fragen: „Wo können Sie uns entgegenkommen, damit ich…?"

Fehlt dieser Mut, werden Rabatte nur deshalb gegeben, weil der Kunde mit Verweis auf den Wettbewerb sagt: „Das kann ich billiger bekommen, anderswo sind die Zinsen günstiger." Das wäre ein *einseitiges* Zugeständnis. Damit bekommt man manchmal ein Geschäft – zu schlechteren Konditionen zwar, aber man bekommt es. Man sollte sich nur nicht zu früh freuen.

Den psychologischen Schaden sieht man erst später: Der Kunde ist im ersten Moment froh, den Rabatt bekommen zu haben. Um sich schon drei Minuten später zu fragen: „Hätte ich noch härter handeln müssen, hätte ich dann noch mehr bekommen? Wo sparen die jetzt und holen sich ihr Geld von mir? Habe ich bei meinen anderen Bankgeschäften bisher zu viel bezahlt?" Voller Misstrauen und Unsicherheit begegnet dieser Kunde seiner Bank. Und aus diesem Misstrauen entsteht dann der monetäre Schaden: Der Kunde verhandelt immer härter, achtet bei allen Produkten penibel auf die Preise und sucht intensiv nach Alternativen beim Wettbewerb.

Das muss nicht sein. Fordern Sie mit Mut, ohne jede Arroganz, die Mitarbeit des Kunden. Erarbeiten Sie so die Grundlage für eine kooperative Partnerschaft. Eine Partnerschaft, die niemals auf *einseitigen* Zugeständnissen beruht.

In Preisgesprächen mit dieser Struktur setzen erfolgreiche Vertriebsmitarbeiter in Zukunft die Preise für Beratungsmodule bei ihren Kunden um. So gelingt mit Hilfe von Führung, Training und Coaching ein großer Schritt in Richtung stabiler Erträge.

6 Gesprächsstruktur und Sprache

6.1 Die systematische Individualität entwickeln

Es ist immer dasselbe und widersprüchlich dazu: In meinen Seminaren bestehen die Vertriebsmitarbeiter auf ihrer Individualität in der Gesprächsführung und sagen mir deshalb: „In der Praxis läuft jedes Gespräch anders als im Seminar", „Ich möchte ich bleiben!" oder „Wenn ich so rede, fragen meine Kunden mich, ob ich jetzt spinne." Vertriebsmitarbeiter haben Angst, einheitlich nach einer Norm sprechen zu müssen.

Im gleichen Seminar höre ich die Aussage: „Was soll ich denn dann sagen?" und die Frage „Können Sie diese Formulierung bitte noch mal wiederholen, zum Mitschreiben?" und „Können Sie in die Seminarunterlage nicht noch weitere Beispiele einfügen?" Dieselben Vertriebsmitarbeiter suchen jetzt nach konkreter Hilfe für schwierige Gesprächssituationen.

Ein Widerspruch, den ich aus eigener Erfahrung gut nachvollziehen kann. Einerseits möchte kein Vertriebsmitarbeiter wie ein Klon des anderen sprechen müssen, andererseits sind die richtigen Worte und Formulierungen ein Schlüssel zum Vertriebserfolg. Checklisten, Computermasken und Gesprächsleitfäden einerseits und die sprachliche Freiheit des Vertriebsmitarbeiters andererseits sind wichtig.

Damit sind die Gegensätze deutlich, in der Praxis sind beide in ihrer extremen Form nicht zu gebrauchen. Gesprächsleitfäden nur abzulesen, ist so schlecht wie reine Spontaneität.

Das Gespräch funktioniert weder ohne Struktur noch ohne Individualität, die Mischung entscheidet über den Erfolg. Jede Bank kann diese Mischung selbst entwickeln, ihren Vertriebsmitarbeitern und Vertriebszielen anpassen. Diese Mischung ist wie die Choreographie auf der Tanzfläche. Wie viel Standardbewegungen *müssen* (MiFID) enthalten sein? Wie viel Standardfiguren *sollen* (Ansprüche der Kunden) zu sehen sein? Wie viel Individualität ist *gewünscht* (Stil der Bank), wie viel davon *möglich* (Freiheit des Vertriebsmitarbeiters)?

Am Telefon mit einem eng gefassten Vertriebsauftrag ist ein Kundengespräch nahe an einem Leitfaden sicher sinnvoll. Spricht ein erfahrener Vertriebsmitarbeiter über zwei Stunden mit einem vermögenden Privatkunden, kann das Gespräch bestimmt freier geführt werden.

Die systematische Individualität ist der Weg des Könners.

Können ist Wissen plus Training plus Individualität. Der Könner unter den Vertriebsmitarbeitern braucht:

Wissen: Eine Gesprächstruktur, die hilft, das Vertriebsziel zu erreichen. Wissen um die Wörter selbst, was sie bewirken und wann man sie benutzt oder besser weglässt. Wissen um Gesprächstechniken, die sich im Alltag bewähren. Seminare, Bücher, Lernsoftware und Gespräche mit Kollegen bilden den Zugang zu diesem Wissen.

Damit das neue Wissen verstanden und akzeptiert wird, ist Praxisbezug wichtig. Wer das Ziel hat, Tango zu tanzen, kann in eine Tanzschule seiner Stadt gehen. Oder er fliegt nach Argentinien und lernt dort, zur Musik von Anibal Troilo den Tango zu „leben".

Seminare, in denen die Sprache nach Bank klingt und die Gesprächsstrukturen die Tonlage des Vertriebes treffen, werden von Vertriebsmitarbeitern gerne zum Lernen und Üben genutzt.

Training: Wie beim Tangotanzen wirken die Bewegungen, wenn man die Schrittfolgen und Figuren lernt, anfangs noch etwas steif. Mit starrem Blick und leisem Mitzählen dreht man die ersten Runden auf der Tanzfläche. Rassig ist das noch nicht, aber es wird immer besser. Im Seminar fängt das Training an: Erst im Kopf, dann in kleinen Übungen und als Höhepunkt in Rollenspielen. Praxis „spielen" im Seminar – zu Seminarbeginn oft mit Skepsis beäugt, wird es am Ende gelobt. „Die eigenen Erfahrungen, selbst in einer simulierten Situation, sind der schnellste Weg zum Können" kommentierte ein Teilnehmer eines meiner bankinternen Vertriebsseminare.

Die Steigerung des Seminarbesuches ist das Einzelcoaching am Arbeitsplatz, am Telefon und im Kundengespräch. Der Vertriebsmitarbeiter lässt sich von einem Coach begleiten und im Anschluss wird sein Verhalten reflektiert. In diesen Gesprächen mit dem Coach lernt der Vertriebsmitarbeiter schneller als in jeder anderen Weiterbildung. Intensiver kann Training nicht wirken. Der Könner weiß: Wer aufhört, besser zu werden, hat aufgehört, gut zu sein.

Individualität: Ein Tänzer, der den Tango perfekt beherrscht, wird ihn auf seine ihm eigene Art tanzen. Abhängig von der Musik und dem Tanzpartner entsteht jeder Tanz neu und ist für Tänzer wie für das Publikum fesselnd. Ein kleiner Fehler? Nichts passiert, mit der ganz persönlichen Note wird die Situation gerettet. Auf der Tanzfläche wie in der Bank.

So entwickelt sich der Könner und mit dem Können wächst auch sein Wert für die Bank: Er bindet Kunden und stellt damit ein „lebendes Differenzierungsmerkmal" seiner Bank im Wettbewerb dar.

Die Chance, aus Vertriebsmitarbeitern echte Könner zu entwickeln, darf weder von der Bank noch von den Vertriebsmitarbeitern vertan werden. Zu nahe sind sich die Leistungspakete der Banken und ihrer Wettbewerber. Ein durchdachtes Angebot an Seminaren und Coachings bringt Meter um Meter Vorsprung, auf die keine Bank verzichten kann.

Die Bereitschaft und Disziplin der Vertriebsmitarbeiter ist in gleichem Maße gefordert, geht es doch um die Wettbewerbsfähigkeit der Bank. Den Seminarstoff nach Seminarende schnell zu vergessen, war gestern schon schlecht, aber noch möglich. Heute und morgen ist der Könner gefragt, der die wichtigsten Punkte aus Seminar und Coaching mit Kunden und Vertriebszielen verbindet. Vergessen verboten.

Gerade die Einführung der Beratungsmodule[66] braucht Könner. Vertriebsmitarbeiter, die im Gespräch Haltung bewahren, wenn ein Kunde überrascht oder ablehnend reagieren. Könner gehen jetzt auf die „Tanzfläche" Bankvertrieb. Der Wettbewerb ist in vollem Gange.

6.2 Von der Analyse bis zum Abschluss

Eine ideale Gesprächsstruktur kann es nicht geben. Der größte Nachteil der einschlägigen Verkaufs-Fachbücher, ich habe selbst eines geschrieben[67], ist die Verallgemeinerung. In diesen Büchern ist von *den* Verkäufern oder *den* Kunden die Rede. Die beschriebenen Situationen passen das eine Mal ganz gut zur Situation des Lesers, ein anderes Mal absolut nicht, was zu einem eingeschränkten Lerneffekt führt.

Verkaufs-Fachbücher für Banken oder Finanzdienstleister sind meines Erachtens sehr auf den schnellen Produktabverkauf ausgerichtet. Oder sie wollen umfassender Ratgeber für alle Themenfelder sein. So gehen in diesen Büchern viele gute Hinweise unter.

Für die Gesprächsstruktur, die ich empfehle, gilt Folgendes:

1. Sie richtet sich mit allen Hinweisen speziell an Vertriebsmitarbeiter in Banken. Tipps, die in Banken nicht gebraucht werden, habe ich bewusst weggelassen.
2. Sie kann in allen Banken eingesetzt werden; in jeder Vertriebssituation, in der Menschen mit Menschen über „Beratung" reden.
3. Das Abstimmen auf die einzelne Bank und Vertriebssituation muss in der Bank geschehen, die Struktur ist bewusst offen gehalten.
4. Wenn ich mit Überzeugung für die Inhalte eintrete, dann deshalb, weil ich sie aus eigenem Handeln und Beobachten kenne; weil ich mir ihrer positiven Wirkung in acht von zehn Fällen sicher bin; Garantien gibt es nicht.

---

66 Wenn ab jetzt von Beratungsmodulen geschrieben wird, dann sind immer bezahlte Beratungsmodule gemeint. Beratung gibt es in Zukunft nicht mehr gratis.
67 Pfersich/Glowacz (1999).

6.2.1 Die Vorbereitung auf das Gespräch

Wer sich auf körperliche Höchstleistungen gut vorbereitet, ist erfolgreicher und vermeidet Verletzungen. Wieso sollte es bei geistigen Höchstleistungen nicht auch so sein? Sicher ist: Wer sich mit dem Kunden vertraut macht, dessen Umfeld bedenkt und die eigenen Gesprächsziele formuliert, geht locker und konzentriert in das Gespräch. Die Sicherheit des Vertriebsmitarbeiters strahlt sofort auf den Kunden aus, dieser entspannt sich und fühlt sich in guten Händen.

Kunden spüren, ob ein Vertriebsmitarbeiter schlecht vorbereitet in die Situation „gesprungen" ist. In der Mühle des Zeitmangels im Alltag wird häufig „gesprungen", das lässt sich bei der Belastung der Vertriebsmitarbeiter nicht verhindern. In dieser Situation ist es unumgänglich, zu priorisieren.

Vertriebsmitarbeiter brauchen Zeit und Konzentration, wollen sie erfolgreich sein!

Vilfredo Frederico Pareto (1848–1923), italienischer Soziologe und Ökonom, entwickelte das nach ihm benannte Pareto-Prinzip (oder auch 20/80-Regel), wonach es entscheidend ist, die richtigen Prioritäten zu setzen. Die Regel besagt, dass man mit 20 Prozent der Kunden 80 Prozent des Erfolges erreicht. Arbeiten Sie demnach nicht homogen für ihre Kunden, niemals! Jedes Kundensegment lässt sich nach der 20/80-Regel ordnen. Arbeiten Sie heterogen für ihre Kunden: Die 20 Prozent der Kunden, von denen Sie wissen oder vermuten können, dass diese überdurchschnittliche Erfolgschancen bieten, bekommen 80 Prozent ihrer Zeit und Kraft. Im Vertriebsalltag verwischen diese Prioritäten, wie jeder Praktiker bestätigen wird.

Die Beratungsmodule werden im ersten Schritt gegenüber denjenigen Kunden angesprochen, welche die höchsten Erfolgschancen versprechen. Es gibt immer eine Avantgarde, eine Gruppe, die zuerst das Neue annimmt: Die Autofarbe weiß, das iPhone oder – eines der Beratungsmodule.

Für die Vorbereitung auf ein solches Gespräch bieten sich drei Praxistipps an:

1. Kundenhomepage und Google prüfen.
2. Bankinterne Kundendaten sammeln.
3. Sollten die Vertriebsmitarbeiter der Bank zu zweit sein, sollten sie vor dem Kundengespräch die gemeinsame Vorgehensweise abstimmen.

Gesprächsstruktur und Sprache

6.2.2 Die Gesprächsstruktur für den Vertrieb von Beratungsmodulen

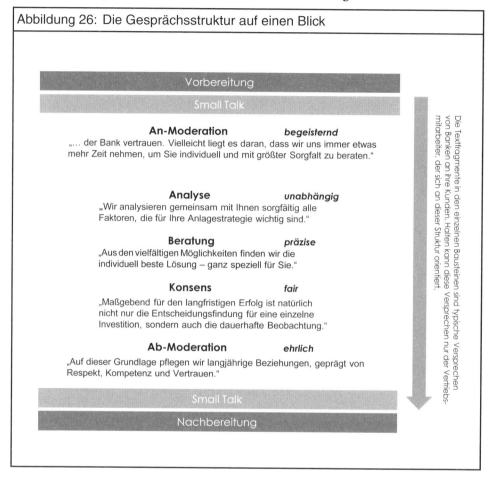

Abbildung 26: Die Gesprächsstruktur auf einen Blick

Diese Darstellung kann und will keine Schablone für ein Kundengespräch sein. Sie ist eine Orientierung, eine Logik, mit der die Beratungsmodule erfolgreich verkauft werden können. Jedes Kundengespräch hat in den Details seine eigene Geschichte, verläuft nie genau so, wie das Gespräch zuvor. Die Gesprächsphasen laufen ineinander über und es kommt auch zu Sprüngen im Gespräch. Aber: Es ist ein himmelweiter Unterschied, ob ein Gespräch beliebig und chaotisch verläuft, oder ob es dieser Gesprächsstruktur folgt.

Wie die Checklisten und Flugpläne der Piloten bietet diese Gesprächstruktur die Chance, schnell und ohne Unfall das gewünschte Ziel zu erreichen.

Wer sich an der Gesprächsstruktur orientiert, wird den größten „Unfall" aller Kundengespräche vermeiden: Die Beratung zu starten, ohne zuvor genug vom Kunden erfahren zu haben. Es ist fatal für das Gesprächsergebnis, wenn nach wenigen Minuten über Produkte gesprochen wird. Kunden fragen zwar danach, legen Unterlagen auf den Tisch oder es steht plötzlich ein Thema wie „Abgeltungssteuer" im Raum. Die Gefahr besteht, zu schnell über Lösungen zu sprechen, ohne das Problem des Kunden gut genug zu kennen.

Der Vertriebsmitarbeiter, nicht der Kunde oder der Zufall, lenkt das Gespräch.

Die hier vorgestellte Struktur ist eine Ergänzung zu den in Banken schon vorhandenen Leitfäden oder Analysebögen. Die Inhalte und Tipps lassen sich gut mit einer vorhanden Systematik wie beispielsweise dem VR-Finanzplan verbinden. Aus meiner Erfahrung in Banken werden diese Beratungsmodelle sehr technisch umgesetzt. Vertriebsmitarbeiter „hängen" zu sehr an „der vierten Frage auf der zweiten Seite" und sind mit dem Ausfüllen der Textfelder beschäftigt. Damit wird ein Kundengespräch hölzern, der Vertriebsmitarbeiter entfaltet weder seine Individualität noch hat der Kunde das Gefühl, einzigartig zu sein. Der Kunde wird so schnell „zum Fall".

Im ersten Schritt sollen die Beratungsmodule verkauft werden, die Kernleistung einer Bank. Hat ein Kunde sich dann für ein Beratungsmodul entschieden, werden im Rahmen dessen Produkte verkauft. Für einen bestehenden Kunden ist der Kauf eines Beratungsmoduls der Beginn einer neuen Qualität in seiner Beziehung zur Bank.

a) Der Small Talk

Smalltalk ist Bigtalk. Die berühmten ersten Sekunden, die ersten Minuten, die entspannen, neugierig machen oder Wertschätzung vermitteln. Im Lachen, im Plaudern, in gemeinsamen Interessen überwinden die Beteiligten Distanz und Unsicherheit. Die Wellenlänge, die Chemie zwischen den Menschen soll stimmen, wollen ernste und oft komplizierte Themen im Nachgang mit Erfolg besprochen werden.

Das Signal des Vertriebsmitarbeiters für den Kunden: Ich habe Zeit für Sie, interessiere mich für Sie!

Zeit und Aufmerksamkeit von Menschen ist das wertvollste Gut, angesichts der Tatsache, dass überall der Blackberry blinkt und das Bargeld anonym aus dem Automaten kommt.

Um im Smalltalk authentisch zu sein, bietet es sich an, sich drei Praxistipps zu verinnerlichen:

1. Täglich mindestens 30 Minuten Zeitung lesen, um im Zeitgeschehen auf dem Laufenden zu sein und damit genügend Ansatzpunkte zu haben.

Gesprächsstruktur und Sprache

2. Nur Themen ansprechen die Sie selbst interessieren, nur dann können Sie vertiefende Fragen stellen und das Gespräch lenken

3. Sich immer wieder mit „Toleranz" beschäftigen, damit Sie die Andersartigkeit ihres Gesprächspartners als wertvollen Anreiz schätzen lernen.

b) Die An-Moderation

Bevor Sie mit dem Gespräch beginnen, sollen drei Dinge klar sein: Wer sitzt sich gegenüber? Wie viel Zeit haben die Beteiligten? Welche Themen und Wünsche verbinden die Beteiligten mit diesem Gespräch?

Wer sitzt sich gegenüber? Vor- und Zuname des oder der Kunden zu kennen ist Pflicht, ob jemand Zucker im Kaffee nimmt oder Hedgefonds für Teufelszeug hält, die Kür.

Wie viel Zeit haben die Beteiligten? Das hat praktische Gründe, denn die Themen sollen zur Zeitspanne passen, Ihr nächster Termin ist in 90 Minuten.

Darüber hinaus gibt es einen psychologischen Grund: Wer sich limitiert, ist wertvoller. Wertvoller als derjenige, der beliebig lange verfügbar ist. Wenn ein Vertriebsmitarbeiter ohne Arroganz über das geplante Gesprächsende spricht, deutet er damit auf den Wert der gemeinsamen Zeit.

Zeit wird wertvoll, wenn man sie einräumt – und begrenzt. Damit ist die Zeit ein erstes Indiz für den Wert der Beratung.

Welche Ziele haben die Beteiligten, was soll besprochen werden? Es ist eine Frage des Stils und der Wertschätzung, wenn Kunden Raum für ihre Wünsche bekommen. Für den Vertriebsmitarbeiter ist aber nicht nur wichtig, zu wissen, was sein Kunden will; der Kunde soll auch wissen, was der Vertriebsmitarbeiter möchte. Wird dem Kunden verständlich und mit seinem Nutzen verbunden erklärt, was in diesem Gespräch geplant ist, wird er mit einer höheren Wahrscheinlichkeit kooperieren und auf Fragen ausführlich antworten.

Dazu drei Praxistipps, die die gegenseitige Gesprächsintention transparent machen:

1. Zuerst sagen, warum man fragt, dann erst die Frage stellen.

2. Fragen, ob der Kunde mit Notizen einverstanden ist. Dem Kunden eine Kopie davon anbieten.

3. Wenn möglich über Eck sitzen. Wenn der Vertriebsmitarbeiter Rechtshänder ist, sitzt der Kunde links von ihm.

c) Die Analyse

In dieser Gesprächsphase soll der Vertriebsmitarbeiter ein tiefes Verständnis für den Kunden, seiner Situation und seiner Ziele erreichen. Um die Beratungsmodule zu verkaufen, kommt es besonders auf die Erwartungen des Kunden an – seine Erwartungen an die Bank, an die Zusammenarbeit mit dieser und an die Entwicklung seiner finanziellen Situation. Weiterhin ist zu klären, was der Kunde mit „Beratung" verbindet. Wie denkt er über Kooperation und Zusammenarbeit? Was macht eine gute Bank für ihn aus? Wie intensiv will er sich mit seinen Finanzen beschäftigen? Wer trägt aus Sicht des Kunden die Verantwortung für dessen Lebensstandard im Alter? Welche Risiken in seinem Leben will er vermeiden? Welchen zusätzlichen Service wünscht sich der Kunde?

Die Analyse hat das Ziel zu erkennen, welches Beratungsmodul für diesen Kunden am besten passt.

Analysieren bedeutet hinterfragen, nicht ausfragen, sich eindenken in die Welt des Kunden. Nur mit diesem tiefen Wissen über den Kunden können später in der Beratungsphase die Vorteile der Beratungsmodule in Nutzen für den Kunden übersetzt werden. Gelingt diese Nutzenargumentation nicht, wird „Beratung" wieder nicht als die Kernleistung der Bank erkannt. In Folge bliebe es wie es ist: Vertriebsziele würden nicht erreicht, Cross Selling-Chancen nicht gesehen oder „falsche" Lösungen verkauft. Ein schlechtes Geschäft für die Bank.

Meine These: Eine gesparte Minute Analyse kostet schnell 1000 € Ertrag.

In Coachings fällt immer wieder auf, dass Vertriebsmitarbeiter auf Grund ihrer Arbeitsbelastung genau an der Zeit für die Analyse sparen. Zum Schaden der Banken, da es doch so zu keiner „bedarfsorientierten Beratung" kommen kann. Berichte in den Medien bestätigen meinen Eindruck immer wieder.

Um diese Analysephase möglichst intensiv zu führen, sollten die drei Praxistipps beachtet werden:

1. Auf jede Antwort hörbar und sichtbar reagieren, niemals sofort mit der nächsten Frage fortfahren.
2. Jede Antwort mindestens einmal vertiefend hinterfragen, herausfinden, worum es geht.
3. Loben, was immer Lobenswertes zu finden ist.

d) Die Beratungsphase

Hier geht es nur um die Beantwortung der einen entscheidenden Frage: Wie profitiert der Kunde von den Beratungsmodulen, warum soll er sie kaufen?

Um diese Frage zu beantworten, ist es wichtig, die Begriffe zu klären. Da ist von Vorteilen die Rede, Kunden wird Nutzen versprochen und Produkte werden ihrer Merkmale wegen angepriesen.

Mit diesen Begriffen „Merkmal", „Vorteil" und „Nutzen" wird im Bankvertrieb nicht immer richtig gearbeitet. Das ist kein Wunder, sind sie doch nirgendwo verbindlich definiert. In anderen Berufen gibt es genaue Messwerte, zum Beispiel hat es der Mathematiker leichter, der mit der definierten Kreiszahl PI (3,14159...), operieren kann. Mit der exakten Definition können alle Kreise berechnet werden. Im Vertrieb gibt es solch exakte Größen nicht. Durchgesetzt hat sich die sehr erfolgreiche Reihenfolge mit folgenden Definitionen:

1. „Merkmal", „Leistung" oder „Daten" können synonym verwendet werden. Damit ist alles gemeint, was im übertragenen Sinn in die Beratungsmodule „hineingebaut" wurde: Qualifikation des Vertriebsmitarbeiters, Beratungstiefe, Zeitkontingent, Serviceelemente oder Produktauswahl als Beispiel.

„Merkmale" sind keine Argumente, sie sind der Beginn der Argumentation.

2. „Vorteile" sind die Folgen, die aus den Merkmalen entstehen.
Dies gilt für jeden Kunden. Egal, wer ein Beratungsmodul kauft, er hat den gleichen Vorteil davon, wie jeder andere Käufer. Vorteile, die aus der Beratung entstehen, können sein: höhere Rendite des Wertpapierdepots, Flexibilität bei der Kreditrückführung oder Planungssicherheit für die Exportgeschäfte eines Mittelständlers. In fast allen Fällen kann man diese verbal formulierten Vorteile auch in Geld umrechnen, wie in Kapitel 5.3 gezeigt wurde.

Das größte Handicap der Vorteile ist, dass sie langweilig sind, weil sie doch für jeden gelten. Und sie sind austauschbar, weil jede Bank die fast gleichen Vorteile mit beinahe den gleichen Worten beschreibt. Das kann man schon beim Blättern in den Bankprospekten und Imagebroschüren erkennen. Damit fehlt für den Kunden die Motivation und der Grund, sich gerade für diese Bank und ihre Leistungen zu entscheiden.

Vorteile sind schlechte Argumente. Sie sind die Brücke zur Nutzenargumentation!

An diesem Punkt des Gespräches beenden viele Vertriebsmitarbeiter ihre Argumentation. Sie sind ganz nah dran, aber nicht nah genug. Das ist die Chance für den Könner: Er holt kurz Luft, nimmt seinen Stift, und erläutert dem Kunden den Nutzen seiner Beratungsleistung, verpackt im ausgewählten Beratungsmodul.

3. „Nutzen" ist die individuelle Wirkung, die ein Vorteil bei einem bestimmten Kunden entfaltet. Wie wirkt der Vorteil, was bringt er konkret? Welche Auswirkung hat es, wenn Renditen steigen, Flexibilität erhöht und Sicherheit geschaffen wird? Und zwar für genau diesen Kunden, der im Moment mit Ihnen spricht. Welche Ideen kann der Kunde umsetzen, welche Pläne verwirklichen, welche Wünsche erfüllen und welche Sorgen vermeiden? Mit der Formulierung „Das bedeutet für Sie…" wird dem Kunden gesagt, aufgezeichnet und errechnet, was er davon hat, wenn er in die Beratungsleistung seiner Bank investiert. Selbst wenn alle Merkmale vollkommen identisch sind: Die Qualität der Nutzenargumentation, der erreichte Grad an Individualität, verursacht den Unterschied zwischen schlechten, guten und hervorragenden Vertriebsergebnissen.

Der Nutzen ist die beste Entscheidungshilfe, die es für den Kunden geben kann!
DAS Argument.

Damit ist der wichtigste und sinnvollste Referenzwert für den Preis der Beratungsmodule erarbeitet. So setzen Könner die Preise beim Kunden durch.

Um diese Nutzenargumentation möglichst effektiv zu führen, gibt es drei Praxistipps:

1. Der Rhythmus der Argumentation lautet: „Das Merkmal X bringt Vorteil Y, das bedeutet für Sie Nutzen Z."
2. Visualisieren aller wichtigen Punkte, vor allem den Nutzen.
3. Für jeden Kunden sollten drei (+/– eine) Argumentationsketten erarbeitet werden: Merkmal → Vorteil → NUTZEN.

Gesprächsstruktur und Sprache

e) Der Konsens, die Abschlussphase
Der Vertriebsmitarbeiter fasst die Beratung gemeinsam mit dem Kunden zusammen und prüft dabei, ob der Kunde

- die Logik der Argumentation verstanden hat,

- die Vorteile akzeptiert hat,

- und den dargestellten Nutzen als für ihn wichtig erkannt hat.

Es darf kein Gespräch geben ohne Konsens, ohne eine konkrete Vereinbarung. Das kann die Zusage des Vertriebsmitarbeiters sein, einen Rückkaufswert zu erfragen; es kann das Versprechen des Kunden sein, Informationen zu besorgen; oder es ist der Abschluss selbst, der Verkauf eines Beratungsmoduls. Es muss in jedem Falle eine Entscheidung getroffen werden.

Die Kaufentscheidung besteht aus zwei Ebenen: Der Entscheidungsgrundlage und der Entscheidung selbst. Wie in Kapitel 3 schon erläutert, trägt der Vertriebsmitarbeiter Verantwortung für die Entscheidungsgrundlage. Die Entscheidung selbst trifft der Kunde.

Das Wesen der Beratung kann gut im Vergleich mit einem Vermögensverwaltungsmandat dargestellt werden. Im Verwaltungsmandat erarbeiten der Vertriebsmitarbeiter und die Bankgremien die Entscheidungsgrundlage und treffen die Entscheidung. Der Kunde hat nur die Bandbreite für Entscheidungen definiert, ist an den Einzelentscheidungen nicht beteiligt. Bei der Beratung dagegen entscheidet der Kunde auf Grundlage der vermittelten Informationen und der daraus gezogenen Rückschlüsse. Die Prognosen und Meinungen der Bank selbst, oder die des Vertriebsmitarbeiters sind keine Empfehlungen im Sinne von Garantien.

Da Kunden „garantiert" aber häufig heraushören möchten, ist es gut, wenn der Vertriebsmitarbeiter diesen Unterschied deutlich macht. Um die Sprachregelung in der einzelnen Vertriebssituation zu klären, kann zur Sicherheit für den Vertriebsmitarbeiter die Bank ihren Hausjuristen befragen.

Damit schaffen die Banken Klarheit, die auch für den Kunden wichtig ist. Und bieten damit Fairness – wie sie es dem Kunden versprochen haben.

Um die Abschlussphase erfolgreich zu führen, haben sich drei Praxistipps als sinnvoll erwiesen:

1. Am Anfang der Abschlussphase, nicht an deren Ende, die Frage an den Kunden richten „Haben Sie noch Fragen?".
2. Nach der letzten Frage, der Abschlussfrage, die Entscheidung des Kunden nicht zerreden, sondern Mut zum Schweigen haben.

3. Wenn der Kunde die Entscheidung verschiebt, immer versuchen, die Initiative zu behalten.

f) Die Ab-Moderation mit Small Talk am Gesprächsende

Nachdem eine Vereinbarung getroffen und die weitere Vorgehensweise geklärt ist, wird das Gespräch nun durch die Ab-Moderation partnerschaftlich beendet. Zwei Dinge sind zu tun: Die Zufriedenheit des Kunden mit dem Gespräch erfragen, „Sind alle Punkte in Ihrem Sinne besprochen worden?" (sachlich zufrieden) und „Mit welchem Gefühl gehen Sie jetzt nach Hause?" (emotional zufrieden). Ist der Kunde rundum zufrieden, kann der Vertriebsmitarbeiter den nächsten Schritt tun.

Dieser „nächste Schritt" ist die Frage nach einer Empfehlung oder Referenz. Viele Vertriebsmitarbeiter fragen (zu) selten nach einer Weiterempfehlung. So verschenken sie eine wichtige Möglichkeit, weitere Kundenkontakte zu knüpfen.

In den Banken höre ich oft: „Das ist nicht der Stil einer Bank." Oder „Ich bin doch kein Drücker!" Mit beidem hat die Frage nach der Empfehlung auch nichts zu tun.

In der richtigen Art und Weise, weder plump noch aufdringlich, ist es nach vielen, nicht allen, Kundengesprächen sehr gut möglich zu fragen: „Wen können wir aus Ihrer Sicht auf unsere Beratungsangebote ansprechen?" Gerade die Dienstleistung der Beratung ist für eine Weiterempfehlung sehr gut geeignet. Nutzen Sie dafür auch das Kapitel 3.1, das Sie auf meiner Homepage finden und gerne als Gesprächsaufhänger verwenden können.

Viele Finanzdienstleister zeigen es täglich, ohne dabei unseriös zu werden: Die Weiterempfehlung steigert den Vertriebserfolg entscheidend. Die „schwarzen Schafe" unter den verkaufsstarken Kollegen außerhalb der Banken sollten nicht als Alibi für die eigenen Ängste der Vertriebsmitarbeiter dienen.

Der Small Talk zum Schluss hat die gleiche Wirkung wie zu Beginn des Gespräches: Er sorgt für eine angenehme Atmosphäre und hilft damit, die Beziehung zwischen den beteiligten Menschen zu stabilisieren.

Für einen gelungenen „Ausklang" der Beratungsgespräche gelten folgende drei Praxistipps:

1. Freude und Stolz über die Zusammenarbeit zum Ausdruck bringen.
2. Prüfen, ob zumindest ein Versprechen an den Kunden ausgesprochen wurde, mit dessen Erfüllen weiteres Vertrauen gewonnen werden kann.
3. Prüfen, ob ein „Danke für das intensive Gespräch" per Brief oder E-Mail an den Kunden sinnvoll ist.

g) Die Einwandbehandlung im Kundengespräch

Hören Kunden zum ersten Mal von den Beratungsmodulen, müssen sie, wie bei jedem Angebot, entscheiden. Sie müssen wählen, und das bedeutet gleichzeitig, sie müssen abwählen. Wie im Restaurant: Wer Fisch isst, hat Fleisch abgewählt.

Die richtige Entscheidung zu treffen kann zur Belastung werden. Diese löst häufig bei Kunden die Sorge oder auch Angst aus, das Falsche zu tun. Sorge und Angst beziehen sich dabei immer auf die Zukunft. Die Aufgabe des Vertriebsmitarbeiters ist es, so viel Information über Merkmale, Vorteile und Nutzen zu geben, dass die Wahrscheinlichkeit, das Richtige zu tun, steigt.

Sprachliche Hinweise für die Einwandbehandlung: Es ist nicht einfach, sprachlich geschickt auf die Einwände der Kunden zu reagieren. Aber man kann diese nutzen und sozusagen „umwidmen" in einen Dialog, der dem Kunden hilft, die für ihn richtige Entscheidung zu treffen. Man sollte sich Folgendes überlegen:

Jeder Mensch bewegt sich täglich auf dem Spielfeld der Spekulation und fragt sich: „Was wird kommen, wie wird es werden?" In die Zukunft schauen kann bekanntlich niemand, vergleichen Sie dazu Kapitel 1, Abbildung 2.

Kann auch Warren Buffett nicht in die Zukunft schauen? Nein, auch Warren Buffett nicht! Auch er spielt auf dem Spielfeld „Spekulation". Erfolg hat bekanntlich viele Väter. Ich glaube, es sind nur zwei: Das Glück und die Sorgfalt. Glück lässt sich nicht erzwingen, Sorgfalt lässt sich erarbeiten. Am Maß der Sorgfalt unterscheide ich „Zocken" vom „Wetten". Nachlässigkeit kommt nicht in Frage; sorgfältiges Sammeln, Prüfen und Bewerten ist der richtige Weg. Als sprachlicher Gegensatz zum fahrlässigen „Zocken" ist „Wetten" die sorgfältige Variante der Spekulation. Warren Buffett ist für mich ein Profi, der viel Geld auf bestimmte Entwicklungen wettet, und „Wette" immer mit viel Arbeit verbindet. Übernehmen Sie diese Sprachregelung oder suchen Sie sich die für Sie passende. Sprechen Sie auf jeden Fall die verborgenen Ängste der Kunden von sich aus an, gehen Sie damit um und beseitigen Sie diese.

Mit Gelassenheit und Kompetenz reagieren Vertriebsmitarbeiter mit diesem Hintergrundwissen auf die Einwände beim Verkauf der Beratungsmodule. Weder Angst noch Aggression ist angebracht, wenn Sie von ihren Kunden hören:

- „Das gab es ja noch nie, jetzt wollen Sie sich auch noch Ihren Rat bezahlen lassen!"

- „Das ist aber viel Geld nur für Beratung!"

- „Dann gehe ich eben zu einer anderen Bank, die beraten mich kostenlos!"

Erfolgreiche Vertriebsmitarbeiter reagieren sprachlich entspannt:

- „Ja, das ist eine neue Qualität unserer Arbeit. Auch dass Sie dafür ein Honorar bezahlen, ist ungewohnt. Wir haben uns dabei Folgendes gedacht: Damit Sie als unser Kunde genau wissen, woran Sie sind, haben wir…"

- „Stimmt, das ist viel Geld. Da muss der Gegenwert stimmen. Ich möchte Ihnen deshalb zeigen, was Sie bekommen, und vor allem wie es sich für Sie auswirkt. Im ersten Schritt…"

- „Ich kann Ihre damit verbundene Frage gut verstehen: Warum sollten Sie für unsere Beratungsleistung bezahlen? Es gibt die unterschiedlichsten Banken mit den unterschiedlichsten Gebühren und Zinsen. Uns ist wichtig, für Sie…"

So wird dem kritischen Kunden die wichtigste Information vermittelt, die ein Mensch bekommen kann, wenn er Sorge oder gar Angst verspürt: Da ist jemand, der mich ernst nimmt, meine Gedanken nicht lächerlich findet; einer, der partnerschaftlich an meiner Seite steht, die Welt auch aus meiner Perspektive betrachtet.

Nach dem sprachlich geglückten Einstieg in die Einwandbehandlung werden die Fakten vermittelt und am Ende jeder Information geprüft, wie der Kunde diesen Punkt beurteilt. Nur mit dieser Kombination aus Gelassenheit und Kompetenz ist es möglich, die Einwände der Kunden rund um die Beratungsmodule so zu bearbeiten, dass Kunden die nötige Sicherheit bekommen und sich für ihren Kauf entscheiden können, ohne Stress und Reue.

Für die erfolgreiche Einwandbehandlung gebe ich Ihnen drei Praxistipps:

1. Eigene Formulierungen für die Einwandbehandlung aufschreiben und üben.
2. Den Einwand geistig vorwegnehmen und so jede „Überraschung" vermeiden.
3. Den Kunden fragen, ob er die Beratung nutzen würde, wäre diese kostenlos. Antwortet der Kunde darauf mit „Ja", dann fragen, warum er das tun würde. Mit den vom Kunden genannten Gründen wird der Preis kundenorientiert erklärt.

6.3 Die Sprache – Ästhetik zum Hören

6.3.1 Die beste Botschaft erreicht den Kunden nicht

Spricht ein Kunde mit seiner Bank, bekommt er was zu hören: „Deutschlands Finanzsprache hat sich zu einer kabarettreifen Mischung entwickelt. Sie besteht aus ungefiltertem Englisch, etwas Französisch, Latein und viel heißer Luft. Zur Verständigung mit den Kunden taugt sie nicht", schreibt[68] ein Journalist in einem Artikel mit der Überschrift „Die denglische Krankheit". Der Inhalt dieses Artikels zitiert die Umgangssprache der Banken, insbesondere die sprachlichen „Highlights", Verzeihung, die Höhepunkte: Subprime-Krise, Asset Backed Securities, short, High Net Worth Individuals, Scoring, Turnaround, Performance, long, Investor-Relation, Wealth Management, Blue Chips und so weiter und so weiter.

---

68 Brand Eins, 02/08, Seite 89.

Gesprächsstruktur und Sprache

Ja, wenn in Gesprächen, in Kundenpräsentationen und in Werbeanzeigen nur noch „Fachchinesisch" gesprochen wird, ist dieser Eindruck verständlich, der damit verbundene Vorwurf berechtigt. Werden doch bewusst Wissende von Unwissenden getrennt.

Das Pendel muss nicht zwingend in das andere Extrem ausschlagen. Sprache lebt auch von Vielfalt und die deutsche Sprache enthält unzählige Wörter aus anderen Sprachen, wir haben sie nur über die Jahre eingedeutscht. So plädiere ich nicht für eine Sprache komplett ohne Fachbegriffe oder englische Begriffe. Es kommt auf die Menge und auf den Kunden an. Dazu passen die folgenden drei Aussagen, die ich selbst von einem Mentor gehört habe:

1. „Ein Kundengespräch ist ein Kundengespräch, keine mündliche Prüfung."
2. „Sie haben es nicht nötig, durch akademische Worthülsen Bildung zu demonstrieren."
3. „Der Begriff „Sprachschatz" ist wörtlich zu nehmen, gehen Sie sorgfältig damit um."

Schlechte Sprache trennt, verunsichert und brüskiert. Natürlich auch in Deutsch. Es gehen uns allen täglich Formulierungen über die Lippen, die beim Hinhören das Gegenteil von Wertschätzung, Stärke, Harmonie und Optimismus ausstrahlen. Sprachmüll, der auf die Deponie gehört:

Bei näherer Überlegung ist offensichtlich, wie sehr unser Sprachgebrauch aus der Welt des Dramas und der Gewalt genährt ist, wie im Gruselfilm:

- Vertriebsmitarbeiter stehen an der Front.
- Der Kampf um die Kunden.
- Die Qual der Wahl.
- Das brennt unter den Nägeln.
- Ein Tiefschlag.
- Das todsichere Argument.
- Es war ein brutales Gespräch.
- Mit diesem Killerargument.
- Ein gebranntes Kind.
- Das Kind ist in den Brunnen gefallen.

Die Sprache – Ästhetik zum Hören

- Der Vorschlag.
- Fühlt sich gerädert.
- Den Letzten beißen die Hunde.

Unnötige Appelle, Vorwürfe und Pessimismus markieren den Typ „Oberlehrer":

- Ja, aber…
- Sie müssen…
- Trotzdem empfehle ich Ihnen…
- Das ist nicht mein Problem…
- Ich habe das nicht zu verantworten…
- Das geht nicht.
- Das ist schlecht.
- Warum nicht?

Sprachliche Weichspüler sorgen für Zweifel beim Kunden:

- Ich würde…
- Ich hätte…
- Eigentlich…
- Vielleicht…
- Ich könnte, wenn ich…
- Um ehrlich zu sein…
- Entschuldigen Sie, dass ich Sie störe…
- Wollte einfach mal wieder fragen, ob Sie…

Gesprächsstruktur und Sprache

Die Sprache in Banken muss aber klar sein, verständlich und kraftvoll! Wie sonst soll die wichtige Botschaft

„Die Beratung der Bank ist der Gewinn des Kunden!"

den Kunden erreichen? Räumen Sie den Sprachmüll weg, bevor er anfängt zu stinken. Wie schnell dieser „Müll" im Vertriebsalltag produziert ist, weiß jeder Praktiker, ich auch.

Ansporn und Mut ziehe ich aus dem, was Heinrich Heine 1834 schrieb:
„Große deutsche Philosophen werden vornehm die Achseln zucken über den dürftigen Zuschnitt dessen, was ich hier hervorbringe. Aber sie mögen gefälligst bedenken, dass das wenige, was ich sage, ganz klar und deutlich ausgedrückt ist, während ihre eigenen Werke zwar sehr gründlich, unermessbar gründlich, stupend tiefsinnig, aber ebenso unverständlich sind. Was helfen dem Volk die verschlossenen Kornkammern, wozu es keinen Schlüssel hat? Das Volk hungert nach Wissen und dankt mir für das Stückchen Geistesbrot, das ich ehrlich mit ihm teile." Über 170 Jahre später sind wir Banker mit Heinrich Heine sehr gut beraten.

6.3.2 Die Sprache als ästhetisches Element der Kundenberatung

Ich bin sicher: Sprache wirkt auf den Menschen sowohl positiv als auch negativ. Mit Dialekt oder Hochdeutsch: Sprache kann Menschen bezaubern, sie gewinnen und ihnen Mut machen. Sprache schafft Stimmung, Atmosphäre und ein Klima des Wohlgefühls. Es gibt Wörter, die wie der Duft eines Parfüms wirken, wie der Anblick eines Blumenstraußes oder der Klang eines Sinfonieorchesters. Es macht eben doch einen Unterschied, auch wenn es mit Rendite oder Sicherheit nichts zu tun hat.

Um diese hohen Ansprüche für die Praxis zu relativieren, können die Vertriebsmitarbeiter sich noch einmal von Pareto helfen lassen. Auch für die Sprache gilt die 20/80-Regel: 20 Prozent der Wörter verursachen 80 Prozent der schlechten Wirkung. Und auch der Umkehrschluss gilt: Mit 20 Prozent der Wörter und Formulierungen ist 80 Prozent des gewünschten Erfolges zu erreichen. Lesen Sie die zwei folgenden Textvarianten und „hören" Sie dabei in sich hinein.

Vertriebsmitarbeiter zum Kunden:

Variante A[69]:
„Sie müssen sich das so vorstellen: Bisher haben die Banken ihr Wissen und ihre Vorschläge umsonst gegeben. Die Provisionen aus den vorgeschlagenen Produkten oder die Zinsspanne haben die Kosten aus Sicht der Banken amortisiert. Der Ertrag hat gestimmt, es gab keine Dissonanzen mit den Kunden. Durch MiFID und andere Gesetze sind die Banken heute

---
69 Ein Zusammenschnitt einiger Formulierungen, die so in verschiedenen Kundengesprächen in Banken zu hören waren.

gezwungen, ihren Kunden transparent zu kommunizieren, was sie am Kunden verdienen. Die Banken haben diesen Paradigmenwechsel reflektiert, die Beratung selbst zum Produkt entwickelt und verkaufen es heute in Form von Beratungsmodulen. Damit fallen die Kosten da an, wo sie produziert werden. Die Zinsspanne und Provisionen, die eine Bank sonst noch generiert, decken die Produktion und das Handling ab. Eine Kombination zwischen Beratungshonorar und den Preisen für die Produkte selbst findet sich in den Preismodellen der Beratungsmodule. Das könnten wir dann noch besprechen, damit Sie wissen, was es Sie am Ende kostet.

Ich selbst finde diesen Weg eigentlich relativ gut, denn nur mit einer guten Beratung ist eine adäquate Vorsorge oder ein effizientes Kreditportfolio für den Kunden zu entwickeln. Da brauchen die Zinsen nur mal invers sein, oder es gibt eine ungewohnte Korrelation der Assetklassen auf den Märkten, und schon liegt der Kunde hinten. Ohne unser Research und innovative Ansätze geht da nichts. Da ist meine Wenigkeit auch schnell überfordert und ich brauche den Derivate-Spezialisten.

Also ganz ehrlich, ich bin ein Fan unserer neuen Beratungsmodule; in diesem netten Blättchen haben wir sie einzeln dargestellt. Und wenn Sie Fragen haben: Kein Problem!

Ich würde vorschlagen, wir machen einfach mal einen Termin mit Ihrer Frau gemeinsam, und können noch mal ein bisschen über die Sache diskutieren. Ich will Ihnen da nichts verkaufen, was Sie nicht überzeugt. Am Donnerstag hätte ich Zeit, das wäre vielleicht eine Möglichkeit."

Variante B[70]:
„In der Vergangenheit haben Sie als Kunde dieser Bank unsere Beratung bekommen, ohne dafür einen sichtbaren Betrag zu bezahlen. Wir haben die Kosten für Ihre Beratung aus Provisionen bezahlt. Diese haben wir bekommen, wenn Sie bei uns einen Bausparvertrag oder einen Aktienfonds gekauft haben. Auch zwischen den Zinsen, die wir unseren Geldanlegern bezahlen, und den Zinsen für Kredite gibt es einen Unterschied, die so genannte Zinsspanne. So haben die Banken scheinbar kostenlose Beratung anbieten können. Das war für uns alle ein bequemer und einfacher Weg.

Sie, wie viele unserer Kunden, wollen heute Klarheit und faire Preise, achten bei den Banken auf die Kosten. Der Gesetzgeber achtet im Sinne des Verbraucherschutzes darauf, dass wir Ihnen zuverlässig sagen, welche Einnahmen wir haben, wenn Sie sinnvolle Lösungen wie Ihren Bausparvertrag bei uns kaufen. Natürlich wollen Sie gerne wissen, wenn die Bank Provisionen aus Ihrem Aktienfonds bekommt. Und es ist auch verständlich, dass Sie mit uns über dieses Geld sprechen. Sie fragen sich, ob ein Teil dieses Geldes an Sie ausgeschüttet werden kann.

---

70   Phantasie, ohne Anspruch auf Perfektion oder Allgemeingültigkeit.

Gesprächsstruktur und Sprache

Bei den schnellen Veränderungen in der Wirtschaft allgemein und in den Finanzmärkten insbesondere ist die Beratung für Sie wichtiger denn je. Ich, Ihr Berater bin froh, selbst gut ausgebildet zu sein, mich ständig weiterbilden zu können. So können Sie bequem über alle Ihre Fragen mit mir sprechen und wir suchen gemeinsam eine Lösung. Und ich kann schnell und unkompliziert auf die Hilfe von Spezialisten zugreifen, wann immer es hilfreich ist. Die gesamte Kraft unserer Bank steht Ihnen unbedingt zur Verfügung. Diese Kraft bekommen Sie in Zukunft für ein Honorar, das in einem klaren Preismodell eingeschlossen ist.

Unser neues Beratungskonzept mit allen seinen Möglichkeiten haben wir in dieser Broschüre für Sie zusammengestellt. Sie können die für Sie beste Alternative wählen. Gerne vereinbare ich einen Gesprächstermin mit Ihnen und Ihrer Frau, um die weitere Vorgehensweise mit Ihnen zu besprechen. Am Donnerstag habe ich Zeit zwischen 14.00 und 16.00 Uhr, können wir uns dann sehen?"

Haben Sie einen Unterschied gefühlt? Kunden spüren ihn auch und reagieren darauf!

Der Unterschied ist: Fachchinesisch so gut es geht weglassen, Konjunktive streichen, Killerphrasen eliminieren und auf unpassende Formulierungen verzichten.

Dafür werden aber positive und passende Wörter wie „bekommen", „sichtbar", „natürlich", „verständlich", „Hilfe", „Kraft" oder „Alternative" verwendet. Aus einer Auswahl von zwanzig bis dreißig Wörtern und Formulierungen kann sich ein Vertriebsmitarbeiter schon im Seminar die für ihn passenden heraussuchen. Diese für ihn richtigen Sprachbausteine kann er dann zu seinem persönlichen Stil zusammenbauen. Niemand braucht sich eingeengt oder bevormundet zu fühlen.

„Gute Sprache" und „Individuelle Sprache" können eine sehr erfolgreiche Verbindung eingehen; führen doch mehrere gute Wege nach Rom.

Das Innovationsteam kann die Choreographie, die Mischung aus Struktur und Individualität für jede Bank so entwickeln, dass sie ideal zur Vertriebsstrategie genau dieser Bank passt.

Wörter und Formulierungen werden gemeinsam mit Vertriebsmitarbeitern entwickelt, Musterlösungen individuell verändert.

Getragen durch die Vertriebskultur der Bank wird diese konsequente Vorgehensweise zu einer Effizienzsteigerung im Bankvertrieb führen. Jede Bank muss und kann ihren eigenen Weg finden, eine Arbeit, die sich rechnet: Beispiele belegen eine Zeitersparnis von 20 Prozent für das durchschnittliche Kundengespräch, bei gleichzeitig messbar gestiegener Kundenzufriedenheit.

6.4 Empfehlungsmanagement – Der Weg zur Weiterempfehlung

6.4.1 Zartbitterschokolade – Gemischte Gefühle

Viele Vertriebsmitarbeiter teilen eine unangenehme Erfahrung: Unter dem Druck ihrer Vorgesetzten sollen sie ihre Kunden eindringlich um Weiterempfehlung bitten: sei es über die „berühmten drei Visitenkarten – eine für Sie und zwei für Ihre Freunde" oder sei es gar die konkrete Aufforderung, hier und jetzt fünf Namen von potenziellen Interessenten zu nennen. Wer es nicht selbst erlebt hat, hat davon gehört. Klischees, Ängste und Scham vermischen sich bei Vertriebsmitarbeitern zu einer Gefühlslage, die einen professionellen Umgang mit dem Thema Weiterempfehlung sehr schwer machen. Wer will schon Klinkenputzer, Drücker oder Bettler sein?

Gleichzeitig ist jedem Vertriebsmitarbeiter klar, dass die über eine Weiterempfehlung gewonnenen Kunden sehr attraktiv sind. Diese Kunden kommen mit einem Vertrauensvorschuss in die Bank, sind offen und haben eine positive Grundeinstellung. In der Folge sind die Zufriedenheits-Werte dieser Kunden überdurchschnittlich hoch, und auch die Abschlussquote ist höher als bei anderen Kunden. Dies sind ideale Voraussetzungen für Motivation, Erfüllung und Spaß an der Arbeit im Vertrieb einer Bank. Welcher Vertriebsmitarbeiter würde sich das nicht wünschen? Am Ende bleibt der Geschmack von herber Zartbitterschokolade.

Warum sollten Vertriebsmitarbeiter aktiv, professionell und regelmäßig das Thema Weiterempfehlung ansprechen?

Weil es sich lohnt!

Es lohnt sich für Vertriebsmitarbeiter: Sie schließen aufgrund von Weiterempfehlungen mehr ab, ihr Einkommen entwickelt sich positiv, ihre persönliche Weiterentwicklung geht schneller voran, und neue berufliche Chancen eröffnen sich. Sie werden unabhängiger von der „kalten" Akquise neuer Kunden. Sie können ihre berufliche und private Perspektive selbst aktiv gestalten.

Es lohnt sich für die Bank: Mit jedem Kunden, der über eine kostenneutrale Weiterempfehlung gewonnen werden kann, sinken die kalkulatorischen Marketinginvestitionen pro Kunde. Damit werden Mittel frei, die an anderer Stelle zielführend eingesetzt werden können oder den Gewinn erhöhen. Weiter steigt der Gewinn durch den Anstieg der Abschlussquote. Die Markenbekanntheit und das positive Image der Bank werden mit jeder Weiterempfehlung stark ausgebaut.

Es lohnt sich für die neuen Kunden: Mit dem Ziel der Weiterempfehlung gibt sich der Vertriebsmitarbeiter bei dem Beratungsgespräch besonders viel Mühe. Kunden fühlen sich so oft besser informiert und verfügen über eine breite und solide Entscheidungsbasis für die anstehenden Anlage- oder Finanzierungsentscheidungen. Idealerweise ergeben sich auch handfeste wirtschaftliche Vorteile für diese Kunden und ihre Familien. Die Bank wird positiv wahrgenommen und stellt damit eine potenzielle Alternative zur bisherigen Hausbank dar.

Die Zeit ist reif für die Weiterempfehlung.

Die Rahmenbedingungen für die Weiterempfehlung steigt günstig und damit sind die Chance für eine hohe Quote an Empfehlungskunden groß. Gesellschaftlicher Wandel und Verbraucherstimmung arbeiten für engagierte Vertriebsmitarbeiter. Dies kann an zwei Phänomenen abgelesen werden:

1. **Regionalität – Die Suche nach Vertrautheit**
In Schottland und Katalonien wurden 2014 jeweils Referenden über deren Unabhängigkeit durchgeführt. Produkte aus der Region liegen im Trend. Dies sind nur zwei Entwicklungen, die zeigen, dass die Menschen angesichts einer vernetzten, immer komplexeren und globalisierten Welt nach einem Gegengewicht suchen: vertraute Wurzeln, Heimat und persönliche Kontakte helfen dabei, mit veränderten Rahmenbedingungen in unserer hochtechnisierten Welt gut umzugehen. Der persönliche Tipp, der Rat, die Weiterempfehlung eines Familienmitgliedes, eines Freundes oder eines Kollegen befriedigen genau dieses Bedürfnis nach Vertrautheit.

2. **Verbraucherschutz und Testergebnisse – Die Suche nach Sicherheit**
Wegen manipulierten Rankings und fragwürdigen Produkttests haben Verbraucher ihr Vertrauen in angeblich unabhängige Institutionen, die jahrelang Halt und Orientierung versprachen, verloren. Auszeichnungen wie "sehr empfehlenswert", "Deutsche Nummer Eins" oder "Testsieger" scheinen wertlos, Institutionen wird mit Misstrauen begegnet, Beratung als plumper Verkaufsversuch diskriminiert. Angesichts des gewachsenen Misstrauens wird jede weitergegebene persönliche Erfahrung wohltuend wahrgenommen und befriedigt das Bedürfnis nach Sicherheit. Persönliche Empfehlungen sind Brücken und Abkürzungen in einem unübersichtlich gewordenen Dschungel der Optionen.

Es gibt also viele gute Gründe, die Weiterempfehlung in den Beratungsdialog einzubauen – am besten in einer gelassenen, lockeren und natürlichen Atmosphäre, mit authentischen, zur Situation passenden und freundlichen Formulierungen, die beim Kunden eine positive Reaktion auslösen.

Was konkret hindert Vertriebsmitarbeiter daran, das Thema aktiv, professionell und regelmäßig anzusprechen?

Was Mitarbeiter häufig daran hindert, Kunden zur Weiterempfehlung zu ermutigen, ist die Angst vor dem „Nein" und der damit verbundenen gefühlten Ablehnung. Die Angst vor der persönlichen Ablehnung, dem negativen persönlichen Feedback ist verständlich. Das gilt für alle beratenden, helfenden und unterhaltenden Berufe, denn hier steht der Mensch zentral im Mittelpunkt der Dienstleistung: Gefühlt ist hier immer der Mensch „an der Front" verantwortlich für die Zufriedenheit des Kunden. Er kann bei negativen Ergebnissen auch wenig zu seiner „Ent-Schuldigung" vorbringen, hat er doch weitgehend alleine agiert und entschieden.

Im positiven Fall führt das Gespräch zum Abschluss mit dem Kunden, zur Dankbarkeit des Patienten oder zum Publikumsapplaus. Bei einem unbefriedigenden Ausgang gibt es keinen Auftrag, Vorwürfe der Angehörigen oder Buhrufe aus dem Saal. Jedes „Nein!" und die damit zum Ausdruck gebrachte Ablehnung schmerzt. Wie jeder Mensch möchte auch der Vertriebsmitarbeiter gemocht und akzeptiert werden, braucht auch er ein "Ja". Auch die Selbstwahrnehmung spielt eine große Rolle, denn niemand möchte sich als „bedürftig", als „Drücker" oder als „Klinkenputzer" fühlen; dies sind keine erstrebenswerten und zielführenden Selbstbilder. So unterdrückt der eine oder andere Vertriebsmitarbeiter im Beratungsgespräch aus Furcht vor einem potenziellen „Nein!" intuitiv seinen Wunsch nach einer Weiterempfehlung. Oder der Wunsch wird nur schwach formuliert: „Ja, dann empfehlen Sie mich gerne weiter!" oder „Es würde mich freuen, wenn Sie mich weiterempfehlen!" Das entspricht nur der zweitbesten Lösung.

Die beste Lösung ist die Frageform. Sie ist mutig, klar und wertschätzend. Nur die Frage lässt dem Kunden eine echte Wahl. Nur die Frage nimmt einen Menschen ernst und respektiert seine Autonomie und Entscheidungsfreiheit.

„Werden Sie mich weiterempfehlen?"

„Werden Sie mich, Ihre Zufriedenheit vorausgesetzt, weiterempfehlen?"

„Werden Sie, wenn Sie weiter zufrieden sind, in einer für Sie passenden Situation an eine Weiterempfehlung denken und meinen Namen ins Spiel bringen?"

„Sind Sie grundsätzlich bereit, wenn Sie dann immer noch so zufrieden sind und Sie es in einer Situation für angemessen halten, mich weiterzuempfehlen?"

Vertriebsmitarbeiter können auch ohne Konjunktive und Weichmacher unterschiedlich direkt oder auch angemessen zurückhaltend formulieren. Je nach Kunde und Gesprächsatmosphäre können diese ihre Frage individuell formulieren.

Weiterempfohlen zu werden ist ein berechtigtes Bedürfnis jedes Vertriebsmitarbeiters. Und das dürfen diese selbstbewusst zum Ausdruck bringen.

Gesprächsstruktur und Sprache

Ein positives Selbstbild ist die Grundvoraussetzung dafür, dass Menschen kraftvoll an ihre Arbeit gehen. Entscheidend ist, sich seiner selbst sicher zu sein; sicher zu sein, dass die eigene Arbeit wertvoll ist und Dritten nutzt. Das sind wichtige Aspekte der intrinsischen Motivation – zentrale Antreiber, um die täglichen Aufgaben anzupacken.

Weiterhin brauchen Menschen, um die förderlichen Worte spontan und natürlich zu finden, ein hohes Maß an Gelassenheit. Ohne diese fühlen sich Menschen blockiert wie das sprichwörtliche „Kaninchen vor der Schlange", sagen nichts oder formulieren weich, bedürftig oder unterwürfig.

Wie geht es besser? Wie kommen Vertriebsmitarbeiter zu mehr Gelassenheit? Zwei Modelle können dabei helfen, gelassen, überlegt und damit kompetent zu handeln:

1. Das Seitenmodell – Das innere Team
In diesem Modell werden die verschieden Verhaltensmuster und Charakterzüge eines Menschen als unterschiedliche Seiten beschrieben. Diese Seiten stecken in unterschiedlicher Ausprägung in uns allen, aber nicht jeder Mensch hat jede Seite und nicht jede Seite ist zu jeder Zeit präsent. Da gibt es die faule, fleißige, harmonische, aggressive, ängstliche, professionelle, mutige Seite und noch viele weitere mehr. Und es gibt einen Chef, einen CEO, wenn man sich diese innere Organisation wie das Organigramm einer Firma vorstellt. Der CEO ist das bewusste „Ich" eines Menschen. Er ist der Sprecher, und bei einem Vertriebsmitarbeiter kann sich das dann so anhören: „Ich finde es schwierig, nach der Weiterempfehlung zu fragen".

Abbildung 27: Das Seitenmodell – die innere Organisation

Grundsätzlich ist folgendes zu den Seiten zu sagen: Alle Seiten haben an sieben Tagen in der Woche, an 24 Stunden pro Tag nur ein Ziel: Sie wollen, dass es dem Menschen, genauer dem CEO, gut geht. Dessen Selbstwertgefühl soll stabilisiert und gesteigert werden. Die Seiten sind nicht gut oder schlecht, richtig oder falsch. Sie sind situationsbezogen zielführend oder nicht. Es ist zielführend, im Urlaub die faule Seite auszuleben, bei der Arbeit sicher nicht. Es kann zielführend sein, bei der Familienfeier diplomatisch zu sein und sich zurückzunehmen. Wenn es darum geht, die eigenen Interessen im Team zu vertreten, ist zu viel Harmonie dagegen ungünstig.

Daher hat es keine Seite verdient, pauschal abgewertet zu werden. Jede Seite reagiert auf Geringschätzung mit vermehrter Anstrengung, um wieder wahrgenommen zu werden. Das heißt: Wird eine Seite missachtet oder gedrückt, drängt sich diese umso mehr in den Vordergrund, steht sie doch für ein berechtigtes Bedürfnis, das befriedigt werden will.

Die faule Seite wird oft als „innerer Schweinehund" diffamiert. Und je mehr man diesen bekämpft, umso schwerer wird es, ihn „an die Kette zu legen". So muss man sich nicht wundern, wenn man wieder nicht zum Sport geht, die Seminarunterlage nicht nacharbeitet oder keine neuen Formulierungen übt.

Umgekehrt soll auch keine Seite, beispielsweise die fleißige Seite, unreflektiert „in den Himmel gelobt" werden. Eine ungehemmt ausgelebte fleißige Seite kann zu Beziehungsstress oder Burnout-Symptomen führen.

Entscheidend ist, dass jeder Mensch seine Seiten als sein eigener CEO mit Abstand und wacher Beobachtungsgabe wahrnimmt und bewusst mit ihnen umgeht. Er nimmt je nach Situation und Ziel Seiten zurück oder aktiviert sie – je nachdem, was er für zielführend hält. Flapsig kann man sagen: Es ist eine individuelle Entscheidung, ob der Hund mit dem Schwanz wackelt oder der Schwanz mit dem Hund.

Der CEO, der Vertriebsmitarbeiter, wird von seinen Seiten beraten, beeinflusst und manchmal auch vereinnahmt. Die Vereinnahmung durch eine einzelne Seite kann problematisch werden, wenn diese Seite für eine bestimmte Situation nicht zielführend ist; hier spricht und handelt dann nicht mehr der CEO, sondern die dominante Seite. Sprechen beispielsweise im Kundengespräch alle äußeren Anzeichen dafür, dass es jetzt günstig ist, die Frage nach der Weiterempfehlung zu stellen, führt eine Dominanz der ‚ängstlich-vorsichtigen Seite' dazu nur sehr zögerlich zu fragen: „Es wäre schön, Sie würden mich dann und wann auch mal weiterempfehlen." Eine solche Formulierung führt nicht direkt zum Ziel. Oder dem Vertriebsmitarbeiter ist das theoretische Risiko einer Ablehnung durch ein „Nein!" zu hoch und er geht bewusst oder unbewusst über diesen Moment hinweg, stellt die Frage nach der Weiterempfehlung nicht. Dann dominiert auch hier die ‚ängstlich-vorsichtige Seite' den CEO – damit ist eine wichtige Chance verpasst!

Grundsätzlich gilt: Jede Seite ist wertvoll und zu akzeptieren. Die Kompetenz der Angst und Vorsicht schützt in der Praxis des Bankvertriebs vor Fehlern, Fahrlässigkeit oder Falschberatung. Wenn diese Angst-Seite den CEO jedoch „im Griff" hat, ist es um die Weiterempfehlung geschehen. Was also tun?

Im ersten Schritt wird die Angst-Seite in zwei Stufen „beruhigt": In Stufe 1 geht es darum, diese Seite in einem inneren Dialog wertzuschätzen: „Gut, dass ich diese Seite habe, sie schützt mich vor Fehlern. Vielen Dank an diese Seite, sie leistet einen wertvollen Beitrag." In Stufe 2 wird diese Seite darüber informiert, welche Seite nun den Schutz vor Fehlern übernehmen wird und dass sie das Geschehen gern weiter beobachten und sich im Notfall als Unterstützerin bereithalten kann: „Ich werde mit Hilfe der ‚professionellen Seite' den Kunden mit der passend formulierten Frage auf das Thema ansprechen. Ich habe die Formulierungen vorher nachgelesen, für mich stimmig abgewandelt und geübt. So werde ich es anpacken. Und wenn es mal nicht so gut funktioniert, ist das auch in Ordnung. Sollte der Kunde negativ reagieren, kann ich ihm immer noch sagen, dass ich ihn respektiere und seine Überlegungen ernst nehme."

Im zweiten Schritt wird die zielführende Seite, sinnvollerweise die „professionelle-Seite", aktiviert. Auch gibt es wieder zwei Stufen: In Stufe 1 werden dieser Seite die Hintergründe und der persönliche Nutzen erklärt. Es geht um den Sinn, das „Höhere Ziel", und dieses kommt immer vom CEO: „Ich möchte mit Hilfe zahlreicher Empfehlungskunden meine Ziele erreichen und damit den nächsten Karriereschritt zügig erreichen. Jedes erreichte Ziel erfüllt mich mit Stolz und steigert mein Selbstwertgefühl." So oder ähnlich kann sich dieser innere Dialog anhören. In Stufe 2 wird der ‚professionellen Seite' genau erklärt, wie sie vorgehen, an welcher Stelle und mit welcher Wortwahl eine Frage zur Weiterempfehlung gestellt werden soll. „Wie in meinen Seminarunterlagen beschrieben, werde ich entweder bei der Chance 1 oder bei der Chance 2 im Zusammenhang mit den abschließenden Worten sinngemäß folgende Frage stellen: ‚Werden Sie mich weiterempfehlen?'"

Mit jedem Mal wird dieser innere Dialog leichter und erfolgreicher. Der Vertriebsmitarbeiter ist somit als CEO seiner inneren Seiten fähig, jederzeit genau die Seiten, die für die erfolgreiche Arbeit sinnvoll sind, zu aktivieren oder zu deaktivieren. Er wird von den Kunden hören, dass sie zu gegebener Zeit gern an ihn denken und auch weiterempfehlen werden. Im Laufe der Zeit wird es dann auch an den Zahlen abzulesen sein, dass das Gefühl nicht trügt: Immer mehr neue Kunden fragen nach einem bestimmten Vertriebsmitarbeiter und wollen diesen als ihren Wunschberater kennenlernen.

So lernt die „Angst-Seite" mit der Zeit, dass es dem Vertriebsmitarbeiter, dem CEO der inneren Organisation, gut geht. So wird die „Angst-Seite" ihn immer freier arbeiten lassen.

2. Der Werkstolz – die notwendige Ergänzung zum Ergebnisstolz

Eine weitere Quelle für ein stabiles Selbstwertgefühl ist Stolz: das gute Gefühl, mit den eigenen Fähigkeiten etwas geschafft zu haben, das wohltuende Erleben der eigenen Wirksamkeit. Dieser Stolz macht wiederum gelassen, führt zu der vom Vertriebsmitarbeiter angestrebten Spontaneität.

In unserer Kultur basiert Stolz überwiegend auf Ergebnissen, auf Leistungen, die wir erreicht haben. Dieser Ergebnisstolz findet sich in Sport, Kultur, Wirtschaft und im privaten Bereich. Bestzeiten, Kinobesucherzahlen, Marktanteilsgewinne oder auch das persönliche Einkommen sind dominierend in Medien, in Diskussionen und sind präsent im persönlichen Denken. Auch Banken feiern zu Recht die gemeinsamen und individuellen Erfolge.

Eine sehr einseitige Fokussierung auf Ergebnisse führt jedoch im besten Fall zur Abnutzung der „Rekorde" und im schlimmsten zu Frustration, Leistungsabfall und Krankheit, wenn Ergebnisse nicht erreicht wurden oder am Ende immer der „undankbare zweite Platz" steht. Problematisch dabei ist nicht der Ergebnisstolz selbst, sondern die einseitige Fokussierung auf das Ergebnis.

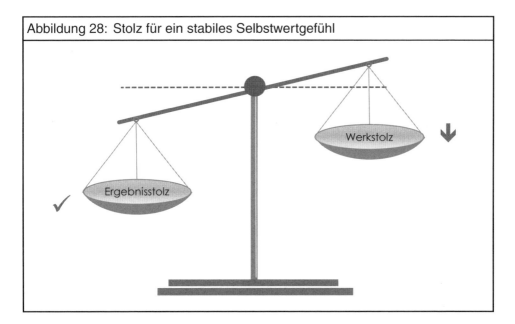

Abbildung 28: Stolz für ein stabiles Selbstwertgefühl

Exkurs: Die „Klosterstudie"[71]

In der „Klosterstudie" ging die Österreichische Akademie der Wissenschaft 1997 zunächst der Frage nach, warum die Lebenserwartung von Männern und Frauen so unterschiedlich ist.

---

71 www.klosterstudie.de

Darauf aufbauend haben weltweit zahlreiche Forschungsprojekte, auch in Deutschland, diese Frage weiter vertieft und den Unterschied in der Lebenserwartung von Ordensbrüdern und -schwestern im Vergleich mit der Allgemeinbevölkerung untersucht. Neben den physiologischen Einflussfaktoren wie Ernährung oder den Umgang mit Genussmitteln wurden auch psychologische Kriterien wie Stressbelastung und Familienstand geprüft.

Die Studie lieferte folgendes Ergebnis: Menschen im Kloster leben länger und auch gesünder als Menschen außerhalb der Klostermauern. Frauen der Allgemeinbevölkerung haben eine ähnlich hohe Lebenserwartung wie Ordensfrauen. Bei den Männern der Allgemeinbevölkerung ist die Lebenserwartung geringer als die der Frauen und auch geringer als die der Mönche. Die Lebenserwartung von Mönchen und Nonnen jedoch ist fast identisch. Wie kommt das?

Psychologische Einflussfaktoren, die sich mit den Erkenntnissen aus der modernen Burnout-Prophylaxe stammen, spielen hier eine große Rolle: Die Ordensleute sehen einen Sinn in ihrem Tun, das „Höhere Ziel" ist erkennbar. Die Möglichkeit der Teilhabe, der Chance, einen eigenen Beitrag zu leisten ist gegeben und der Werkstolz, die Befriedigung durch das Tun selbst, unabhängig vom Ergebnis.

Zusammengefasst ist sicher: Die Chancen auf ein kraftvolles und langes Leben steigen immer dann, wenn Menschen über diesen Werkstolz verfügen und die entsprechenden Facetten im eigenen Alltag als gegeben und positiv erleben.

Übertragen auf den Bankvertrieb heißt das: Aus dem Sinn, dem „Höheren Ziel" und aus der Befriedigung durch ihr aktives Handeln schöpfen Vertriebsmitarbeiter ihren Werkstolz: den Stolz auf ihre Arbeit im Kundenkontakt, auf die Konsequenz ihrer Gesprächsführung; auf ihre Disziplin in der Umsetzung neu gelernter Sprachmuster, auf ihren Mut, eine offene klare Frage zu stellen; auf ihre Geduld, die Antwort des Kunden abzuwarten.

Werkstolz ist die Ergänzung zum Ergebnisstolz, der gleichgewichtige Umgang damit das Ziel.

Um dieses Ziel zu erreichen ist ein „sowohl-als auch" erforderlich; keinesfalls weniger Fokus auf das Ergebnis, aber mehr Fokus auf das Werk. Damit werden Vertriebsmitarbeiter emotional unabhängiger von Ergebnissen, den Einflüssen der Umwelt und den Reaktionen ihrer Kunden. Im Vertrauen auf ihre Fähigkeiten werden sie authentisch und ruhig die Frage nach der Weiterempfehlung stellen, egal, wie der Kunde reagieren wird. Sie werden gelassen im Innen und überzeugend im Außen. Diese Zartbitterschokolade schmeckt.

6.4.2 Der günstigste Zeitpunkt

Wann ist der günstigste Zeitpunkt, im Kundendialog nach der Weiterempfehlung zu fragen? Es gibt Vertriebsmitarbeiter, die ihre Kunden praktisch noch im Stehen auf die Weiterempfehlung ansprechen, besonders dann, wenn schon nach wenigen Augenblicken eine passende Atmosphäre geschaffen wurde. Wer damit erfolgreich ist, kann das selbstverständlich weiter tun. Generell ist jeder spontane oder geplante Zeitpunkt „richtig", wenn damit das Ziel erreicht wird. Zwei Einstiegschancen im Kundendialog haben sich besonders bewährt und sichern damit eine sehr hohe Erfolgsquote.

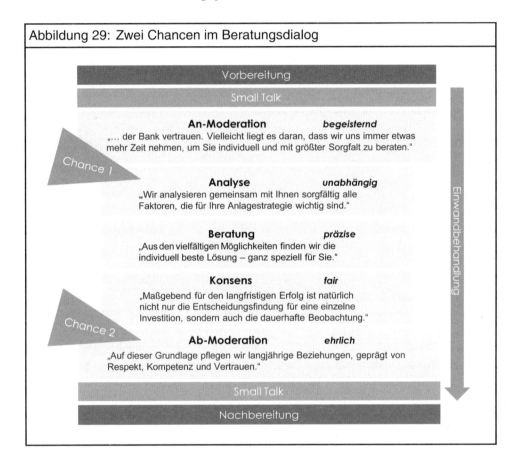

Abbildung 29: Zwei Chancen im Beratungsdialog

Chance 1: Speziell bei Neukunden und Interessenten den Rückenwind nutzen
Vertriebsmitarbeiter erfragen in den Erstgesprächen regelmäßig, wie ihr Kunde auf die Bank aufmerksam wurde. 80 Prozent aller Kunden antworten: „Sie wurden mir empfohlen" oder „über das Internet".

Antworten Sie nicht nur mit „Aha" oder „Okay". Sie können diesen Moment als Chance 1 nutzen, die Gesprächsatmosphäre weiter zu verbessern und die Weiterempfehlung zielführend anzusprechen. Die Erfolgsaussichten steigen, wenn in der Reaktion folgende Aspekte zuerst formuliert werden: die Freude über das Kommen des Kunden und der Dank für die Möglichkeit zur Zusammenarbeit. Dann kann noch hinterfragt werden, was bei der Empfehlung den Impuls ausgelöst hat: Was genau hörte sich aus seiner Sicht gut an? Was hat den neuen Kunden beim Lesen gereizt, einen Termin zu vereinbaren? Eventuell kann auch der Name des Empfehlungsgebers an dieser Stelle erfragt werden. Und dann wird die entscheidende Frage gestellt!

Möglicher Gesprächsverlauf bei Empfehlungen
Variante A: „Vielen Dank, dass Sie diesem Tipp Ihres Kollegen gefolgt sind. Ich freue mich sehr, dass wir heute über Ihre Finanzierung sprechen können. Was genau hat Sie denn an dem Tipp neugierig gemacht, was konkret hat Ihr Kollege denn gesagt?" Ihr Kunde antwortet: „Er sagte, dass Ihre Beratung klar und überzeugend war." Sie sprechen weiter: „Schön, dass unsere Beratungsleistung wahrgenommen und geschätzt wird. Dann ist klar, was ich heute hier zu leisten habe. Da ich mich über jeden weiteren Kunden freue: Angenommen, Sie sind genauso zufrieden wie Ihr Kollege, werden Sie mich dann ebenso weiterempfehlen?"

Variante B: „Vielen Dank, dass Sie diesem Tipp Ihres Kollegen gefolgt sind. Ich freue mich sehr, dass wir heute über Ihre Finanzierung sprechen können. Was genau hat Sie denn an dem Tipp neugierig gemacht, was konkret hat Ihr Kollege denn gesagt?" Ihr Kunde antwortet: „Er sagte, dass Ihre Beratung klar und überzeugend war." Sie sprechen weiter: „Schön, dass unsere Beratungsleistung wahrgenommen und geschätzt wird. Dann ist klar, was ich heute hier zu leisten habe. Ich komme am Ende unseres Gespräches nochmals auf diesen Punkt zurück."

Möglicher Gesprächsverlauf bei Impulsen durch Werbung, Veranstaltungen oder das Internet
Variante A: „Vielen Dank, dass Sie auf uns zugekommen sind. Ich freue mich, dass Sie unsere Homepage attraktiv finden. Was genau ist Ihnen denn so wichtig, dass Sie einen persönlichen Kontakt zu mir gesucht haben?" Ihr Kunde antwortet: „Ich möchte beste Zinsen für mein Finanzierungsvorhaben." Sie sprechen weiter: „Ja, es gibt im Moment sehr attraktive Zinssätze und solche werde ich Ihnen auch im Rahmen eines individuellen Finanzierungskonzeptes anbieten. Ich freue mich über jeden neuen Kunden, der übers Internet oder auch durch eine direkte persönliche Empfehlung zu mir kommt. Angenommen, ich kann Ihnen ein überzeugendes Angebot machen, können Sie sich dann vorstellen, mich bei passender Gelegenheit weiterzuempfehlen?"

Variante B: „Vielen Dank, dass Sie auf uns zugekommen sind. Ich freue mich, dass Sie unsere Homepage attraktiv finden. Was genau ist Ihnen denn so wichtig, dass Sie einen persönlichen Kontakt zu mir gesucht haben?" Ihr Kunde antwortet: „Ich möchte beste Zinsen für mein Finanzierungsvorhaben." Sie sprechen weiter: „Ja, es gibt im Moment sehr attraktive Zinssätze und solche werde ich Ihnen auch im Rahmen eines individuellen Finanzierungskonzeptes anbieten. Da ich mich über jeden neuen Kunden freue, komme ich am Ende unseres Gespräches nochmals auf die Frage ‚Wie sind Sie auf unsere Bank aufmerksam geworden?' zurück."

Mit diesen oder eigenen Formulierungen kann in einer stimmigen Weise die Chance 1 ideal genutzt werden.

Chance 2: Die logische Konsequenz in allen Kundengesprächen, insbesondere in Gesprächen mit Bestandskunden
Die Chance 2 ist so etwas wie die „Mutter aller Weiterempfehlungen". Dieser Gesprächsteil besitzt aufgrund seiner logischen Struktur viel Kraft für das gewünschte Ergebnis. Die schon bekannte Ab-Moderation bietet eine gute Basis. In diesem Gesprächsabschnitt wird dem Kunden mit Fragen bewusst gemacht, ob er das Angebot intellektuell verstanden hat und er emotional mit dem erlebten Gespräch zufrieden ist. Zusätzlich wird über eine dritte Frage Verbindlichkeit und Loyalität aufgebaut. Daran schließt sich die Frage nach der Weiterempfehlung logisch an. Das kann sich wie folgt anhören:

„Herr Kunde, haben wir denn Ihre Erwartungen an das Gespräch erfüllt, hat es Ihnen geholfen?" Ihr Kunde antwortet: „Ja, absolut. Ich wollte ja sehen, ob wir uns die Wohnung leisten können. Und hier habe ich nun Klarheit." Sie sprechen weiter: „Das ist schön. Mit welchem Gefühl gehen Sie denn nun nach Hause?" Ihr Kunde antwortet: „Mit einem sehr guten, Sie haben mir wirklich geholfen." Sie sprechen weiter: „Das freut mich, Herr Kunde. Kann ich denn davon ausgehen, dass ich eine echte Chance habe, Ihre Finanzierung zu begleiten?" Ihr Kunde antwortet: „Ja, das können Sie, ich kann mir gut vorstellen, bei Ihnen abzuschließen." Sie sprechen weiter: „Schön, herzlichen Dank, ich verlasse mich auf Sie."

Wenn Chance 1 nicht genutzt wurde, gibt es diese Möglichkeit: „Ich bin froh, dass ich Ihnen mit dem heutigen Gespräch helfen konnte. Sie können mir auch helfen: Ich freue mich über jeden neuen Kunden, insbesondere über solche, die per Empfehlung zu mir kommen. Sind Sie denn grundsätzlich bereit, mich ebenfalls bei passender Gelegenheit weiterzuempfehlen?"

Wenn Chance 1, Variante B genutzt wurde, gibt es diese Möglichkeit: „Ich hatte ja zu Beginn unseres Gespräches gesagt, ich würde nochmals auf den Punkt „Weiterempfehlung" zurückkommen: Wenn Sie weiter so zufrieden bleiben, wie Sie es gerade formuliert haben, werden Sie mich dann weiterempfehlen?"

Darüber hinaus gibt es aber sicher auch eine „Chance 3".

6.4.3 Weitere Formulierungsbeispiele für die Praxis
Es kann sein, dass die genannten Formulierungen nicht jedem gefallen oder andere Ausdrucksformen stimmiger erscheinen. Es ist wichtig, dass der Sprachstil unbedingt zu dem Menschen und der jeweiligen Situation passt. Deshalb: Jeder Vertriebsmitarbeiter probiert seine eigenen Varianten aus und übt einzelne Sätze so lange, bis die passenden Worte und Formulierungen „von alleine" kommen.

Gesprächsstruktur und Sprache

Zur Anregung der Kreativität sind hier noch weitere Gesprächsverläufe aufgeführt:

Formulierungen zu Chance 1: Wie sind Sie auf unsere Bank aufmerksam geworden?

A. Von einem Kollegen / Freund empfohlen

- „Wie sind Sie auf unsere Bank aufmerksam geworden?" „Ein Kollege hat Sie empfohlen." „Vielen Dank, dass Sie der Empfehlung Ihres Arbeitskollegen gefolgt sind und mich kontaktiert haben. Das freut mich wirklich sehr. Bitte verraten Sie mir doch den Namen Ihres Kollegen, denn mir ist es sehr wichtig, dass ich mich für die Empfehlung persönlich bedanken kann." „Peter Schulz." „Was hat denn Herr Schulz von mir und meiner Beratung erzählt?" „Herr Schulz war sehr zufrieden mit Ihrer Beratung und hat sich über das günstige Angebot gefreut." „Schön zu hören, dass Herr Schulz so zufrieden war. Wunderbar! Mein Ansporn ist es jetzt, Sie auch so zu begeistern wie Herrn Schulz. Können Sie sich auch vorstellen mich weiterzuempfehlen?"

- „Wie sind Sie denn auf unsere Bank gekommen?" „Sie wurden mir von einem Bekannten empfohlen." „Toll, freut mich! Vielen Dank, dass Sie der Empfehlung gefolgt sind. Wer hat mich denn weiterempfohlen?" „Mein Schwiegervater." „Wie heißt denn Ihr Schwiegervater?" „Peter Müller." „Dann grüßen Sie ihn schön von mir. Was hat er denn über mich erzählt?" „Er hat sich bei Ihnen wohlgefühlt und erzählt, dass Sie ausführlich und verständlich beraten haben. Zudem war er von Ihrer Schnelligkeit und Ihrem Angebot begeistert." „Super, dann liegt die Messlatte wieder sehr hoch. Wie wichtig sind Ihnen denn die genannten Punkte? Gibt es darüber hinaus noch weitere Aspekte?" „Ja, neben der guten Beratung ist mir natürlich auch ein günstiges Angebot wichtig." „Kann ich gut nachvollziehen. Ich gebe auf jeden Fall mein Bestes! Vorausgesetzt, Sie sind zufrieden mit mir, werden Sie mich dann auch weiterempfehlen?"

- „Wie sind Sie denn auf unsere Bank aufmerksam geworden?" „Meine Frau hat Ihre Visitenkarte in der Krabbelgruppe erhalten, von Frau Maier." „Das ist aber schön, dass Frau Maier mit mir so zufrieden war, dass sie mich in ihrer Krabbelgruppe weiterempfohlen hat. Was genau hat denn Frau Maier über mich und unser Haus erzählt? Was hat ihr denn besonders gut gefallen?" „Ihr hat die schnelle und unkomplizierte Abwicklung gefallen. Sie hat sich bei Ihnen sehr wohl gefühlt." „Da freue ich mich sehr, dass es Frau Maier so gut gefallen hat, mir hat die Zusammenarbeit damals auch sehr viel Spaß gemacht. Wenn Ihnen unser Gespräch heute auch so gut gefällt, können Sie sich grundsätzlich vorstellen, mich demnächst auch zu empfehlen?" „Ja natürlich!" „Das finde ich gut, ich werde zum Ende unseres Gesprächs nochmal darauf zurückkommen." Am Ende des Gesprächs: „Und, hat Ihnen das Gespräch denn auch gefallen?" „Ja, wirklich sehr!" „Dann freue ich mich auf Ihre Weiterempfehlung!"

B. Durch das Internet aufmerksam geworden

- „Was hat Ihnen denn an unserer Homepage gefallen?" „Sie ist übersichtlich, enthält viele übersichtliche Informationen und die Musterportfolios." „Schön, dass Ihnen die Seite gefällt. Die Homepage ist neu, und ich finde ebenfalls, dass sie übersichtlich ist. Können Sie sich vorstellen, dass die Homepage auch Ihren Freunden gefällt, für Ihre Freunde hilfreich ist?" „Ja." „Prima. Mein Wunsch ist es, dass Sie heute so zufrieden hier rausgehen, dass Sie meine Karte ohne Bedenken als Weiterempfehlung im Freundes- und Bekanntenkreis weitergeben können. Können Sie sich das vorstellen?"

- „Ich habe im Internet recherchiert und bin dort oft auf Ihren Namen gestoßen." „Schön, dass wir über diesen Weg zueinander gefunden haben. Was hat Sie denn konkret dazu bewegt, Ihre Anfrage an uns zu richten?" „Sie haben durchgängig gute Kundenbewertungen erhalten." „Interessant. Was macht für Sie eine gute Bewertung aus?" „Mir ist wichtig, dass wir uns ausreichend Zeit für das Gespräch nehmen, ich weitere wichtige Informationen zum Thema Altersvorsorge von Ihnen erhalte und natürlich ein Angebot, das an meine Wünsche angepasst ist." „Vielen Dank für Ihre offenen Worte. Diese Themen sind für Sie sehr wichtig und geben somit auch Ihre Erwartungen an unser Gespräch wieder. Habe ich das richtig verstanden?" „Ja, das stimmt." „Sehr schön. Auch ich habe Erwartungen an unser Gespräch. Mir ist besonders wichtig, dass ich Ihre Wünsche erfülle und Sie mit einem guten Gefühl nach Hause gehen. Wenn das der Fall ist interessiert mich, ob Sie grundsätzlich dazu bereit sind, mich weiterzuempfehlen?"

- „Wie sind Sie denn auf uns aufmerksam geworden?" „Über Google." „Sie sind über Google auf uns aufmerksam geworden und sitzen nun heute hier bei mir, das freut mich. Welchen Suchbegriff haben Sie denn eingegeben?" „Anlageberatung in Berlin." „Warum haben Sie die Anfrage gerade bei uns gestellt?" „Ihre Seite macht einen professionellen Eindruck. Der beschriebene Beratungsansatz hat mich angelockt." „Das ist super, den Eindruck möchte ich natürlich auch im persönlichen Gespräch heute bestätigen. Wenn mit dies gelingt, kann ich davon ausgehen, dass Sie mich an Ihre Bekannten weiterempfehlen, damit diese nicht so lange im Internet suchen müssen?"

Formulierungen zu Chance 2 in Gesprächen mit allen Kunden, insbesondere den Bestandskunden

- „Habe ich Ihre Erwartungen an mich und dieses Gespräch erfüllen können?" „Ja, wir haben alle mir wichtigen Punkte und Fragen besprochen." „Wie fühlen Sie sich jetzt? Wie geht es Ihnen damit?" „Sehr gut. Ich fühle mich sehr wohl. Sie haben mir wirklich weitergeholfen." „Das freut mich sehr. Toll! Dann spricht ja vieles dafür, dass wir ins Geschäft kommen und ich Sie bei Ihrer Baufinanzierung begleite. Sehen Sie das auch so?" „Natürlich." „Sehr schön! Zum guten Schluss habe ich noch einen Wunsch. Bitte empfehlen Sie mich in Ihrem Bekannten- und Verwandtenkreis bei passender Gelegenheit weiter. Damit machen Sie mir eine Freude / Damit haben auch Sie mir weitergeholfen. Erfüllen Sie mir diesen Wunsch?"

- „Sind Ihre Ziele und Erwartungen für das heutige Gespräch erfüllt?" „Ja." „Mit welchem Gefühl fahren Sie jetzt nach Hause?" „Die Beratung hat mir gut gefallen. Ich habe ein gutes Gefühl." „Toll, das freut mich sehr. Auch ich habe ein gutes Gefühl für unsere Zusammenarbeit. Kann ich mich darauf verlassen, dass ich bis zum Freitag das von Ihnen unterzeichnete Angebot und die besprochenen Unterlagen erhalte?" „Ja. Ich schicke Ihnen die Unterlagen bis Freitag per Fax." „Super, dann steht Ihre Finanzierung pünktlich zum Notartermin. Schön, dass ich Ihnen da helfen konnte. Bitte helfen Sie auch mir: Ich freue mich, wenn Sie mich aktiv ihn Ihrem Freundes-, Bekannten- und Kollegenkreis weiterempfehlen. Wollen Sie das für mich tun? Können Sie sich das vorstellen?"

- „Wir haben ja am Anfang unseres Gesprächs über Ihre Erwartungen gesprochen, konnte ich diesen gerecht werden?" „Ja." „Wie fühlen Sie sich denn jetzt?" „Es sind sehr viele Infos, ich muss es jetzt erst mal verarbeiten." „Vielen Dank für die offene Rückmeldung, dies kann ich sehr gut verstehen, umso schöner, dass Sie sich intensiv mit dem Thema Altersvorsorge beschäftigen. Lassen Sie uns am Freitag nochmal telefonieren, hier können wir Ihre eventuell aufkommenden Fragen und den weiteren Ablauf klären, passt das so für Sie?" „Ja das passt!" „Am Anfang unseres Gesprächs hatten wir über Ihre und meine Erwartungen gesprochen. Sind Sie nach diesem Gespräch bereit, mich bei passender Gelegenheit weiterzuempfehlen?"

6.4.4 Der zielführende Umgang mit skeptischen Kundenreaktionen

Selbstverständlich ist es auch denkbar, dass Kunden auf die Bitte nach Weiterempfehlung wenig positiv reagieren. Mögliche Gesprächsverläufe und alternative Reaktionsmöglichkeiten sind:

- „Das werden meine Bekannten nicht gut finden!" „ Ihre Bedenken kann ich verstehen, die Weiterempfehlung kann negativ aufgenommen werden. Deshalb behalten Sie selbstverständlich jeweils die Freiheit, selbst zu entscheiden, ob, wann und wen Sie ansprechen. Wie sehen Sie diesen Punkt jetzt? Konnte ich deutlich machen, dass es keinerlei Zwang gibt?"

- „Dann bin ich für das Gelingen verantwortlich?!" „Richtig, wenn Sie Tipps geben, stecken Sie gefühlt auch in der Verantwortung. Aber ich möchte, dass Sie wissen, dass wir gerade bei Empfehlungskunden alles dafür tun, damit diese richtig und gut beraten nach Hause gehen. Konnte ich deutlich machen, dass die Verantwortung ganz bei mir liegt und Ihr Freund bei mir in guten Händen ist?"

- „Dann glauben meine Bekannten am Schluss noch, dass ich eine Prämie kassiere?!" „Eine berechtigte Frage, eine Empfehlung kann auch einmal ‚in den falschen Hals geraten'. Die Weiterempfehlung ist ein tolles Kompliment aber auch eine sehr große Verpflichtung zugleich. Wir wollen weiter wachsen und deshalb geben wir unser Bestes, um die Verpflichtung bestmöglich zu erfüllen. Welchen Eindruck haben Sie von dem minimalen Risiko, das jetzt bei Ihnen liegt?"

6.4.5 Der optimale Zeitpunkt für das „Ansprechen der Weiterempfehlung"

Wann ist der optimale Zeitpunkt für das „Ansprechen der Weiterempfehlung" im Akquise-Prozess? Soll die Frage nach der Weiterempfehlung gleich beim ersten Gespräch mit einem neuen Kunden gestellt werden, obwohl bis dahin noch keine Leistung erbracht wurde und noch nicht klar ist, ob der Interessent überhaupt Kunde der für ihn neuen Bank wird?

Ja, unbedingt! Es spricht vieles für eine möglichst frühzeitige Ansprache der Weiterempfehlung. Denn der Kunde hat jetzt das für ihn aktuelle Thema im Kopf. Es ist vielleicht sogar das Wichtigste in diesen Tagen. Er ist hochsensibel, spricht mit vielen Menschen über „Finanzierung", „Altersvorsorge" oder „Kapitalanlage". Gleichzeitig lässt er sich mit hoher Wahrscheinlichkeit auch noch bei Dritten beraten. In diesen Tagen spürt er die Unterschiede in Beratungskompetenz, Atmosphäre und Engagement. Über den positiv erlebten Unterschied der Beratung zu sprechen, eine Weiterempfehlung zu geben, liegt nah.

Je früher die Weiterempfehlung angesprochen wird, umso besser. Möglicherweise kommt es nicht zu einem weiteren Gespräch – sei es, der Kunde verwirft sein Anliegen oder eine andere Bank kommt zum Zuge, obwohl die Beratungsleistung hervorragend war. Dann würde zumindest die Weiterempfehlung, zumindest die Frage danach, als Werkstolz bleiben.

Einen zusätzlichen ergänzenden Impuls zu einem späteren Zeitpunkt zu setzen ist natürlich absolut zielführend. Möglichkeiten dazu gibt es im persönlichen Gespräch, am Telefon oder per E-Mail, nach der Auszahlung eines Darlehens oder auch, bei sehr attraktiven Kunden, drei Monate später. Alles ist möglich und individuell zu gestalten. „Jeder ist seines Glückes Schmied" und „Übung macht den Meister" – diese alten Weisheiten stimmen auch hier.

7 Fazit: Ein Bauplan für Beratungsqualität

7.1 Vertrauen, Fachkompetenz und Fairness

Aus Sicht der Kunden geht es nur darum, sich voller Vertrauen an ihre Bank wenden zu können, dort mit Fachkompetenz beraten zu werden und mit Lösungen nach Hause zu gehen, die auch finanziell ein faires Geschäft sind.

Diesem Anspruch gerecht zu werden und dabei einen angemessenen Ertrag zu erarbeiten, ist die Aufgabe der Bank.

Wie ist das zu schaffen? Ich habe in den letzten Monaten mit vielen Mitarbeitern in den unterschiedlichsten Banken gesprochen und dabei viele Meinungen gehört, wie die „ideale Bank" auszusehen habe. Und die Kollegen konnten aus ihrer internen Perspektive zeigen: Viele Banken machen vieles richtig. Aller Kritik von außen zum Trotz. Und doch ist die Bankenwelt nicht in Ordnung. Warum nicht?

Weil Banken im Wesentlichen drei Fehler machen:

1. Sie verkaufen das Falsche.
2. Sie führen ihre Vertriebsmitarbeiter falsch.
3. Sie haben das falsche Verständnis von Qualität.

Und zwar in dieser Reihenfolge.

Wenn ich hier so radikal von „falsch" schreibe, ist das keine Arroganz, sondern die extreme Variante von „nicht richtig genug". Banken sind in diesen drei Aspekten zu weit entfernt von dem, was notwendig wäre, den Anforderungen der Kunden gerecht zu werden.

Viele gute Ansätze in den unterschiedlichsten Banken entfalten ihre positive Wirkung deshalb nicht, weil sie Stückwerk bleiben. Es gibt zu wenige Ansätze, eine Bank komplett umzubauen, sie in allen wichtigen Bereichen modern zu gestalten; und die notwendige Konsequenz, verbunden mit Geduld, scheint häufig auch zu fehlen.

Mancher Versuch, eine Bank zu modernisieren, wirkt wie eine missglückte Altbausanierung, bei der dem Eigentümer Geld oder Lust ausgegangen ist. Da glänzt das neu gedeckte Dach und bröckelt etwas tiefer der Putz von der Fassade. Wenn in der Wirtschaftswoche[72] groß über einem Artikel steht „Von dem Zielbild Beraterbank ist die Dresdner weiter entfernt

---

[72] Wirtschaftswoche, Nr. 21, 19. Mai 2008, Seite 63.

denn je", klingt das für mich weniger wie Kritik an einem einzelnen Institut, als vielmehr nach einer Zustandsbeschreibung einer ganzen Branche.

Und jetzt? Wie geht es weiter? Mit einer mutigen Renovierung der Bank vom Kellerfundament bis zum Dachfirst. Das geht nur mit einem Plan. Einem Plan, der sicherstellt, dass nichts vergessen wird. Einem Bauplan wie der eines Architekten: Individuell für jedes Gebäude, ohne dabei die Physik, die Funktion oder die Bauvorschriften zu vergessen. So folgt auch der „Bauplan für Beratungsqualität" einer Logik. Die Logik und Reihenfolge der drei Bereiche, neun Felder und 27 Arbeitsgebiete ist aus der Realität abgeleitet, wie sie in- und außerhalb der Banken existieren.

7.2 Der Bauplan BeratungsDreieck³ – Drei Bereiche, neun Facetten und 27 Arbeitsgebiete

1. **Die Beratung – Kernleistung der Banken**

    1. Modular aufgebaute Beratungsleistung

        1. Konkrete Merkmale
           Ist deutlich, was der Kunde bekommt?

        2. Module
           Findet jeder Kunde das passende Angebot?

        3. Preismodelle
           Sind die Preise deutlich, fair und unterschiedlich?

    2. Kooperation

        4. Bewusstsein
           Ist dem Kunden klar, warum er mitmachen soll?

        5. Wissen
           Hat die Bank dem Kunden genügend erklärt?

        6. Zeit und Raum
           Gibt es die Chance in Ruhe zu reden?

    3. Bestleistung

        7. Kultur der Gewinner
           Haben alle Lust, die beste Arbeit zu leisten?

Fazit: Ein Bauplan für Beratungsqualität

    8.   Beitrag und Führung
           Sind alle beteiligt, gefordert und gefördert?

    9.   Arbeitsplatz und Systeme
           Ermöglicht das Umfeld den maximalen Beitrag?

2. Der Vertriebsmitarbeiter – Verbindung zum Kunden

  4.   Mensch

    10.   Freude
           Schenkt die Arbeit mit Kunden Glücksgefühle?

    11.   Werte
           Passen Vertriebsaufgabe und Werte zusammen?

    12.   Bildung
           Erleichtert die Bildung Kontakte zu Menschen?

  5.   Berater

    13.   Fachkompetenz
           Passen die Aufgabe und das Wissen zueinander?

    14.   Neugier
           Machen Menschen Spaß?

    15.   Kommunikationskompetenz
           Wird einfach, schnell und richtig erklärt?

  6.   Verkäufer

    16.   Mut
           Ist der Wille, ein Geschäft zu machen, spürbar?

    17.   Sorgfalt
           Wird der Kundenkontakt gut organisiert?

    18.   Ausdauer
           Gibt es genügend Frustrationstoleranz?

BeratungsDreieck³ – Drei Bereiche, neun Facetten und 27 Arbeitsgebiete

3. **Die Qualität – Unterschied zum Wettbewerb**

   7. Produkte

      19. Auswahlprozess
           Erkennt der Kunde, wie ausgewählt wird?

      20. Perfomance
           Ist das angebotene Produkt gut genug?

      21. Preistransparenz
           Kann der Kunde sehen, wofür er bezahlt?

   8. Prozesse

      22. Pünktlichkeit und Zuverlässigkeit
           Werden Termine und Versprechen gehalten?

      23. Schnelligkeit und Flexibilität
           Erfüllt die Bank individuelle Wünsche prompt?

      24. Bequem und Einfach
           Kommt der Kunde mit minimalem Aufwand aus?

   9. Ästhetik

      25. Kultur der Wertschätzung
           Stehen Beziehungen, nicht Geld, im Mittelpunkt?

      26. Sprache
           Kann man sich beim Zuhören wohl fühlen?

      27. Optischer Eindruck
           Entspricht das, was man sieht, den Ansprüchen?

Jede Abweichung von einem klaren „JA" definiert den Handlungsbedarf in einem der 27 Arbeitsgebiete.

Fazit: Ein Bauplan für Beratungsqualität

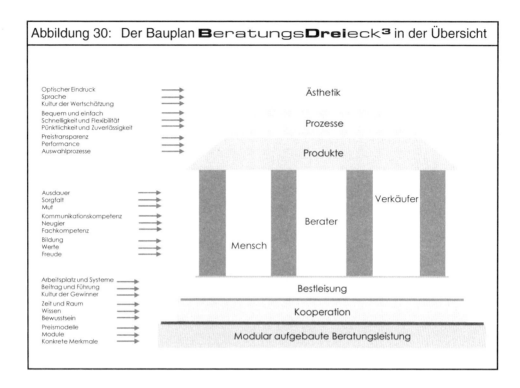

Zuerst ignorieren sie dich. Dann lachen sie dich aus. Dann bekämpfen sie dich. Dann hast du gewonnen!

Früher nannte man sie Entdecker, dann Pioniere, später Visionäre und heute „First mover" – zäh mussten sie schon immer sein, die Menschen mit Ideen.

„Die Zeit ist reif." Der erste Satz der ersten Auflage dieses Buches. Fangen wir also an, bauen wir Banken der Zukunft!

„Nicht weil es schwer ist, wagen wir es nicht, sondern weil wir es nicht wagen, ist es schwer." Lucius Annaeus Seneca, vor rund 2000 Jahren.

Viel Erfolg!
Kai Pfersich

Ich freue mich über jede Form von Rückmeldung und Dialog. Sie erreichen mich unter:
http://www.TheValueCompany.de

Literaturverzeichnis

Beike, Rolf/Letzgus, Oliver/Schlütz, Johannes/Springer, Christian (2008): Financial Planning 1-4, Stuttgart: Schäffer-Poeschel.

Bullinger, Hans-Jörg/Scheer, August-Wilhelm (2005): Service Engineering – Entwicklung und Gestaltung innovativer Dienstleistungen, Berlin/Heidelberg/New York: Springer.

Detroy, Erich Norbert (2004): Mit Begeisterung verkaufen, München: Moderne Industrie.

Doppler, Klaus/Lauterburg, Christoph (2002): Change Management: Den Unternehmerwandel gestalten, Frankfurt/New York: Campus.

Effert, Detlef/Hanreich, Wilfried (2006): Ganzheitliche Beratung bei Banken: Modeerscheinung oder Erfolgskonzept, Wiesbaden: Gabler.

Ernst & Young (2007): Darf es noch etwas mehr sein? Chancen und Herausforderungen im Retail Banking, Juli 2007.

Frenzel, Karolina/Müller, Michael/Sotton, Hermann (2006): Storytelling: Das Praxisbuch, München: Hanser.

Gigerenzer, Gerd (2007): Bauchentscheidungen – Die Intelligenz des Unbewussten und die Macht der Intuition, München: C. Bertelsmann.

Haas Edersheim, Elisabeth/Peter F. Drucker (2007): Alles über Management, München: Redline Wirtschaft.

Hellenkamp, Detlev (2006): Bankvertrieb, Privatkundengeschäft der Kreditinstitute im Wandel, Lohmar/Köln: Eul-Verlag.

Heuser, Uwe J. (2008): Humanomics – Die Entdeckung des Menschen in der Wirtschaft, Frankfurt/New York: Campus.

Howald, Bettina (2007): Kundenwert im Private Banking: Eine Analyse der Einflussfaktoren und der Wirkungszusammenhänge (Bank- und finanzwirtschaftliche Forschung), Bern/Stuttgart/Wien: Haupt.

Malik, Fredmund (2003): Führen, Leisten, Leben: Wirksames Management für eine neue Zeit, 15. Auflage, DVA.

Mohr, Ernst (2014): Ökonomie mit Geschmack – Die postmoderne Macht des Konsums, Hamburg: Murmann.

Meffert, Heribert/Bruhn, Manfred (2006): Dienstleistungsmarketing: Grundlagen – Konzepte – Methoden, Wiesbaden: Gabler.

Pfersich, Kai/Glowacz, Stefan (1999): Hoch Hinaus – Ein Verkäufer und ein Bergsteiger auf Erfolgstour, Frankfurt/New York: Campus.

Scholz, Christian (2000): Personalmanagement: Informationsorientierte und verhaltenstheoretische Grundlagen, München: Vahlen.

Scholz, Stefan (2007): Optimierung von Vertriebsstrategien im Private Banking: Eine grundlegende Darstellung, Frankfurt: Frankfurt School Verlag.

Sprenger, Reinhard (2007): Mythos Motivation: Wege aus einer Sackgasse, Frankfurt/New York: Campus.

Taleb, Nassim Nicholas (2007): Der schwarze Schwan, München: Hanser.

Traufetter, Gerald (2007): Intuition – Die Weisheit der Gefühle, Hamburg; Rowohlt.

Weber, Martin/Borgsen, Sina/Glaser, Markus/Norden, Lars (2007): Genial einfach investieren: Mehr müssen Sie nicht wissen – das aber unbedingt, Frankfurt/New York: Campus.

Wübker, Georg (2006): Power Pricing für Banken: Wege aus der Ertragskrise, Frankfurt/New York: Campus.

Zeitschriften und sonstige Quellen

Bankpraktiker, Ausgabe 04/2007 „Vision Vertriebsbank: Wunsch- und Wirklichkeit".

Bilanz, Ausgabe 5/2008.

Brand Eins, Ausgabe 11/2007, „Nur für Könner!"

Brand Eins, Ausgabe 02/2008, Seite 89.

Der Standard, 06.02.2015, Seite 23, „Wenn Algorithmen über die Bonität entscheiden".

diebank, Ausgabe 6, 2014, Seite 35, „Das Vertrauen deutscher Kunden in die Banken sinkt weiter".

Die Schweizer Bank, Ausgabe Nr. 5/2010.

Literaturverzeichnis

Die Zeit, 24.01.2008.

Financial Times Deutschland, 22.05.2008, „Kollege hört mit – Bericht aus dem Call Center der Bausparkasse Schwäbisch Hall".

Financial Times Deutschland, 23.11.2008, „Der Fluch der ‚Lehmann-Oma'".

finews.ch, 04.02.2015, „Banken und Betrug: Es gibt doch einen Zusammenhang".

finews.ch, 08.09.2014, „Die BKB mutiert zur Beraterbank".

finews.ch, 09.02.2015, „Jetzt sind intelligentere Ansätze notwendig".

Frankfurter Allgemeine Sonntagszeitung, 01.02.2015, Seite 23, „Wann schließen die ersten Sparkassen".

Handelsblatt, Ausgabe Nr. 101, 2010.

Handelsblatt, 17./18./19.10.2014, Seite 35, „Mephisto in der Bank"

manager magazin, Ausgabe 7/2007.

manager magazin, Ausgabe 12/2014, Seite 20, „Überforderte Berater".

Private Banking, Ausgabe 01/2008, Coachingprotokoll, Kai Pfersich.

Süddeutsche Zeitung, 08.05.2008, „Millionäre misstrauen Bankern".

Süddeutsche Zeitung, 20./21.12.2014, Seite 26, „Spring doch".

Trendletter, Ausgabe 02/2008, „Konsumtrend: Besser, nicht billiger leben".

Welt am Sonntag, 19.10.2008, „In der Autowerkstatt kostet der Mechaniker auch extra" (Interview mit Kai Pfersich).

Wirtschaftswoche, 02.02.2008, „Bankberater packen aus, mit welchen Drückermethoden Banken ihre Kunden ausnehmen".

Wirtschaftswoche, 29.05.2008, Seite 63.

Wirtschaftswoche, 10.11.2014, Seite 58, „Das Experiment".

Mein Dank gilt allen Bankern, insbesondere den Vertriebsmitarbeitern, denen ich in Seminaren oder Einzelcoachings begegnet bin, denn sie alle stecken mittelbar in dem Inhalt dieses Buches.

Wolf Schneider danke ich für seine Impulse und die Einsicht, sich quälen zu müssen, hat man den Ehrgeiz, gelesen zu werden.

Und meiner Frau Mechthild Pelzer-Pfersich gilt mein Respekt: Steckt ihre Kraft, ihre Geduld und ihr Optimismus doch in jeder Zeile, jeder Abbildung sowieso. Mechthild & Buch gehören eben zusammen. Ohne Dich wäre es nicht gegangen, ECHT!

Abbildungsverzeichnis

Abbildung 1:	Die drei Rollen des Vertriebsmitarbeiters	32
Abbildung 2:	Zu Entscheidungen finden	36
Abbildung 3:	Partnerschaftlicher Bankvertrieb	39
Abbildung 4:	Der Innovationsprozess	51
Abbildung 5:	Wie Qualität entsteht	56
Abbildung 6:	Die drei Facetten der Qualität	57
Abbildung 7:	Die drei Felder der wirksamen Beratung	59
Abbildung 8:	Vermögen und Zahl der Bankpartner	64
Abbildung 9:	Das Konzept BeratungsDreieck³	65
Abbildung 10:	Beratungsmodul mit Merkmalen und ihrer Ausprägung	83
Abbildung 11:	Beratungsmodul Vermögende Privatkunden	86
Abbildung 12:	Beratungsmodul Türkische Kunden	87
Abbildung 13:	Beratungsmodul 5 Jahre bis zur Rente	88
Abbildung 14:	Beratungsmodul Kompetenter und erfolgreicher Aktionär	89
Abbildung 15:	Gelassenheit – Basis einer konstruktiven Gesprächsführung	124
Abbildung 16:	Der Beitrag des Kunden – unverzichtbar!	127
Abbildung 17:	Die Idee dahinter: Visualisieren und Geschichten erzählen	129
Abbildung 18:	Gesamtsystem Bankvertrieb	134
Abbildung 19:	Erlebte Vertriebskultur	138
Abbildung 20:	Den Beitrag zur Vertriebsleistung optimieren	145
Abbildung 21:	Ursachen-Wirkungsbeziehung der vier Perspektiven in der Balanced Scorecard	149

Abbildungsverzeichnis

Abbildung 22:   Beratung als schwarze Flecken in der Gesamtleistung der Bank   169
Abbildung 23:   Unterschiedliche Preise für verschiedene Leistungskategorien   171
Abbildung 24:   Gesamtleistungen fügen sich zu einem runden Ganzen   171
Abbildung 25:   Die Preiswaage   178
Abbildung 26:   Die Gesprächsstruktur auf einen Blick   186
Abbildung 27:   Das Seitenmodell – die innere Organisation   204
Abbildung 28:   Stolz für ein stabiles Selbstwertgefühl   207
Abbildung 29:   Zwei Chancen im Beratungsdialog   209
Abbildung 30:   Der Bauplan BeratungsDreieck³ in der Übersicht   220

Stichwortverzeichnis

A

Ab-Moderation 193
Abschluss 35
Abschlussphase 192
Abstraktionsgrad 47
Aktien 20
Aktienfonds 42
Akzeptanz 108
Alleinstellungsmerkmal 43
Altersarmut 25
Altersvorsorge 20
Analyse 189
Anlageverhalten 20
An-Moderation 188
Argumentationstechnik 34
Ästhetik 54, 121, 219
Ausdauer 23
Avatare 116

B

Bankkunden 64, 66, 92, 110, 158
Bankvertrieb 143
Behavioral Finance 102
Beratung 22, 24, 53, 58, 86, 107, 160, 169, 217
Beratungsdienstleistung 65
Beratungsgespräch 19
Beratungshonorar 25, 29, 161, 166
Beratungsleistung 17, 47, 67, 101
Beratungsmodul 54, 59, 67, 82, 161, 187
Beratungsphase 190
Beratungsprozesses 27
Beratungsqualität 97, 216
 Bauplan 216
Beratungstiefe 75, 77
Best-in-class-Anspruch 74
Best-in-class-Beratung 73
Bestleistung 217

Bezugspunkte 105
Bildung 146
Billigsegment 32
Blackbox 28
Bruttogeldvermögen 20

C

Certified Financial Planner 70
Change Management 139, 153
Checklisten 186
Commitment 153
Conjoint-Analyse 164
Cost-Income-Ratio 27, 176
CRM-Systeme 72
Cross-Selling-Potenzial 19, 79
Cross-Selling-Quote 25
Customer Lifetime Value 27, 101

D

Design 116
Diagnose 152
Dienstleistung 55
Dienstleistungsästhetik 109
Dienstleistungsinnovationen 46
Dienstleistungsqualität 131
Differenzierungsmerkmal 34, 114, 132
Dilemma 40
Direktbanken 19, 156
Diskontieren 106
Diskretion 111
Diversifikation 103
Dokumentation 72, 86

E

Effizienzsteigerung 200
Ehrlichkeit 26
Einwandbehandlung 194
Emotionen 37
Empfehlung 193
Empfehlungsmanagement 201
Entlohnungssystem 134
Entscheidungen 96
Entscheidungsfindung 35
Entscheidungsgrundlage 58, 97
Erbengeneration 87
Erfahrungsschatz 125
Erfolgsfaktoren 158
Ergebnis 151
Ergebnisdruck 141
Ergebnisstolz 207
Erträge 18, 136
Ertragspotenzial 147
Ertragstreiber 27
ETF 45

F

Fachkompetenz 141
Fachwissen 34, 142
Fairness 168
Financial Behavior 102
Financial Planning 77
Finanzdienstleister 19
Finanzplanung 79
Fluktuation 30, 142
Führung 63, 181
Führungskraft 140

G

Garantien 60
Gebühren 66
Gebührenmodell 21
Gehirnforschung 44
Gelassenheit 123
Gesamtbanksteuerung 50
Geschäftsmodell 83
Geschäftsprozesse 55
Geschmack 117, 118, 119, 120
Gesprächsvorbereitung 92, 112
Gewinn 158
Gewinner 137
Glaubwürdigkeit 139
Glück 104

H

Höflichkeit 110
Homo oeconomicus 43
Honorarberater 66, 67
Honorare 99
   Stundenhonorare 165

I

Identifikation 37
Image 19
Immaterialität 22
Incentives 143
Individualität 150, 183
Innovationsprozess 46
Innovationsteam 50, 84, 91
Integrität 151
Intuition 45, 114

K

Kaufentscheidung 28, 192
Kaufsignal 37
Kernleistung der Bank 41
Klima 135
Klumpenrisiko 57
Kommunikation 76
Kommunikationstalent 23
Kompetenz 23
Komplexität 84, 114
Konditionen 18, 157
Konsequenz 108
Kontrolle 151
Konzept 58
Kooperation 21, 58, 82, 93, 126, 127, 217

Stichwortverzeichnis

Kooperationsbereitschaft 26
Körpersprache 33
Kosten 49
Kultur 134, 147, 163
Kunde
  Co-Designer 47
  Co-Produzent 47, 82
Kunde-Bank-Beziehung 17
Kundenbedürfnisse 53
Kundenbindung 25
Kundenclub 50
Kundenerwartungen 78
Kundengespräch 186
Kundenintegration 49
Kundenlebenszyklus 101
Kundennutzen 76, 166
Kundenorientierung 31, 132, 136, 154
Kundensegment 52
Kundenverhalten 159
Kundenwert 100
Kundenzufriedenheit 120, 193, 200

L

Lebensbegleiter 82
Lebensphasen 85
Lebensphasenmodell 35
Lebensstandard 96
Leistungsmerkmale 56, 167
Leistungs-Preis-Verhältnisses 28
Leistungsprinzip 139
Loyalität 18, 121, 132

M

Management 150
Manipulation 97
Marke 27
Marketing 21
Marktanteile 79
Mehrwert 17
Merkmal 190
MiFID 23, 28, 160
Misstrauen 157
Mitarbeiterbefragung 116

Mitarbeiter-Kunden-Ratio 71
Mitarbeitermotivation 25
Mitarbeiterorientierung 132
Mitarbeiterzufriedenheit 141
Module 90, 171, 217
Moral 108
Motivation 50, 97, 115, 140, 148
Mut 152

N

Nachahmung 49, 131
Neugier 137
Neukundenakquisition 141
Nutzen 57, 190
Nutzenargumentation 68, 191

O

objektive Beratung 42
Objektivität 21
Offenheit 108
Opferrolle 133

P

Paketpreis 171
Pareto-Prinzip 185
Partnerschaft 100, 181
Pauschale 61
Personalabteilung 141
Personalmanagement 147
Portfolioansatz 53
Preis 18, 19, 21, 23, 28, 58, 61, 99, 139, 161
Preis-Absatz-Funktion 162, 164
Preisdruck 156
Preiserklärung 99, 179
Preisgespräche 156, 168
Preisgestaltung 162
Preisinformationssystem 173
Preis-Intelligenz 158
Preis-Leistungs-Verhältnis 163
Preismodelle 54, 58, 81, 164
Preisnennung 178
Preisverhandlung 172, 179

Privatbankier 64
Private Banking 29
Produktauswahl 73
Produkte 21
Produktinformation 76
Produktion 29
Produktmanagement 22, 50
Produktmanager 17
Produktmerkmale 76
Produktnutzungsgrad 23, 26
Produktverkauf 38
Provisionen 28, 62
Prozesse 219
Prozessqualität 63
Psychologie 95
Pünktlichkeit 110

Q

Qualität 18, 65, 90, 113, 130, 148, 219
Qualitätsempfinden 56
Qualitätsendkontrolle 47
Quantität 148

R

Rabatt 173, 176
Rationalität 43
Rendite 96
Reputation 69
Respekt 116, 136
Retailgeschäft 29
Risiko 36
Risikoaffinität 75
Rückvergütungen 157

S

Schlüsselqualifikationen 140
Schnupperabonnement 41
Schuld 37
Self-Assessment 52
Senioritätsprinzip 139
Seriosität 26
Service 86
Serviceangebote 80

Share of Wallet 122
Small Talk 187, 193
Sprachmüll 198
Stärken 152
Stolz 28

T

Team 137
Teamentwicklung 63
Teilmarkt 52
Testkunden 50
Training 150, 183
Transparenz 81, 171
Trends 54
Treue 108

U

Unternehmenskultur 33, 134
Unternehmensleitbild 140

V

Verantwortung 23, 37, 133
Verbesserungsprozess 91
Verhaltensmuster 103
Verkäuferleitfaden 31
Verkaufsdruck 29, 38
Verkaufstrainer 48
Verkaufstraining 146
Verkaufswettbewerbe 144
Verlässlichkeit 108
Vermögen 41, 64, 79
Vermögensallokation 87
Vermögensaufbau 23
Vertrauen 31, 75, 93, 108, 151
Vertriebsbank 133
Vertriebserfolg 149, 182
Vertriebskultur 135, 174, 200
Vertriebsmanagement 143
Vertriebsmitarbeiter 29, 38, 58, 65, 92, 109, 131, 218
  Qualifikation 69
Vertriebsvorstand 48, 50

Visualisieren 129
Vorhersagen 44
Vorstand 139
Vorteil 190

W

Wealth-Management 80
Weiterempfehlung 201, 202, 203, 204
Werkstolz 207
Werte 141
Wertschätzung 137
Wertvorstellungen 23
Wettbewerb 156
Wissen 183

Z

Zeitbudget 71
Zielerreichung 143
Zielgruppen 84
Zielvereinbarung 25
Zinsspanne 66
Zivilcourage 142
Zuverlässigkeit 26